예체능 교사가 만든
예체능 수업을 위한

찐 실전
Chat GPT

생성형 AI (에듀테크) 수업에 활용하기!
음악·미술·체육

장지우·강민지·정지훈·조선영 공저

(주)광문각출판미디어
www.kwangmoonkag.co.kr

머리글

피아노, 스케치북, 그리고 운동화 속 AI: 미래 예체능 교육을 엿보다!

음악실의 악기 소리 아수라장, 물감 범벅 미술실의 SOS, 땀 냄새 가득한 체육관 속 고군분투…. "가장 힘든 수업이 뭐예요?"라는 질문에 미술, 음악, 체육이라는 답이 겹쳐 나오는 선생님들의 깊은 한숨은, 제한된 시간과 공간, 개개인의 다른 실력, 예측 불허의 안전사고라는 예체능 수업 현장의 고질적인 한계를 명확히 보여 줍니다. 학생 개개인의 잠재력을 충분히 이끌어 내지 못하는 현실 속에서, 선생님들의 좌절감과 막막함은 커져만 갔습니다.

하지만 이제는 달라질 시간입니다! 인공지능이 모차르트와 BTS를 콜라보하고, 피카소의 붓 터치를 재현하며, 르브론 제임스의 움직임을 분석하는 시대! 우리의 예체능 교육 역시 이 놀라운 변화의 물결에 올라타야 합니다. 이 책은 악기 소리의 아수라장, 미술실의 SOS, 체육관 속에서 분투하는 선생님들을 위한 특별한 가이드입니다.

이 책은 전통적인 예체능 수업의 한계를 넘어, 에듀테크와 인공지능이 어떻게 이 난관을 헤쳐 나갈 수 있는지 흥미로운 트렌드를 통해 보여 드릴 겁니다. 개인 맞춤형 학습 경험 제공, 교사의 업무 효율성 향상, 실시간 학습 분석을 통한 즉각적 피드백, 시공간 제약 없는 배움, 그리고 학생들의 창의적 표현 역량 강화까지! 이 모든 것이 더 이상 상상이 아닌 현실이 됩니다.

인공지능과 함께, 아수라장 같던 음악 수업이 생동감 넘치는 창작 스튜디오로!

2장: 음악에서는 인공지능이 음악 교육의 오랜 한계를 어떻게 극복할 수 있는지 탐구합니다. Suno나 Mubert 같은 AI 작곡 앱의 등장은 음악 창작의 문턱을 낮추고 있으며, 2022 개정 교육과정의 '창작' 영역 강화와 더불어 인공지능은 학습자 맞춤형 학습, 창의적 창작 활동 지원, 객관적인 실기 평가 보완 등의 교육적 가치를 제공합니다. 구글 아트 앤 컬처의 블롭 오페라(Blob Opera)를 활용한 성부 이해, 인크레디박스

(Incredibox)를 이용한 랩 비트 제작, 비디오 스튜(Video Stew)를 통한 쇼츠 제작 등 선생님들이 어려움 없이 직접 활용할 수 있는 구체적인 가이드를 제시하여 음악 수업의 새로운 지평을 열어 줍니다.

인공지능이 열어가는 미술 교육의 새로운 시각, 우리 아이들이 예술가로 거듭나는 경험!
3장: 미술에서는 '인공지능은 예술가가 될 수 있을까?'라는 질문을 던지며, 인간의 창의성과 미적 안목이 예술의 본질임을 강조합니다. 인공지능은 아이디어 발상 조력자, 고정관념을 벗어난 새로운 시각 개척자, 개별화 교육 동료 교사, 그리고 모두에게 창작 동기를 심어 주는 촉진자로서 미술 수업에 활용될 수 있습니다. '녹지 않는 눈사람 프로젝트'와 '기억 풍경화 프로젝트'와 같은 실질적인 수업 사례를 통해 인공지능 이미지 생성 도구(Microsoft Designer Image Creator, Leonardo AI)의 활용법과 함께, ChatGPT와 같은 언어 모델(LLM)을 활용한 작품 피드백 방식을 상세히 다루며, 학생들을 진정한 창작자로 성장시키는 길을 안내합니다.

인공지능으로 진화하는 체육 수업, 학생 개개인에게 최적화된 맞춤형 코칭을 제공하다!
4장: 체육에서는 인공지능이 체육 교육 현장에 왜 필요한지에 대한 질문에서 시작하여, 스포츠 현장의 인공지능 활용 사례를 소개하고, 교사의 효율적인 수업 및 업무 보조 도구로서 인공지능의 역할을 강조합니다. ChatGPT를 활용하여 평가 스프레드시트 수식을 제작하고, 티처블 머신(Teachable Machine)을 이용한 기본 동작 학습 및 잘못된 세부 동작 수정 지원, 그리고 PAPS(학생건강체력평가)와 연계한 기록 계산기 등 체육 교사들이 실제 수업에서 활용할 수 있는 실질적인 가이드를 제공하여, 학생 개개인의 성장을 극대화할 수 있도록 돕습니다.

이 책은 음악은 강민지 선생님, 미술은 조선영 선생님, 체육은 장지우 선생님이 직접 집필하며 현장의 생생한 경험을 담아냈습니다. 또한, 정지훈 선생님께서 인공지능과 예체능 교육 전반에 대한 깊이 있는 통찰을 더해 주셨습니다. 저희는 여러분의 고민을 누구보다 잘 알기에, 이 책을 통해 그 해법을 나누고자 합니다. 기술은 도구일 뿐, 그 중심에는 언제나 학생들의 잠재력을 발견하고 키우는 '사람'이 있어야 합니다. 이 책과 함께, 학생들은 스스로 성장하고, 교사들은 진정한 교육에 집중하며, 교실은 창의성이 꽃피는 공간이 될 것입니다. 미래 예체능 교육을 현실로 만들어 봅시다!

2025년 어느 뜨거운 여름날 저자 일동

목차

머리글 3

1장. 에듀테크와 인공지능이 바꾸는 예체능 수업

1. 전통적 음악, 미술, 체육 수업의 고질적 한계 9
  가. 예체능 수업의 현장 실태 9
  나. 실기 수업의 한계 12

2. 에듀테크와 인공지능이 여는 새로운 예체능 교육 17
  가. 인공지능을 활용한 예체능 트렌드 훑어보기 17
  나. 개인화된 학습 경험 제공 21
  다. 교사의 업무 효율성 향상 22
  라. 실시간 학습 분석과 맞춤 지도 23
  마. 시공간 제약 극복 24
  바. 창의적 표현 역량 강화 25

3. 인공지능 시대, 미래를 준비하는 학생의 핵심 역량 27
  가. 비판적 사고력과 문제 해결 능력 27
  나. 디지털 리터러시 29
  다. 창의성과 혁신 능력 29
  라. 의사소통과 협업 능력 30
  마. 윤리적 판단력 31
  바. 적응력과 학습 유연성 31
  사. 데이터 리터러시 32
  아. 융합적 사고력 33

4. 에듀테크와 인공지능 활용 전략: 교육 혁신을 위한 균형적 접근   34

가. 교육적 목표 중심 접근   34
나. 학생 간 정보 격차 해소   34
다. 개인정보 보호와 윤리적 고려   35
라. 기술적 안정성 확보   35
마. 균형 잡힌 수업 설계   35
바. 지속적인 모니터링과 피드백   36
사. 교사의 전문성 개발   36
아. 인공지능의 한계 인식   36

5. 인공지능과 인간의 경쟁이 아닌 협업: 에듀테크 시대의 새로운 교사상   38

2장. 음악
· Soundraw · BandLab · Incredibox
· Blob Opera · MIZOU · Video Stew

1. 인공지능과 함께하는 음악 교육   39

가. 2022 개정 교육과정과 미래 음악 교육의 방향   39
나. 디지털 대전환 시대가 요구하는 음악 수업의 변화   41
다. 음악 교육에서 인공지능 활용의 교육적 가치와 부작용   45

2. 인공지능 × 음악 교육 찐 활용 가이드   58

가. 광고(음악) 영상 제작 프로젝트 수업: 사운드로우(Soundraw), 밴드랩(BandLab)   58
나. 랩 만들기 프로젝트의 비트 음원 만들기: 인크레디박스(Incredibox)   76

3. 수업에서 인공지능을 찐으로 활용하기 위한 A to Z   85

가. 구글 아트 앤 컬쳐 실험실: 블롭 오페라(Blob Opera)   85
나. 챗봇을 수업 튜터로 활용하기: 미조우(MIZOU)   89
다. 쇼츠 제작하기: 비디오 스튜(Video Stew)   97

3장. 미술

- Microsoft Bing Image Creator
- Microsoft Designer Image Creator
- Leonardo AI
- Adobe Firefly
- Canva Dream Lab

1. 인공지능과 함께하는 미술 수업 … 107
가. 인공지능은 예술가가 될 수 있을까? … 107
나. 인공지능을 미술 수업에 활용하는 방향성 제안 … 111

2. 인공지능×미술 교육 찐 활용 가이드 … 114
가. 녹지 않는 눈사람 프로젝트 … 115
나. 인공지능과 함께 그려 나가는 기억 풍경화 프로젝트 … 121
다. 인공지능과 대화하며 만들어 나가는 I POTTERY(나를 담은 도자기) 창작 수업 … 130

3. 수업에서 인공지능을 찐으로 활용하기 위한 A to Z … 140
가. GPT와 같은 언어 모델(LLM)의 모든 것 … 140
나. 이미지 생성형 인공지능의 모든 것 … 150
- 달리 3 · 마이크로소프트 빙 이미지 크리에이터/마이크로소프트 디자이너 이미지 크리에이터
- 레오나르도 AI · 어도비 파이어플라이 · 캔바 드림 랩

4장. 체육

- ChatGPT
- Google Sheets
- Teachable Machine

1. 인공지능을 왜 체육에? … 171
가. 체육에 인공지능이 왜 필요할까? … 171
나. 스포츠에 활용되고 있는 인공지능 … 173
다. 인공지능을 체육 수업에 적용하기 위해서는? … 174

2. 인공지능 × 체육 교육 찐 활용 가이드 … 176
가. ChatGPT와 스프레드시트 … 176
나. 티처블 머신(Teachable Machine)을 활용한 체육 수업 … 191

3. 수업에서 인공지능을 찐으로 활용하기 위한 A to Z … 209
가. 내가 만든 스프레드시트를 평가에 활용하기 … 209
나. 티처블 머신(Teachable Machine)을 활용하여 프로그램 제작하기 … 214
다. PAPS와 인공지능 … 225

1장

에듀테크와 인공지능이 바꾸는 예체능 수업

1. 전통적 음악, 미술, 체육 수업의 고질적 한계

가. 예체능 수업의 현장 실태

"가장 힘든 수업이 뭐예요?"

한 초등학교 교무실에서 우연히 들린 이 질문에 여러 선생님의 대답이 겹쳤다.

"미술이요?"

"음악이죠!"

"체육인데요…."

그리고 그 뒤에 이어진 공통된 한숨…. 30명의 학생들과 한 명의 선생님, 그리고 한 시간 수업 속에서

[그림 1-1] 가장 힘든 수업이 뭐예요?, Bing image creator 생성

벌어지는 실기 수업의 현실은 지도서에 나온 이상적인 모습과는 사뭇 다르다.

악기 연습 시간에는 동시에 울리는 수십 개의 리코더 소리가…, 수채화 시간에는 물감과 붓을 나누다가 흘러가는 귀중한 수업 시간이…, 뜀틀 시간에는 한정된 기구를 돌아가며 사용해야 하는 긴 대기 시간이…, 수업의 대부분을 차지한다.

그리고 수업 시간 중 발생하는 안전사고에 대한 책임은 오롯이 교사의 몫이다. 매 수업마다 반복되는 이러한 현실 속에서, 우리의 예체능 선생님들은 오늘도 분투하고 있다. 현장에서 들려오는 생생한 이야기를 한 번 들어보도록 하자.

음악실의 아수라장

오늘도 음악실에서 나의 한숨이 깊어진다. 30명의 학생 중 한 명씩 실기 평가를 할 때마다 나머지 29명은 '인내심 수련 중'이다. 개구쟁이 도일이와 태규는 벌써 단소로 칼싸움 놀이를 하고 있다.

앞에서 진주가 떨리는 손으로 '엘리제를 위하여'를 연주하는데, 뒤에선 민수가 몰래 꺼낸 리코더로 'Butter' 연주를 시작한다. 베토벤과 BTS의 콜라보, 내 머릿속은 이미 카오스 오케스트라이다.

'조용히 하세요!'라는 말이 목까지 차오르지만, 다음 주까지 모든 학생의 평가를 끝내야만 한다.

[그림 1-2] 음악실의 아수라장, Bing image creator 생성

1. 전통적 음악, 미술, 체육 수업의 고질적 한계

미술실 SOS: 선생님은 오늘도 구조 요청 중

오늘도 미술실에서 나의 인내가 싹튼다. 30명의 학생이 동시에 손을 들 때마다 동공에 지진이 일어난다.

"선생님, 여기 노란색 물감이 없어요!"
"저기요, 제 인물화 얼굴이 이상해요!"
"선생님! 연필심이 또 부러졌어요!"

한 곳을 보고 있으면 다른 곳에서 사고가 터진다.

하필 수채화 물감은 왜 터졌을까…. 민지의 치마에 묻은 청색 물감을 닦아내려는 순간, 뒤에서 들려오는 비명소리.

"선생님! 우진이가 물통을 엎었어요!"

[그림 1-3] 미술실 SOS: 선생님은 오늘도 구조 요청 중, Bing image creator 생성

체육관 속 구조대원: 운동은 언제 가르치죠?

오늘도 체육관에서 선생님의 눈은 바쁘게 돌아간다. 30명의 학생이 각자 운동을 시작할 때마다 내 발은 '순간이동 수련 중'이다.

"줄 서 있을 땐, 공 튀기지 마!" 따뜻한 피드백을 하려 했건만 어느새 고함이 되어 버린다.

"자세가 그게 아니라… 잠깐만!" 농구 자세를 차근차근 설명하려던 순간, 저쪽에서 들리는 비명.

"선생님! 민준이가 넘어졌어요!"

한 곳만 보고 있으면 다른 곳에서 사고가 터진다. 결국 오늘도 내 체육 수업은 '안전

[그림 1-4] 체육관 속 구조대원: 운동은 언제 가르치죠?, Bing image creator 생성

지키기에 급급한 수업'이 되어 버렸다. 진짜 하고 싶었던 말은 "천천히, 한 번 더 해보자."였는데…. 응급처치 키트는 오늘도 내 가방 속 필수품이다.

이러한 일화들은 예체능 수업의 현실을 고스란히 보여 준다. 학교에서 실기 수업을 효과적으로 진행하는 것은 생각보다 훨씬 더 복잡하고 어려운 과제다. 한정된 시간과 공간에서 다수의 학생들에게 개별적인 지도를 해야 하고, 학생들의 서로 다른

수준과 흥미를 고려해야 하며, 안전사고도 예방해야 한다. 게다가 예체능 과목의 특성상 수많은 도구가 있어야 하고, 이론적 설명만으로는 기술과 감각을 전달하기 어렵다는 근본적인 한계도 존재한다. 이러한 복합적인 도전 과제들 속에서 교사들은 수업의 본질적 목표를 달성하기보다 학급 관리와 안전 유지에 더 많은 시간과 에너지를 쏟을 수밖에 없다. 결과적으로 이는 우리의 학교 현장에서 예체능 교육의 질적 향상을 가로막는 주요한 걸림돌이 되고 있다.

나. 실기 수업의 한계

1) 예체능 실기 수업의 구조적 문제점

가) 수준별 학습의 한계

한 교실에서 다양한 수준의 학생들이 함께 예체능 수업을 받는 상황은 교육 현장의 중요한 도전 과제이다. 피아노를 전문적으로 학습해 온 학생과 기본 음표조차 읽지 못하는 학생이 동일한 합창 수업에 참여하거나, 미술 실기 경험이 풍부한 학생과 기초적인 드로잉 기술이 부족한 학생이 같은 수채화 과제를 수행해야 하는 현실이 있다.

예체능 수업의 특성상 이론 과목과는 달리 개인의 신체적 능력, 예술적 감각, 사전 훈련 경험 등에 따른 실력 차이가 즉각적이고 명확하게 드러난다. 학교에서의 평가가 단순히 순위와 등급을 매기는 데 그친다면 상대적으로 문제가 적을 수 있다. 그러나 학생들의 성장과 의미 있는 배움이라는 교육의 본질적 가치를 추구한다면, 이는 매우 복잡하고 심도 있게 다루어야 할 과제이다.

교사가 중간 수준을 기준으로 수업을 진행하는 경우 문제가 발생한다. 기초가 부족한 학생들은 극심한 좌절감과 자신감 상실을 경험하고, 상급 수준의 학생들은 심각한 지루함과 학습 동기 저하를 느껴 결국 학습 효과가 양극화된다. 이러한 교육적 딜레마는 학생 개개인의 성장과 발전을 목표로 하는 교육 현장에서 반드시 해결해야 할 중요한 과제로 남아 있다.

나) 실습 기회의 불균형

제한된 시간과 기자재로 인해 모든 학생에게 충분한 실습 기회를 주기 어렵다. 음악실의 경우 한정된 수의 피아노나 악기로 30명 내외의 학생들이 돌아가며 연습해야 하고, 미술실에서는 물레나 판화 도구와 같은 전문 기자재를 공유해야 하며, 체육관에서는 농구공이나 매트, 핸드볼 골대 등 체육용품을 나눠 써야 한다. 이로 인해 한 학생당 배정되는 실제 실습 시간이 5~10분 내외로 극히 제한된다.

특히 고가의 전문 장비가 필요한 수업에서는 이러한 한계가 더욱 두드러진다. 도예 수업의 가마나 물레, 음악실의 전자 피아노, 체육관의 철봉이나 트램펄린 등은 학교 예산의 한계로 충분한 수량을 확보하기 어렵다. 이러한 실습 시간 부족은 동작의 반복과 지속적인 훈련이 필수적인 예체능 과목의 특성상 학생들의 실기 능력 향상을 직접적으로 저해하는 요인이 된다. 더불어 실습 기회가 부족한 상황에서는 실수에 대한 부담이 커져 학생들의 자유로운 시도와 창의적인 표현이 위축되는 문제도 발생한다.

다) 평가의 어려움

실기 교과의 특성상 객관적이고 공정한 평가 기준을 만들고 적용하기 어렵다. 타고난 재능, 신체 조건, 사전 경험 등 개인차가 크게 작용하기 때문이다. 또한 실기 능력 외에도 창의성, 표현력, 성장 과정, 노력도 등 정성적 요소들을 평가에 반영해야 한다. 하지만 이를 수치화하기는 불가능하다. 특히 제한된 시간 내에 다수의 학생을 평가하면서 개별적 피드백까지 제공하기에는 현실적 한계가 크다.

이처럼 예체능 교과의 실기 수업에서는 시간, 공간, 인력의 제약으로 인한 구조적 한계가 있다. 개별 학생의 수준과 특성을 고려한 맞춤형 지도가 어렵고, 객관적이고 공정한 평가 체계를 구축하기도 쉽지 않다. 또한, 제한된 자원으로 인해 모든 학생에게 충분한 실습 기회를 제공하기 어려운 상황이다.

2) 각 교과 문제점: 음악 실기 수업의 한계

> □ 음악 선생님의 현실적 고민들

"피아노 실기 평가 중인데…, 나머지 29명은 무슨 수업을 하고 있는 걸까요?"
"합창 지도 중에 틀린 음정이 들려요. 근데 누구 목소리였더라…?"
"40~50분 수업에 30명 평가…, 한 명당 1분 30초씩이네요. 과연 가능할까요?"
"'모차르트'와 '도레미송'도 못 치는 아이가 한 교실에 있어요. 어떡하죠?"

가) 개별 실기 지도의 시간적 제약

한 교실에서 다수의 학생을 지도해야 하는 현실적 제약은 효과적인 수업 운영을 가로막는다. 한 학생의 실기 지도 시, 나머지 학생들은 단순 대기하거나 개별 연습 시간은 주어지지만, 이 시간이 효과적인 개별 학습으로 이어지는 경우는 극히 드물다. 특히 관악기(단소, 리코더 등), 현악기(기타, 우쿨렐레, 바이올린 등) 지도 시에는 소리가 중첩되어 정확한 피드백이 불가능하다. 40~50분이라는 제한된 수업 시간 안에서 30명의 학생을 모두 지도하는 것은 현실적으로 매우 어렵다.

나) 연주 과정의 세밀한 분석 한계

개별 학생들의 연주 자세나 운지법, 호흡법 등을 세밀하게 관찰하고 교정하기 어렵다. 특히 합주나 합창 지도 시에는 여러 학생의 소리가 섞여 개별적인 문제점 파악이 더욱 힘들다. 동시다발적으로 발생하는 실수들을 즉각적으로 교정하는 것은 사실상 불가능하다.

이러한 음악 수업의 한계는 결국 개별 학생의 음악적 성장을 저해하고, 다양한 수준의 학생들이 함께 성장할 수 있는 협력적 음악 활동의 기회를 제한하고 있다. 특히 실시간 피드백과 개별화된 지도의 부재는 학생들의 음악적 잠재력 발현을 가로막는 주요 요인이 되고 있다.

3) 각 교과 문제점: 미술 실기 수업의 한계

□ 미술 선생님의 현실적 고민들

"똑같은 사과 그리기인데, 30개 작품이 다 다르네요. 어떤 기준으로 평가하죠?"
"수민이는 채색 시작인데, 지호는 아직 스케치도 안 했어요. 어떻게 하죠?"
"수채화, 크레파스, 색연필…, 각자 다른 재료로 그리는데 한꺼번에 지도하려니…."
"선생님! 여기 좀 봐 주세요! (×30명)"

가) 개별화된 피드백 제공의 어려움

드로잉, 채색, 조소 등 다양한 기법을 지도할 때 모든 학생의 작업 과정을 제때 관찰하고 피드백하기 어렵다. 특히 원근법, 명암, 붓 터치 등 섬세한 기법이나 도구 사용법 지도에서 이러한 한계가 더욱 분명해진다. 실수를 즉각 교정하지 못해 잘못된 습관이 굳어지는 경우도 빈번하다.

한 학급에 20~30명의 학생이 있는 상황에서 교사 혼자 모든 학생의 작업 단계를 세밀하게 관찰하기는 현실적으로 어렵다. 또한, 개별 학생의 기능 수준과 학습 속도가 다르기 때문에 획일적인 지도로는 효과적인 기법 습득이 제한된다.

나) 재료와 도구 관리의 한계

미술 수업에서는 다양한 재료와 도구를 다루는데, 이를 효율적으로 관리하고 제공하기가 쉽지 않다. 값비싼 재료나 칼, 조각도 등 위험 도구의 안전 관리, 재료 낭비 방지, 보관 공간 확보 등 현실적 제약이 많다. 특히 여러 학생이 동시에 다양한 재료를 사용할 때는 혼란과 안전사고의 위험이 커진다.

이러한 미술 수업의 제약은 학생들의 자유로운 예술적 표현과 다양한 매체 실험을 제한하는 결과를 낳고 있다. 또한, 개별적인 피드백 부족으로 인해 학생들의 창의적 발상과 기술적 숙련도 향상이 더디게 진행되는 실정이다.

4) 각 교과 문제점: 체육 실기 수업의 한계

□ 체육 선생님의 현실적 고민들

"축구할 때마다 구석에서 혼자 노는 아이, 어떻게 하면 함께할 수 있을까요?"
"줄넘기 3개도 못 넘는 아이와 100개를 넘는 아이, 같은 기준으로 평가해도 될까요?"
"농구, 배드민턴, 줄넘기 세 종목 동시 진행 중…, 눈이 세 개였으면 좋겠어요."
"체육관은 이미 다른 반이 쓰고 있고, 운동장은 비가 오는데…. 오늘 수업은?"

가) 개별 동작 지도의 어려움

기초 체력부터 전문 운동 기능까지 모든 학생의 동작을 정확히 관찰하고 교정하기 힘들다. 특히 농구 레이업 슛, 체조 물구나무서기, 육상 허들과 같은 복합 동작 지도에서 이런 한계가 더욱 뚜렷하다. 결과적으로 잘못된 자세와 기술이 고착화되는 경우가 많다.

나) 안전 관리의 한계

다수의 학생이 동시에 운동하는 상황에서 모든 학생의 안전 관리가 어렵다. 특히 여러 종목 동시 진행이나 고난도 동작 연습 시에는 사고 위험이 높아진다. 날씨나 시설 제약으로 수업 계획이 자주 변경되는 것도 체계적인 실기 교육을 방해하는 요인이 된다. 이러한 체육 수업의 한계로 인해 학생들은 충분한 운동 기회를 얻지 못하고, 개인의 운동 능력과 체력에 맞는 맞춤형 지도를 받기 어려운 상황이다. 특히 안전 관리에 대한 부담은 다양하고 도전적인 신체 활동 경험을 제한하는 요인이 되고 있다.

이러한 문제들은 단순히 교사의 노력이나 기존 교육 방식의 개선만으로는 해결하기 어렵다. 특히 시각적, 청각적, 동작적 요소들을 정확하게 분석하고 즉각적인 피드백을 제공해야 하는 예체능 교과의 특성상, 새로운 해결책이 절실히 필요한 시점이다. 현장의 교사들은 이미 이러한 한계를 매일 체감하고 있다. 다행히도 최근 에듀테크와 인공지능의 발전은 이러한 예체능 교육의 고질적인 문제들을 해결할 수 있는 새로운 가능성을 제시하고 있다. 개인별 맞춤 학습 경험 제공, 교사의 업무 효율성 향상, 실시간 학습 분석을 통한 즉각적 피드백, 시공간 제약 극복, 그리고 학생들의 창의적 표현 역량 강화까지. 이러한 혁신적 변화들이 어떻게 예체능 교육의 새 지평을 열어가고 있는지 자세히 살펴보도록 하자.

2. 에듀테크와 인공지능이 여는 새로운 예체능 교육

가. 인공지능을 활용한 예체능 트렌드 훑어보기

1) 인공지능을 활용한 음악 트렌드 훑어보기

요즘 교실에서는 학생들이 SUNO나 Mubert 같은 AI 작곡 앱으로 음악 과제를 해결하는 모습을 볼 수 있다. 이러한 인공지능의 영향력은 이미 음악 산업 전반에 커다란 변화를 일으키고 있다. 2023년 그래미 어워드는 "음악 작품은 인간의 창의성에 바탕을 두어야 한다"라는 원칙을 세우면서도, AI를 도구로 사용한 음악의 후보 자격을 인정했다. 데이비드 게타(David Guetta)가 AI로 생성한 에미넴 스타일 목소리로 만든 트랙은 기술과 창작의 결합 가능성을 보여 주었지만, 일부 음악가들은 이를 예술의 위기로 받아들였다. 현대 음악계는 인공지능을 다양하게 수용하고 있다. 한스 짐머는 BMW와 함께 전기차를 위한 'IconicSounds Electric' 프로젝트를 통해 주행 상태에 반응하는 사운드 시스템을 개발했다. 구글의 'Magenta' 프로젝트는 'Bach Doodle'을 통해 사용자의 멜로디를 바흐 스타일로 변환해 주며, OpenAI의 'Jukebox'는 다양한 장르의 음악을 생성한다.

국내에서도 네이버와 SM엔터테인먼트가 AI 음악 기술을 개발 중이다. 2016년 프랑스의 AIVA는 세계 최초로 작곡가로 공식 등록된 AI가 되었다. 2021년에는 영국 저작권협회가 AI 음악에 대한 저작권 규정을 마련하기 시작했다. 캐나다 음악가 그라임스는 2021년 자신의 보컬 데이터를 학습시킨 AI 기반 'NPC' 프로젝트를 발표했다. 1957년 일리악(ILLIAC) 컴퓨터의 '일리악 모음곡'부터 시작된 AI와 음악의 결합은 지속적으로 발전해 왔다. 이제 우리는 인간의 창의성과 기술의 가능성을 조화롭게 탐구하며, 변화하는 시대에 맞춘 음악 교육의 방향성을 고민해야 할 시기이다.

2) 인공지능을 활용한 미술 트렌드 훑어보기

요즘 교실에서는 예전과는 확연히 달라진 학생들의 모습을 발견할 수 있다. 활동 과제를 내주면 어김없이 누군가는 핸드폰을 꺼내 ChatGPT에 질문하고, 그 답변을 그대로 베껴 적는다. 교실 안까지 침투한 인공지능의 영향력은 이미 미술 시장에 깊숙이 파고들며 커다란 변화를 일으키고 있다.

2022년 8월 콜로라도 주립 박람회 미술대회에서 인공지능으로 제작된 그림이 디지털 아트 분야에서 수상하며 이목이 집중됐다. 제이슨 M. 앨런의 '스페이스 오페라 극장(Théâtre D'opéra Spatial)'은 생성형 인공지능 미드저니(MidJourney)와 포토샵(Photoshop)을 활용해 제작되었다. 이 작품은 디지털 분야에 접수되어 규정을 준수했고, 심사위원들에게 작품성도 인정받았다. 하지만 대중들에게 인공지능이 창작 영역에 개입하기 시작한 상황은 예술의 본질을 위협하는 변화로 받아들여졌다.

대중의 우려와 달리 현대 미술계는 인공지능을 적극적으로 수용하고 있다. 영국 현대 미술을 대표하는 데미안 허스트(Damien Hirst)는 스타트업 HENI와 협업하여 'The Beautiful Paintings' 프로젝트를 진행했다. 이는 그의 'Spin Paintings' 2,000여 점을 GAN(Generative Adversarial Network) 기술로 학습시켜, 구매자가 색상과 스타일을 선택해 자신만의 작품을 제작할 수 있게 한 혁신적 시도였다. 이 프로젝트는 5,109점의 실물 작품과 399점의 NFT를 판매해 약 278억 원의 수익을 창출했다. 또한, 레픽 아나돌(Refik Anadol)은 데이터와 인공지능을 활용한 몰입형 작품으로 MoMA에서 300만 명 이상의 관람객을 동원하며 큰 주목을 받았다.

인공지능과 인간 창작의 경계를 탐색한 흥미로운 사례들도 있다. 보리스 엘다크센

(Boris Eldagsen)은 인공지능으로 제작한 '위기억(僞記憶): 전기기술자(Pseudomnesia: The Electrician)'로 2023년 소니 월드 포토그래피 어워드를 수상했으나, 인공지능 작품의 자격 검증을 위한 실험이었다며 수상을 거부했다. 반대로 마일즈 아스트레이는 실제 촬영한 플라밍고 사진을 '1839 어워드'의 인공지능 부문에 출품해 수상했다가 자격 미달로 박탈당했다. 그는 이를 통해 인간의 창작물이 여전히 기계를 능가할 수 있음을 보여 주고자 했다.

1950년 앨런 튜링의 〈기계도 생각할 수 있는가?〉 논문에서 시작된 인공지능의 가능성은 알파고와 이세돌의 대결을 거쳐, 이제 예술 창작의 영역에서 새로운 국면을 맞이하고 있다. 시대의 변화 속에서 인간의 창의성과 기술의 잠재력을 조화롭게 탐구하며, 미술 교육의 방향성도 함께 고민해야 할 시점이다.

3) 인공지능을 활용한 체육 트렌드 훑어보기

요즘 교실에서는 학생들이 스마트폰 앱으로 자신의 운동 동작을 분석하거나 AI 코칭을 받는 모습을 볼 수 있다. 이러한 인공지능 기술은 전문 스포츠부터 생활체육까지 체육 분야 전반에 혁신적인 변화를 가져오고 있다.

2021년 도쿄올림픽에서는 인공지능 기술이 다양한 방식으로 활용되었다. 국제올림픽위원회(IOC)는 Intel과 협력하여 '3DAT(3D Athlete Tracking)' 시스템을 도입했는데, 이는 딥러닝 기술을 활용해 선수들의 움직임을 실시간으로 분석하고 시각화했다. 특히 육상 경기에서 선수들의 가속도, 속도, 신체 움직임 등의 데이터를 제공해 시청자들에게 새로운 관전 경험을 선사했다.

프로 스포츠 분야에서는 인공지능을 적극적으로 도입하고 있다. MLB의 여러 구단들은 'Hawk-Eye' 시스템을 통해 투구와 타구의 궤적을 분석하여 선수들의 기술 향상에 활용한다. FIFA는 'VAR(Video Assistant Referee)' 시스템에 컴퓨터 비전 기술을 접목해 판정의 정확성을 높이고 있다. NFL에서는 'Next Gen Stats'라는 플랫폼을 통해 RFID 칩이 내장된 장비로 선수들의 이동 경로와 속도를 추적하여 경기 분석에 활용하고 있다.

일반인들의 스포츠 참여에도 AI가 중요한 역할을 하고 있다. '홈코트(HomeCourt)' 앱은 AI 비전 기술을 활용해 농구 슈팅 폼을 분석하고 피드백을 제공한다. '템포(Tempo)'는 컴퓨터 비전 기술이 내장된 홈 피트니스 시스템으로, 사용자의 운동 자세를 실시간으로 교정해 준다. '펠로톤(Peloton)'은 AI 기반 알고리즘을 통해 사용자의 운동 습관과 패턴을 분석하여 맞춤형 트레이닝을 제공한다.

스포츠 부상 예방 분야에서도 AI가 활용되고 있다. 미국 스탠퍼드대학의 연구팀은 웨어러블 센서와 AI 분석을 결합해 부상 위험이 높은 움직임을 식별하는 시스템을 개발했다. 독일의 프로 축구팀 호펜하임은 'Footbonaut'라는 AI 훈련 시스템을 도입해 선수들의 반응 속도와 판단력을 향상시키고 있다.

1968년 멕시코시티 올림픽에서 처음 도입된 전자 계시 시스템부터, 2010년대 웨어러블 기기의 확산을 거쳐, 이제 체육 분야는 인공지능과 결합하며 새로운 지평을 열고 있다. 빅데이터와 AI 기술은 운동 효과를 극대화하고, 부상 위험을 줄이며, 개인화된 스포츠 경험을 제공하고 있다. 체육 교육 역시 이러한 변화에 발맞추어 기술을 효과적으로 활용하되, 신체 활동의 본질적 가치를 잃지 않는 균형 잡힌 접근이 필요한 시점이다.

나. 개인화된 학습 경험 제공

- 실시간 학습 데이터 분석으로 개별 학생의 이해도 파악
- 각 학생의 학습 선호도에 따른 맞춤형 학습 자료 제공

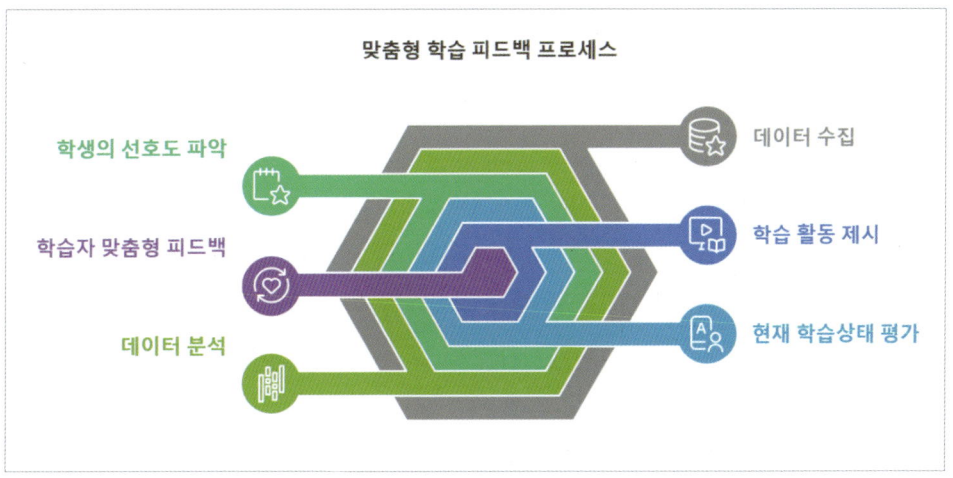

[그림 1-5] 맞춤형 학습 피드백 프로세스, 넵킨AI 생성

지금까지 교실에서는 30명의 학생이 같은 속도로 달려야 했다. 마치 한 대의 버스에 모두가 올라타 같은 길을 가야만 하는 것처럼 말이다. 하지만 이제 에듀테크와 인공지능 기술을 활용하면 각 학생만의 여정을 만들어 줄 수 있다. 음악 수업에서는 실시간 연주 분석 시스템이 개별 학생의 리듬감과 음정을 분석해 맞춤형 피드백을 제공한다. 미술 수업에서는 인공지능이 학생의 드로잉 스타일을 분석하여 최적의 기법을 제안한다. 체육 수업에서는 모션 인식 기술이 각 학생의 동작을 실시간으로 분석하며 자세 교정을 돕는다. 이제 모든 학생은 자신만의 속도로 목적지를 향해 나아갈 수 있다.

다. 교사의 업무 효율성 향상

- 자동 채점 및 맞춤형 피드백으로 교사의 행정 업무 경감
- 인공지능 기반 수업 자료 추천으로 수업 준비 시간 단축

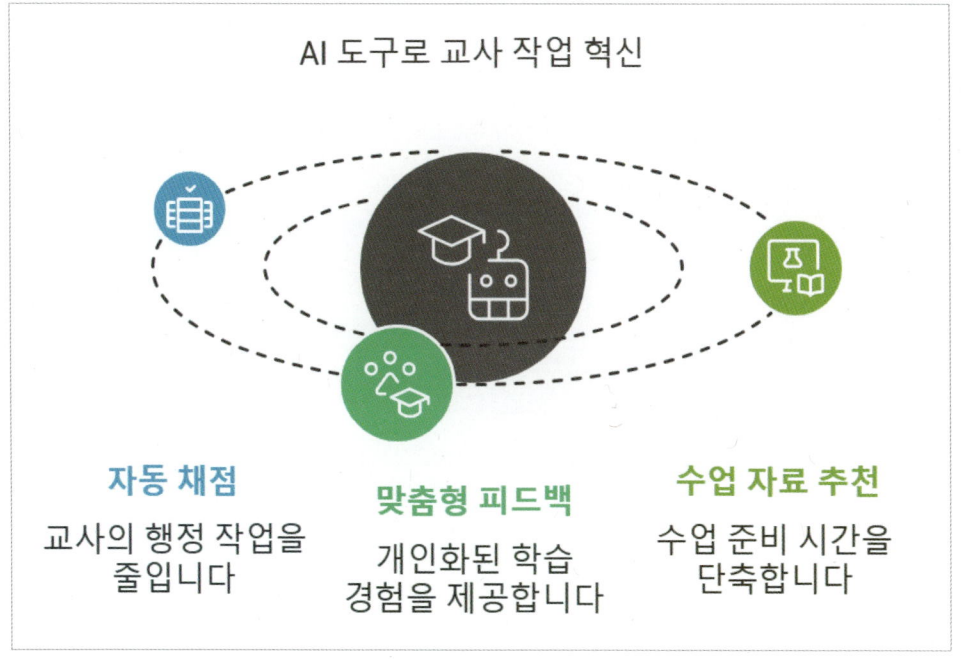

[그림 1-6] 인공지능 도구를 활용한 교사의 업무 혁신, 냅킨AI 생성

예체능 실기 평가와 피드백이 디지털 기술로 획기적으로 바뀌고 있다. 음악 수업에서는 인공지능 음원 분석 시스템이 학생들의 연주와 노래를 정밀하게 평가한다. 미술 교과는 학생들의 작품을 디지털 포트폴리오로 관리하며 작품 활동의 전 과정을 체계적으로 기록한다. 체육 수업에서는 웨어러블 기기와 인공지능 동작 분석으로 학생들의 운동 수행을 과학적으로 측정하고, 맞춤형 지도 계획을 수립한다.

라. 실시간 학습 분석과 맞춤 지도

- 학생들의 학습 진행 상황 실시간 모니터링
- 학습 부진이나 어려움 조기 발견 및 대응

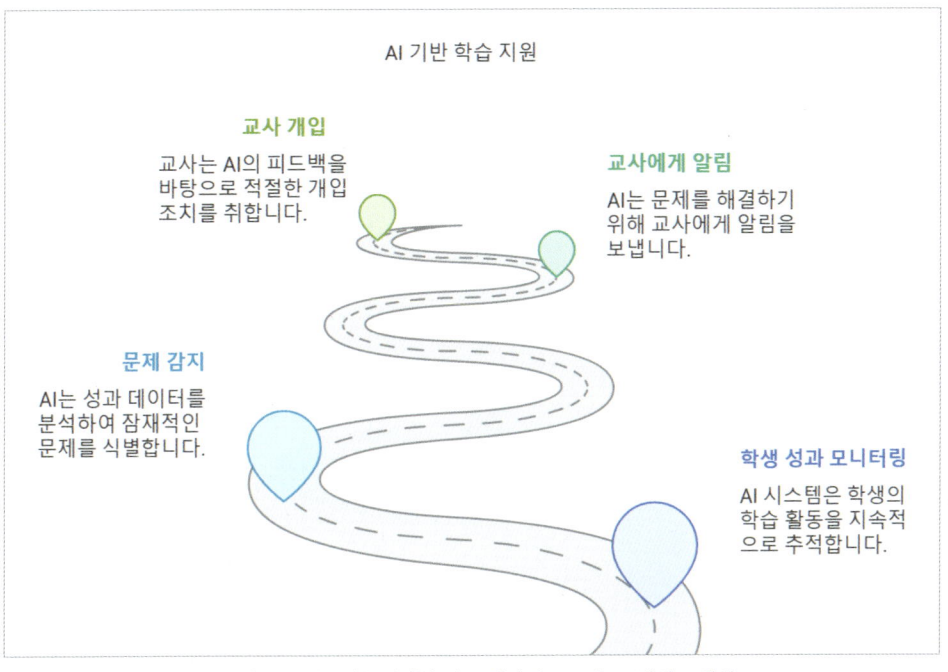

[그림 1-7] 인공지능의 학습자 모니터링 프로세스, 냅킨AI 생성

인공지능 기반 학습 분석 시스템은 예체능 수업의 모든 순간을 데이터로 담아낼 수 있다. 음악 수업에서는 학생들의 박자 감각과 음정의 정확도를 수치화하고, 미술 수업에서는 색채 활용과 구도의 균형을 분석하며, 체육 수업에서는 동작의 협응력과 운동 효율성을 측정한다. 이렇게 수집된 데이터는 인공지능이 즉각 분석하여 각 학생의 강점과 약점을 파악하고, 맞춤형 학습 방향과 구체적 개선점을 학생들에게 제시할 수 있다.

마. 시공간 제약 극복

- AR/VR 기술을 활용한 실감형 예체능 교육
- 원격 협업 도구를 통한 앙상블, 합동 작품 제작

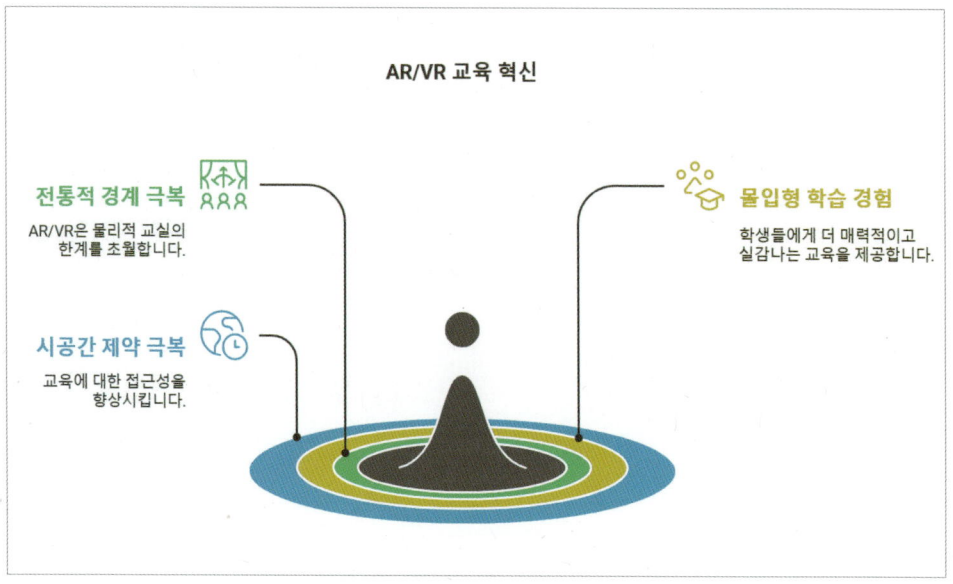

[그림 1-8] 확장된 학습 환경 구현, 냅킨AI 생성

예체능 수업이 첨단 기술로 교실의 벽을 허물고 있다. VR 헤드셋을 쓰면 루브르와 프라도 미술관이 교실로 들어온다. 학생들은 몽타주의 색채를 눈앞에서 관찰하고, 르네상스 조각상을 360도로 둘러보며 예술을 체험할 수 있다. AR 기술은 소고춤과 고전 무용의 동작을 공중에 3D로 띄워 보여 준다. 학생들은 이 가상의 스승을 따라 춤사위를 배운다. 실시간 온라인 플랫폼에서는 전국 각지의 학생들이 함께 화음을 맞추고 합창한다. 교실의 경계를 넘어 더 넓은 세상이 배움터가 될 수 있다.

바. 창의적 표현 역량 강화

- 인공지능 기반 창작 도구로 예술적 표현 확장
- 디지털 미디어를 활용한 새로운 예술 형식 탐구

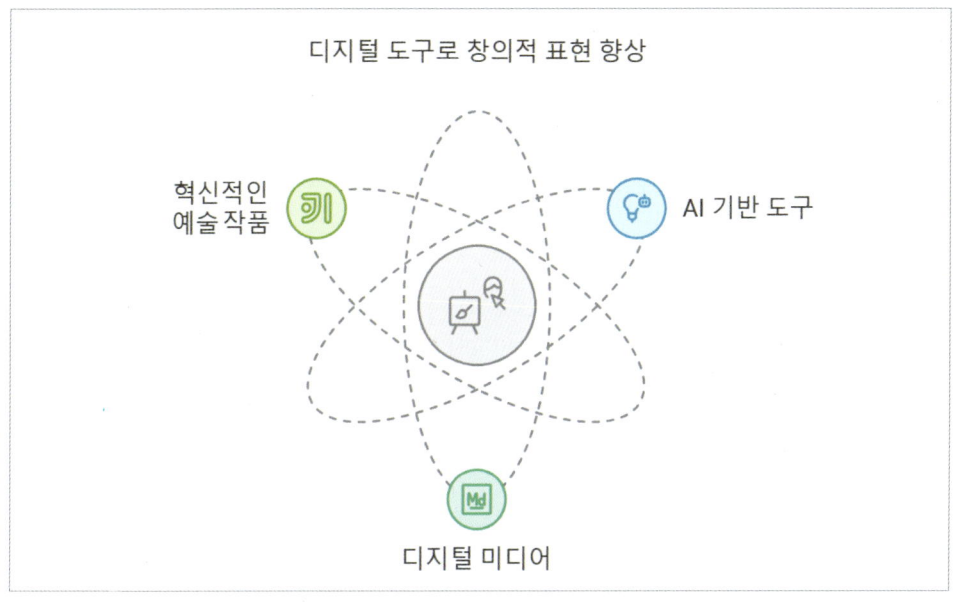

[그림 1-9] 디지털 창작 도구 활용, 냅킨AI 생성

학생들의 예술 활동이 첨단 디지털 도구와 만나 새로운 차원으로 진화하고 있다. 인공지능 작곡 도구는 학생들의 음악적 상상력을 현실로 만든다. 단순한 허밍만으로도 오케스트라 반주가 만들어지고, 즉흥적인 멜로디가 다양한 장르의 음악으로 발전한다. 디지털 캔버스에서는 물감과 픽셀이 자유롭게 섞인다. 학생들은 전통 붓 터치에 디지털 효과를 더해 전에 없던 예술 작품을 만들어 낸다. 모션 그래픽 기술로는 상상 속 춤 동작이 화면에서 생명을 얻는다. 이렇게 디지털 도구들은 학생들의 예술적 상상력에 날개를 달아 주고 있다.

"함께 만드는 스마트 예체능 교육"

에듀테크와 인공지능 기술이 예체능 교육의 새로운 지평을 열고 있다. 개인화된 학습, 실시간 분석, 시공간의 확장, 창의적 표현 강화는 더 이상 먼 미래의 이야기가 아니다.

하지만 이러한 기술 혁신의 중심에는 언제나 '사람'이 있어야 한다. 기술은 도구일 뿐, 진정한 목표는 학생 한 명 한 명의 잠재력을 발견하고 키우는 것이기 때문이다. 교사의 경험과 통찰, 인공지능의 분석력, 학생들의 창의성이 만나 새로운 배움의 생태계가 만들어진다.

이러한 변화의 시대에 발맞추어, 우리 학생들에게는 어떤 핵심 역량이 필요할까? 비판적 사고력과 문제 해결 능력, 디지털 리터러시, 창의성과 혁신 능력 등 미래 사회가 요구하는 새로운 소양들을 살펴보도록 하자. 작은 변화부터 시작해 함께 나아간다면, 우리가 꿈꾸는 미래의 예체능 교육은 머지않아 현실이 될 것이다.

3. 인공지능 시대, 미래를 준비하는 학생의 핵심 역량

인공지능과 에듀테크가 가져온 교육 혁신은 학생들에게 새로운 역량을 요구하고 있다. 특히 예체능 교과에서는 디지털 환경에서 효과적으로 학습하고 창조할 수 있는 다면적 역량이 필요해졌다. 이러한 변화 속에서 학생들이 갖추어야 할 핵심 역량은 아래의 그림과 같이 크게 여덟 가지로 정리할 수 있다.

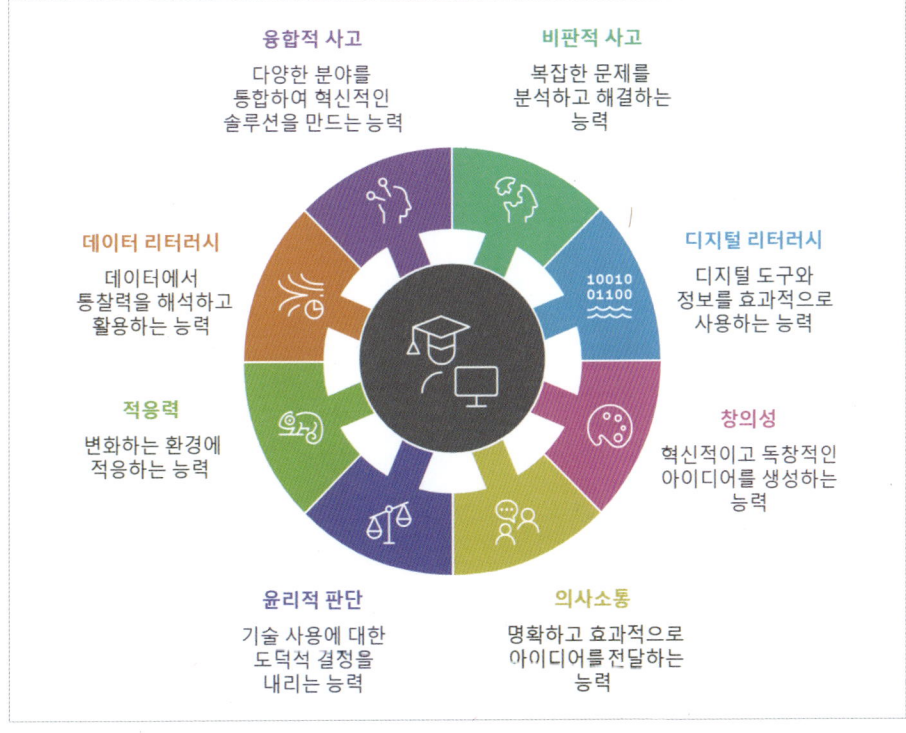

[그림 1-10] 인공지능 시대에 학생들이 갖추어야 할 핵심 소양, 냅킨AI 생성

가. 비판적 사고력과 문제 해결 능력

1) 개별화된 학습 환경에서의 성장

음악 수업에서 인공지능의 데이터 기반 피드백은 학생들의 증거 기반 사고력과 의사 결정 능력을 획기적으로 향상시킨다.

노래를 배우는 예서의 사례를 보자. 과거에는 "좋아요" 또는 "아쉬워요" 같은 교사의 주관적 평가에만 의존했다. 하지만 Singscope, Vocaberry 같은 인공지능 분석 시스템은 예서의 노래를 실시간으로 해부한다. 음정 정확도, 리듬감, 호흡 길이, 비브라토 강도, 음색 특성이 그래프와 수치로 눈앞에서 펼쳐진다.

인공지능은 이 데이터를 바탕으로 구체적인 개선안을 제시한다. 음정을 위한 복식호흡 연습, 프레이징을 위한 호흡 훈련, 풍부한 음색을 위한 공명 연습 등 다양한 선택지를 보여 준다. 예서는 이 객관적 데이터를 보며 자신에게 가장 효과적인 연습법을 선택할 수 있다.

나아가 인공지능은 예서의 연습 기록을 장기간 추적하여 어떤 방법이 가장 큰 효과를 보였는지 분석한다. 예서는 이런 객관적 데이터를 바탕으로 자신의 노래를 평가하고 발전 방향을 결정하는 능력을 키운다. 이는 데이터 기반 의사 결정이 중요한 미래 사회의 핵심 역량이 될 것이다.

2) 데이터 기반 의사 결정 훈련

인공지능 교육 플랫폼은 예체능 영역에서도 데이터를 분석하고 이를 바탕으로 합리적인 결정을 내리는 능력을 키울 수 있는 환경을 제공한다.

음악 교과에서는 학생들이 다양한 장르와 시대의 음악적 특성 데이터를 수집할 수 있다. 이를 분석하여 화성 구조와 리듬 패턴의 상관관계를 파악하는 것이다. 이를 통해 자신만의 창작 활동에 객관적인 근거를 활용하는 방법을 배우게 된다.

미술 교과에서는 색채 심리학 데이터를 기반으로 작품의 감정적 효과를 예측하고, 다양한 구도와 비율에 관한 정보를 분석하여 시각적 균형과 조화를 이루는 작품 제작에 활용할 수 있다.

체육 교과에서는 동작 분석 데이터를 수집하여 효율적인 운동 방법을 도출하고, 경기 상황별 통계를 바탕으로 팀 전략을 수립하는 과정을 경험한다. 또한, 영양 섭취와 신체 발달 간의 상관관계 데이터를 분석하여 개인 맞춤형 건강 관리 계획을 수립하는 능력도 기를 수 있다.

이처럼 예체능 과목에서의 데이터 기반 의사 결정 훈련은 직관과 감성에만 의존하던 영역에 객관적 분석을 접목함으로써 창의성과 논리적 사고를 균형 있게 발달시킬 수 있다. 이러한 역량은 미래 사회에 필수적인 능력이 될 것이다.

나. 디지털 리터러시

미술 수업에서 디지털 리터러시는 첨단 도구의 일상적 활용과 체계적인 실습을 통해 자연스럽게 발전한다.

우주의 '우리 동네 미래 풍경' 프로젝트가 좋은 예이다. 과거에는 스케치북과 물감으로 그린 그림을 교실 게시판에 걸어 두는 것이 전부였다. 하지만 이제 우주는 Procreate와 Adobe Fresco 같은 디지털 도구로 작품의 경계를 넓힌다. 태블릿으로 스케치를 하고, 인공지능으로 다양한 효과를 입히며, VR로 자신이 그린 미래 속을 직접 걸어 다닌다.

작업 과정에서 우주는 여러 디지털 도구를 자유자재로 다룬다. Procreate의 브러시와 레이어로 기초를 잡고, Tilt Brush로 VR 공간에서 세부를 다듬는다. 모든 작업은 클라우드에 실시간으로 저장된다. Figma로 친구들과 함께 작업하고, Padlet에서 아이디어를 나누며, Mentimeter로 최종 디자인을 선택한다.

완성된 작품은 가상 갤러리에서 빛나고, 모든 제작 과정은 디지털 포트폴리오에 담긴다. 이 여정에서 우주는 디지털 콘텐츠 제작, 온라인 협업, 저작권 관리까지 포괄적인 디지털 역량을 익힌다. 이것이 바로 미래 사회가 요구하는 진성한 디지털 리터러시다.

다. 창의성과 혁신 능력

체육 수업에서 인공지능 기술과 디지털 도구를 활용한 창의적 학습은 전통적인 체육 활동의 한계를 뛰어넘는 혁신적인 운동 경험을 제공할 수 있다.

농구 동아리에서 활동하는 서준이의 사례를 살펴보자. 기존의 체육 수업에서는 기본적인 드리블과 슛 연습, 간단한 전술 훈련이 전부였다. 하지만 HomeCourt와 같은 인공지능 기반 도구를 활용하면, 서준이는 자신의 움직임을 3D로 분석하고, VR 환경에서 다양한 경기 상황을 시뮬레이션하며, 인공지능 코치의 제안을 바탕으로 새로운 플레이를 개발할 수 있다.

'팀의 속공 성공률 높이기' 프로젝트에서 서준이와 팀원들은 인공지능 동작 분석 시스템으로 팀의 속공 패턴을 분석하고 개선한다. NBA 경기 데이터를 기반으로 한 인공지능의 추천을 자신들의 스타일에 맞게 창의적으로 변형하고, 인공지능 웨어러블 기기를 통해 실시간으로 체력 데이터를 수집하여 최적의 운동 패턴을 찾아낸다.

이러한 과정을 통해 서준이와 팀원들은 단순히 기존 기술을 답습하는 것이 아니라, 자신들만의 독창적인 플레이 스타일과 전술을 개발하는 창의적 문제 해결자로 성장한다. 이는 미래 스포츠 분야에서 요구되는 창의성과 혁신 능력을 기르는 효과적인 학습 경험이 된다.

라. 의사소통과 협업 능력

음악 수업에서 디지털 플랫폼을 활용한 협업과 글로벌 교류는 학생들의 의사소통 능력과 협업 역량을 효과적으로 향상시킬 수 있다.

교내 밴드부에서 활동하는 은서의 사례를 살펴보자. 기존의 음악 활동에서는 같은 공간에 모여 연습해야만 했고, 다른 학교나 해외 학생들과의 교류는 매우 제한적이었다. 하지만 Soundtrap, BandLab과 같은 디지털 협업 도구를 활용하면, 온라인에서 실시간으로 작곡하고 편곡할 수 있다. '지구를 지키는 음악' 프로젝트에서 은서가 기타 파트를 녹음하면 다른 팀원들이 실시간으로 드럼과 보컬을 더해 가는 식이다.

더 나아가 일본 고등학교 밴드부와의 글로벌 협업도 가능하다. Zoom으로 서로의 음악 스타일을 공유하고, BandLab으로 함께 곡을 만들어 간다. SoundCloud에서는 전 세계 학생들과 작품을 공유하고 피드백을 주고받으며, 서로 다른 문화의 음악적 특성을 결합한 창의적 협업을 시도한다.

이러한 과정을 통해 은서와 친구들은 디지털 환경에서의 효과적인 의사소통 방법, 문화적 다양성 존중, 글로벌 협업 능력 등 미래 사회에서 요구되는 핵심 역량을 자연스럽게 습득할 수 있다.

마. 윤리적 판단력

미술 수업에서 인공지능과 디지털 도구 활용은 윤리적 판단력과 책임 있는 디지털 시민성을 함양하는 중요한 기회를 제공한다.

디지털 아트를 만드는 민지의 사례를 살펴보자. 기존의 미술 수업과 달리, 민지는 '인공지능과 함께 그리는 우리 동네' 프로젝트를 진행하며 다양한 윤리적 문제에 직면한다. DALL-E나 Stable Diffusion 같은 인공지능 이미지 생성 도구를 사용하면서, 인공지능이 만든 이미지의 저작권과 초상권 문제를 고민하게 된다.

특히 Midjourney나 Leonardo AI가 생성하는 이미지에서 성별이나 인종의 편향성을 발견하고, 이를 비판적으로 인식하며 개선 방안을 모색한다. 온라인 갤러리에서 작품을 공유할 때는 건설적인 비평과 존중하는 소통 방식을 배우고, 디지털 작품이 환경에 미치는 영향까지 고려하는 책임감 있는 태도를 기른다.

이러한 경험을 통해 민지는 단순한 미술 기술 습득을 넘어, 디지털 시대의 윤리적 감수성과 책임감을 갖춘 창작자로 성장한다. 이는 미래 사회에서 요구되는 책임 있는 디지털 시민으로서의 핵심 역량이 될 것이다.

바. 적응력과 학습 유연성

체육 수업에서 인공지능과 디지털 도구는 학생들이 다양한 운동 환경과 상황에 유연하게 적응하는 능력을 기를 수 있는 기회를 제공한다.

육상부의 지민이 사례를 살펴보자. 과거에는 날씨나 시설 제약으로 훈련이 자주 중단되었고, 단순 반복 훈련이 대부분이었다. 하지만 스마트 트레이닝 시스템은 지민이에게 새로운 가능성을 열어 주었다. Zwift나 Peloton 같은 실내 러닝 플랫폼은 날씨와 관계없이 다양한 지형과 코스에서 훈련할 수 있게 해 주고, 인공지능 코치는 실시간으로 페이스와 자세를 분석하여 최적의 훈련 방법을 제시한다.

'환경 적응형 트레이닝' 프로그램에서 지민이는 매일 새로운 도전에 직면한다. 하루는 고도 2,000m의 가상 고지대 훈련을, 다음 날은 폭염 속 마라톤 대회 시뮬레이션을 경험한다. 웨어러블 센서는 각 환경에서의 체력 소모와 회복 패턴을 기록하고, 인공지능은 이 데이터를 분석하여 지민이의 적응 능력 향상을 돕는다.

이러한 과정을 통해 지민이는 다양한 환경과 상황에서도 최적의 퍼포먼스를 발휘할 수 있는 적응력을 키우고, 새로운 도전을 두려워하지 않는 유연한 사고방식을 기른다. 이는 급변하는 미래 사회에서 요구되는 핵심적인 적응 역량이 될 것이다.

사. 데이터 리터러시

예체능 교육에서 데이터 리터러시는 단순한 정보 해석을 넘어 예술적 표현과 신체 활동의 질적 향상을 위한 핵심 역량이 되었다.

미술부에서 활동하는 세진이의 사례를 보자. 과거에는 작품 활동이 순전히 직관과 감각에 의존했다. 하지만 이제 세진이는 Adobe Creative Cloud의 분석 도구로 자신의 작품 스타일을 데이터화한다. 색상 활용 패턴, 구도의 특징, 붓질의 리듬감이 시각적 데이터로 변환된다. ArtStation의 큐레이션 알고리즘은 세진이의 작품과 유사한 스타일의 작품들을 보여 주며, 이를 통해 자신의 예술적 성향을 객관적으로 이해할 수 있다.

Behance의 작품 반응 분석 도구는 더 깊은 통찰을 제공한다. 어떤 작품이 어떤 연령대에서 호응을 얻었는지, 작품의 어떤 요소가 주목을 받았는지 등 상세한 데이터를 보여 준다. 세진이는 이러한 데이터를 바탕으로 자신의 예술적 표현을 발전시키는 방향을 찾아간다.

특히 인공지능 기반 작품 분석 시스템은 세진이의 작품 제작 과정 전체를 기록하고 패턴화한다. 언제 가장 창의적인 작업이 이루어지는지, 어떤 환경에서 더 좋은 결과물이 나오는지 등을 파악할 수 있다. 이를 통해 세진이는 자신의 창작 활동을 데이터에 기반해 체계적으로 발전시키는 법을 배운다.

이러한 데이터 리터러시는 예술 활동에서 직관과 데이터의 조화로운 결합을 가능하게 한다. 데이터를 읽고, 이해하고, 분석하여 창작에 활용하는 능력은 디지털 시대 예술가의 필수 역량이 되었다. 더불어 이는 평생 학습자로서 자신의 성장을 객관적으로 추적하고 관리하는 기반이 된다.

아. 융합적 사고력

음악, 미술, 체육 교과를 중심으로 다른 교과와의 경계를 허물어 새로운 차원의 학습이 가능해졌다.

민지의 '지속 가능한 미래를 위한 예술 프로젝트'가 그 혁신적 사례다. 과거에는 각 과목이 따로 융합되지 못했지만, 이제 인공지능과 디지털 기술이 자연스러운 융합을 만든다. 민지는 해양 오염이라는 주제로 VR 해양 생태계 체험(과학)을 하고, 바다 쓰레기로 악기를 만들어 연주하며(음악), 인공지능으로 미래 해양을 그리고(미술), 이를 창작 안무(체육)로 표현한다.

데이터의 예술적 변신도 인상적이다. 해양 오염 수치가 음악이 되고, 인공지능 생성 이미지와 어우러져 몰입형 예술로 탄생한다. 해변 정화 활동은 퍼포먼스가 되고, 주운 쓰레기는 설치 미술이 되며, 그 모든 순간이 음악이 된다.

이런 경계 없는 도전을 통해 민지는 환경 문제를 전방위적으로 이해하고 창의적으로 해결하는 힘을 키운다. 예술의 감성, 과학의 논리, 기술의 효율이 하나로 어우러져 더욱 깊이 있는 배움을 만든다.

"미래 교육을 향한 여정"

인공지능과 에듀테크 기반의 교육은 2022 개정 교육과정의 '미래 역량 함양' 비전과 일치하며, 디지털 학습 환경과 학생 주도성 강화를 통해 실현되고 있다.

예서, 우주, 서준, 은서, 민지의 사례들은 학습자가 성장 과정을 주도적으로 설계하며 미래 필요 역량을 함양하는 모습을 보여 준다. 하지만 이러한 혁신적 교육을 위해서는 신중한 접근과 체계적 준비가 필요하다.

4. 에듀테크와 인공지능 활용 전략: 교육 혁신을 위한 균형적 접근

첨단 기술도 교육에서는 도구일 뿐이다. 장점과 한계가 공존하며, 수업에 기술을 도입할 때는 신중한 접근이 필요하다. 이 장에서는 에듀테크와 인공지능을 교육 현장에 효과적으로 적용하기 위한 핵심 전략을 살펴본다.

가. 교육적 목표 중심 접근

교육 현장에서 기술을 활용할 때 가장 중요한 것은 '왜?'라는 질문이다. 최신 기술의 도입 자체가 목적이 되면 학습의 본질이 흐려질 수 있다. 교사는 먼저 핵심 역량과 학습 목표를 명확히 하고, 이를 효과적으로 달성하기 위한 수단으로 적절한 기술을 선택해야 한다.

협업 능력 향상을 예로 들면, 단순히 최신 협업 도구를 도입하는 것보다 협업의 본질적 가치를 이해하고 실천할 수 있는 방향으로 기술을 활용하는 것이 중요하다. 이런 목표 중심 접근을 통해 학생들은 진정한 의미의 학습 경험을 하게 된다.

나. 학생 간 정보 격차 해소

교육 현장에서 학생들 간의 정보 격차는 반드시 해결해야 할 과제다. 최신 디지털 기기를 자유롭게 사용하는 학생이 있는 반면, 기본적인 디지털 기기조차 없는 학생도 있다. 디지털 활용 능력의 차이도 크다.

> **정보 격차 해소를 위한 핵심 전략 세 가지**
> - 학교 차원의 디지털 기기 및 네트워크 인프라 구축
> - 학생 수준별 맞춤형 디지털 역량 강화 교육
> - 모든 학생이 참여 가능한 포용적 학습 환경 조성

다. 개인정보 보호와 윤리적 고려

디지털 환경에서 개인정보 보호와 윤리는 선택이 아닌 필수다. 인공지능 교육에서는 더욱 엄격한 윤리 기준이 요구된다. 학교는 학기 초에 인공지능 활용 교육 계획과 데이터 수집 범위를 명시한 사전 동의서를 준비하고 학부모 동의를 받아야 한다. 이때 학생들에게 디지털 시민으로서의 책임감과 윤리의식을 심어 주는 교육도 병행해야 한다.

라. 기술적 안정성 확보

교육 현장에서 기술 활용은 철저한 준비가 생명이다. 수업 중 예기치 않은 기술적 문제는 학습의 흐름을 끊고 교육 효과를 떨어뜨린다. 가장 중요한 것은 항상 Plan B를 준비하는 것이다.

> **안정성 확보를 위한 핵심 체크리스트 세 가지**
> - 수업 전 모든 디지털 도구의 기능 테스트
> - 네트워크 연결 상태 및 동시 접속 부하 확인
> - 대체 수업 자료 및 활동 준비

마. 균형 잡힌 수업 설계

디지털 기술이 중요해진 현대 교육에서도 전통적 교육 방식의 가치는 여전히 유효하다. 교사는 온라인과 오프라인 활동의 적절한 균형점을 찾아야 한다. 특히 학생들의 스크린 타임 관리는 신체적, 정신적 건강을 위해 필수적이다.

> **균형 잡힌 수업 설계의 핵심 요소 세 가지**
> - 온라인과 오프라인 활동의 유기적 연계
> - 디지털 활동과 신체 활동의 적절한 배분
> - 다양한 감각과 학습 방식을 활용하는 활동 구성

바. 지속적인 모니터링과 피드백

기술 활용 교육 성패는 관찰과 피드백에 달려 있다. 교사는 수업 중 학생들 참여도, 이해도를 실시간 파악하고 솔직한 피드백을 수집해야 한다.

> **효과적인 모니터링과 피드백 방법 세 가지**
> - 디지털 플랫폼의 학습 데이터 활용
> - 정기적인 학생 설문 및 인터뷰
> - 피드백에 기반한 유연한 수업 방식 조정

사. 교사의 전문성 개발

에듀테크와 인공지능 시대의 교사는 끊임없는 자기 계발이 필수다. 전문성 개발은 크게 세 가지 영역에서 이루어져야 한다.

> - 기술적 역량: 다양한 에듀테크 도구의 활용법과 문제 해결 능력
> - 교수학습 설계 역량: 디지털 도구를 활용한 효과적인 수업 설계 능력
> - 디지털 시민성 교육 역량: 학생들에게 올바른 디지털 활용 방법 지도

교사 전문성 개발을 위해 공식 연수 프로그램 참여, 교사 학습 공동체 활동, 자기주도적 학습 등 다양한 방법을 활용할 수 있다.

아. 인공지능의 한계 인식

인공지능 활용 교육의 핵심은 인공지능의 한계를 정확히 아는 것이다. 인공지능이 제공하는 정보와 결과물은 때로 부정확하거나 편향될 수 있다. 교사는 이를 맹목적으로 받아들이지 않고 전문가적 시각으로 검증해야 한다.

> **인공지능의 주요 한계들**
> - 기술적 오류와 데이터 의존성
> - 알고리즘의 잠재적 편향성
> - 맥락 이해와 정서적 공감 능력의 부재

학생들에게도 인공지능의 실체를 정확히 가르쳐 인공지능을 맹신하지 않고 책임감 있게 활용하는 능력을 길러줘야 한다.

"교육의 본질을 살리는 현명한 기술 활용"

지금까지 살펴본 전략들은 에듀테크와 인공지능을 교육 현장에 도입할 때 반드시 고려해야 할 핵심 요소들이다. 교육적 목표를 최우선으로 두고, 학생 간 정보 격차를 해소하며, 개인정보 보호와 윤리적 문제에 주의를 기울여야 한다. 이처럼 다양한 측면을 종합적으로 고려할 때, 우리는 기술이 가진 교육적 가치를 극대화하고 교육의 본질을 살리는 진정한 혁신을 이룰 수 있다.

[그림 1-11] 에듀테크와 인공지능을 수업에 활용할 때 주의할 점, 냅킨AI 생성

5. 인공지능과 인간의 경쟁이 아닌 협업: 에듀테크 시대의 새로운 교사상

많은 매체를 통해 인간과 인공지능과의 대결을 걱정하는 목소리가 끊임없이 들려온다. 하지만 교육 현장에서 인공지능 기술을 직접 활용해 본 교사의 입장에서, 이러한 막연한 두려움야말로 오히려 더 경계해야 할 대상이라고 생각한다.

〈터미네이터〉나 〈매트릭스〉와 같은 SF 영화 속 디스토피아적 상상에 시간을 허비하기보다는, 인공지능에 대한 진지한 관심과 깊이 있는 학습에 집중해야 한다. 현재의 기술 수준에서 인류와 맞서 싸울 지능형 로봇의 등장 가능성은 극히 낮다.

오히려 우리가 주목해야 할 것은 '인공지능과의 대결'이 아니라 '인공지능을 활용하는 능력'이다. 앞으로의 경쟁은 "인간 VS 인공지능"이 아니라 "인공지능을 활용하는 인간 VS 활용하지 않는 인간" 사이에서 벌어질 것이다.

특히 교육 분야에서는 이러한 변화가 더욱 뚜렷해질 전망이다. 앞으로 교사들 사이에서도 "인공지능을 활용하는 교사 VS 활용하지 않는 교사"의 경쟁이 펼쳐질 가능성이 매우 높다. 인공지능은 더 이상 두려워해야 할 대상이 아니라, 우리의 전문성을 높이고 교육의 질을 혁신할 수 있는 강력한 도구이기 때문이다.

이제 인공지능을 비롯한 에듀테크의 교육 혁신과 창의적인 협업을 시작해 보자. 인공지능은 더 이상 낯설고 두려운 존재가 아니라, 교육의 질을 높이고 학생들의 잠재력을 극대화하는 든든한 동반자가 될 것이다.

[그림 1-12] 인공지능과의 경쟁이 아닌 협업: 에듀테크 시대의 새로운 교사상, Bing image creator 생성

2장 음악

1. 인공지능과 함께하는 음악 교육

가. 2022 개정 교육과정과 미래 음악 교육의 방향

"학창 시절, 학교 교실의 음악 수업을 되돌아보면 어떤 모습이 떠오르나요?"라는 질문을 드리면 아마도 많은 사람은 학생들이 모두 같은 곡을 선생님의 피아노 반주에 맞춰서 따라 불렀고, 리코더로 같은 곡을 연주했던 교실의 한 장면이 떠오를 것이다. 그 수업은 여전히 의미가 있고 좋은 수업이지만, 코로나 이후 급격하게 발전한 디지털 대 전환 시대의 교실 속 음악 수업에 학생들이 기대하는 바는 남다르다.

많은 선생님께서 수행과 실기 위주의 음악 교과에 도대체 어떻게 인공지능과 에듀테크를 활용한 수업을 해야 하는지에 대한 고민이 시작되었다. 이에 따라, 음악 교육에서 인공지능과 에듀테크를 효과적으로 활용하는 방안을 모색할 필요가 있다. 특히 2022 개정 교육과정이 제시하는 방향성을 고려하여 음악 교육의 새로운 접근법을 탐색하는 것이 중요하다.

2022 개정 교육과정 총론 수준에서의 핵심은 미래 사회를 살아갈 학생들의 역량 강화에 초점을 맞추고 있다. 특히 모든 교과 교육에서 '디지털 기초 소양 함양'을 주

요 역량으로 강조하고 있는데, 이는 음악 교과에서도 중요하게 다루어져야 할 부분이다.

또한, 2022 개정 교육과정 총론에서는 학습자의 '자기 주도성'을 기르고 삶과 연계된 '깊이 있는 학습'을 추구하며, 이를 위해 '교사의 자율성을 확대'하는 방향을 제시하고 있다. 음악 교육의 방향성 또한 학생들의 감성, 창의성, 자기 주도성을 발휘하여 삶 속 공동체 내에서 음악적으로 소통할 수 있도록 하는데 중점을 두고 교육과정이 설계 되었다.[1]

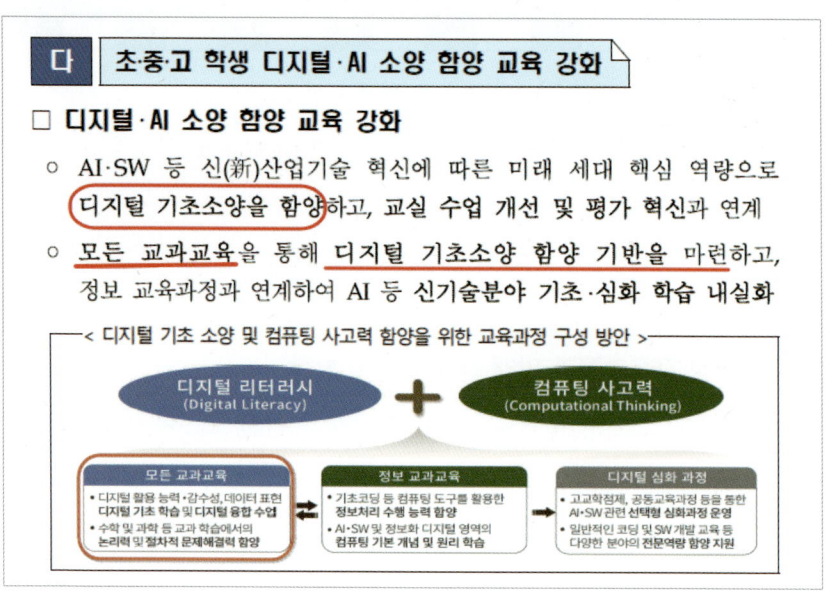

[그림 2-1] 2022 개정 교육과정 총론 주요 사항(시안) - 교육부, 2021.11.24

따라서 새로운 교육과정의 설계안에 담긴 목적에 따라 음악 교육은 크게 세 가지 변화를 추구해야 할 것이다. 첫째, 학생들이 삶의 맥락 속에서 자기 감성을 자신만의 방식으로 음악적 표현을 할 수 있고 즐길 수 있어야 한다. 둘째, 다양한 음악적 활동(가창, 기악, 창작, 감상, 비평 등)을 통해 창의력과 상상력을 키울 수 있어야 한다. 셋째, 전통적 음악 수업 방식과 더불어 다양한 디지털 도구를 활용하여 음악을 배우고 만들 수 있어야 한다.

---

[1] 음악과 교육과정. 교육부 고시 제 2022-33호 [별책12] 중, 공통 교육과정 음악 교육과정 설계 개요

특히, 2022 개정 음악과 교육과정에서 내용 체계 영역은 '연주, 감상, 창작'으로 제시되었다. 이때 단순히 2015 교육과정의 생활화 영역이 제외되었다고 보는 관점보다 생활화의 개념이 교육과정 전반에 자연스럽게 녹아들었다고 해석할 필요가 있다. 또한, 중요하게 살펴볼 부분은 '창작'이 내용 체계의 한 영역으로 제시된 점을 볼 수 있다. 교육과정에서 '창작' 영역의 내용 체계의 공식적인 도입은 이러한 시대적 요구를 반영하고 있다고도 볼 수 있을 것 같다.

과거에는 전문가만이 가능했던 음악 창작(작곡)이, 이제는 인공지능 기반 도구를 활용해 학생들도 쉽게 도전할 수 있는 시대가 되었다. 미래의 음악 교실은 인공지능이 작곡을 돕고, VR을 통해 오케스트라를 체험하며, 학생들이 직접 곡을 만들고 공유하는 방식이 보편화될 것이다. 음악 교육은 전통적 교수법과 디지털 기술을 조화롭게 융합하여 학생들의 감성, 창의성, 자기 주도성을 극대화하는 방향으로 나아가야 한다.

나. 디지털 대전환 시대가 요구하는 음악 수업의 변화

"선생님, 버츄얼 아이돌 PLAVE 아세요?", "선생님, 저희가 쓴 랩 가사에 랩 비트를 붙여 보고 싶어요!", "메타버스 공간에서 우리반 음악회를 할 수는 없을까요?", "쇼츠에 음악을 넣고 싶은데, 저작권이 문제가 되지는 않을까요?"

이러한 질문은 실제 수업 중 학생들에게서 받은 질문들이다. 이제는 이런 질문과 제안이 전혀 낯설지 않은 시대가 되었다. 디지털 기술의 발전은 음악 교육의 새로운 장을 열어 가고 있다. 그렇다면 이러한 변화 속에서 우리의 음악 수업은 어떻게 달라져야 할까?

1) 완전히 달라진 학생들의 음악 소비 방식

중학교 1학년 은하(가명)는 등하교 시간에 멜론으로 좋아하는 가수의 새 앨범을 스트리밍[2]으로 듣고, 틱톡에서 유행하는 댄스 챌린지 쇼츠 영상을 친구들과 함께

---

2) 스트리밍: 클라우드 기반의 구동 방식으로 음원 또는 영상 파일을 다운로드하지 않고 실시간 재생하는 방식

본다. 은하는 수업이 끝나고 "선생님, 버츄얼 아이돌 PLAVE 아세요?"라고 질문을 했다. 잘 모르겠다고 했더니 나중에 유튜브에서 꼭 찾아보라고 이야기한다. (버츄얼 아이돌은 인공지능 기술 중 모션 캡처 기술을 활용하여 만들어진 가상 아이돌로 1세대 버츄얼 아이돌은 '아담'이 있다.)[3]

2) 음악 창작의 문턱이 낮아지다

중학교 3학년 동규(가명)는 랩 만들기 프로젝트 수업에서 친구들과 함께 랩 가사를 썼다. 이후 나만의 비트를 만들어 보고 싶어 음악 교사를 찾아왔다. 다양한 비트를 만들 수 있는 사이트가 있지만, 비교적 쉽게 활용할 수 있는 인크레디박스(incredibox)를 소개해 주었다.

인크레디박스는 이미 샘플링된 사운드를 믹싱하고, 녹음하여 공유할 수 있는 플랫폼으로, 많은 래퍼들이 실제로 이곳에서 음악 작업을 하고 있다. 사용자가 만든 음원을 인크레디박스 차트에 업로드할 수도 있다. (이와 관련한 자세한 내용은 다음 장에서 다룰 예정이다.) 이처럼 다양한 창작 도구의 등장은 음악 창작의 문턱을 낮추었으며, 학생들이 자신이 좋아하는 음악을 직접 표현할 수 있는 새로운 수단이 되고 있다.

3) 스스로 만들고 공유하는 숏폼 콘텐츠

학생들은 쇼츠나 틱톡과 같은 플랫폼에서 자신이 만든 비트나 멜로디를 배경 음악으로 활용해 영상을 제작하고, 이를 친구들과 공유하며 즐긴다. 이러한 활동은 단순한 놀이를 넘어 음악과 영상의 연결을 직관적으로 경험하게 한다. 예를 들어, 영상의 분위기와 조화를 이루는 음악을 고르는 과정에서 학생들은 자연스럽게 멜로디의 무드, 템포, 리듬감 등을 파악하게 된다. 장면 전환에 어울리는 음악을 선택하는 과정에서는 음악의 구조를 감각적으로 익히며 편집 기술도 함께 발전시킨다. 이처럼 짧은 영상 콘텐츠 제작은 음악적 이해를 깊게 하면서도 창의적인 표현을 가능하게 하는 유의미한 학습 활동이 되고 있다.

---

3) 가상 이미지 뒤에 사람 있다. '버추얼 아이돌' 뜬다/ 연합뉴스 TV 참고 https://youtu.be/NDjDzvfoSXk

4) 메타버스, 새로운 무대의 가능성

중3 서영이는 2022년 BTS 부산 콘서트를 제페토를 통해 실시간으로 관람한 경험을 떠올리며, "우리도 메타버스에서 음악회를 할 수 없을까요?"라고 물었다. 이미 학생들은 일상 속에서 자연스럽게 메타버스 환경을 접하고 있으며, 이 공간은 음악 수업의 새로운 무대가 될 가능성을 보여 준다. 메타버스는 가상과 현실이 융합된 공간으로, 증강현실(AR), 라이프로깅, 거울세계, 가상현실(VR) 등의 유형이 있다.[4] 학교 현장에서는 제페토, 젭, 게더타운, 코스페이시스, 로블록스 등이 가상 수업 공간으로 활용될 수 있으며, 실제로 미술 수업에서는 제페토나 코스페이시스에서 학생 작품 전시가 이루어지고 있다. 음악 교과에서도 이 같은 플랫폼을 활용한 가상 콘서트 사례가 등장하고 있으며, 이를 통해 학생들은 물리적 한계를 넘어선 무대 위에서 창작과 표현을 경험할 수 있다. 메타버스는 학생들의 몰입도와 표현력을 동시에 높여 줄 수 있는 미래형 수업 환경으로 주목할 만하다.

5) VR 기술의 발전, 음악 수업의 공간을 확장시키는 중요한 열쇠

최근 오큘러스, Apple Vision Pro, 삼성의 XR[5] 기기 'Moohan' 등 다양한 장비들이 등장하고 있으며, 학교 현장에서도 활용 가능성이 점차 높아지고 있다. 현재는 주로 감상이나 콘서트 체험에 머물고 있지만, 기기와 환경이 갖춰지면 교육적 응용 범위는 더욱 넓어질 것이다. VR은 실제 공연장에 있는 듯한 몰입형 경험을 제공하며, 특히 지휘법 수업에서 효과적으로 활용되었다. 예를 들어, 오큘러스를 통해 '360° Beethoven'을 감상한 학생들은 오케스트라 편성을 직관적으로 이해할 수 있었다. 기존의 평면 악보보다 공간적 감각을 자극하며 음악 구조를 실감나게 익히는 데 도움이 되었다. 학생들은 "오케스트라가 눈앞에서 연주해 주는 것 같다"라며 큰 만족감을 표현했다. VR은 학생의 몰입도와 음악적 이해를 동시에 높이는 유의미한 도구로 주목받고 있다.

---

4) 비영리 기술 연구 단체 ASF(Acceleration Studies Foundation)의 메타버스 유형 구분 기준

5) 확장현실(XR): VR, AR, MR을 포함하는 개념이며 현실과 가상을 융합하는 기술로, 현실을 기반으로 가상의 요소를 추가 하고 융합함.

[그림 2-2] 유튜브, 360° Beethoven – 5th Symphony, Rotterdam Philharmonic Orchestra 연주장면

[그림 2-3] 오큘러스 Maestro, 베토벤 5번 운명 교향곡을 지휘하는 장면

공연장에서의 콘서트를 VR 기기로 관람하고 다음 활동으로 오큘러스에 Maestro 앱(유료)을 설치한 후, 학생들이 직접 베토벤 교향곡 5번 운명 교향곡을 지휘해 보도록 했다. 학생들은 리듬 게임처럼 즐기며 몰입했고, 이 경험을 오래 기억할 것이라 말했다. 데이비드 엘리엇의 실천주의 음악 교육 철학 관점에서, 이러한 활동은 '음악하기(musicing)'를 실현하는 새로운 방식이 된다. 특히 지휘처럼 전문적인 음악 활동을 게임화해 체험함으로써 학생들의 자발적 참여와 음악적 이해를 이끌어 낼 수 있

다. 수업 공간은 이제 교실을 넘어 메타버스와 VR이라는 새로운 차원으로 확장되고 있다. 이 과정은 학생의 주도성과 창의성을 자극하며, 깊이 있는 음악적 사고를 가능하게 한다. 기술은 음악 교육의 새로운 가능성을 여는 열쇠가 되고 있다.

다. 음악 교육에서 인공지능 활용의 교육적 가치와 부작용

1) 음악 분야의 인공지능 발달 트렌드

가) 초기 인공지능 작곡 (2010년대 초반)

인공지능이 음악을 만들기 시작한 것은 2010년대 초반부터다. 초기 인공지능의 작곡 방식은 매우 단순해, 마치 초보 작곡가가 정해진 공식대로만 곡을 만드는 것과 비슷했다. 예를 들어, 인공지능에게 "멜로디를 만들어 봐!"라고 하면 "도-레-미" 같은 짧은 패턴을 분석해 비슷한 멜로디를 생성하는 수준이었다. 마르코프 체인 같은 알고리즘을 활용해 기존 음악의 패턴을 반복하며 작곡했다. 마치 "오늘 날씨는 맑습니다"라는 문장을 보고 "내일 날씨는 맑습니다"라고 예측하는 것처럼 단순한 흐름을 따랐다. 당시 인공지능은 일반적인 코드 진행(C → G → Am → F 등)을 익숙한 패턴으로 학습해 반복했으며, 감정 표현이나 새로운 스타일 창조는 어려운 단계였다.

나) 머신러닝 기반의 작곡의 발전 (2010년대 중반)

초기 인공지능 작곡 기술의 연장선에서, 의미 있는 결과가 본격적으로 등장한 것은 2010년대 중반부터다. 2015년 '쿨리타(Kulitta)' 프로젝트[6]는 규칙 기반 머신러닝을 활용해 기존 음악의 패턴과 이론을 분석하고 새로운 곡을 생성했다. 쿨리타는 '모차르트의 제자가 된 인공지능'으로 마치 모차르트 음악의 규칙을 철저히 분석하는 학생과 같았다. 예를 들어, 모차르트의 작곡 스타일을 학습한 후 '모차르트가 쓰지 않은 새로운 곡'을 만드는 방식이었다. 그러나 기존 규칙을 조합하는 수준이었기

---

6) 쿨리타 프로젝트 연구자 Donya Quick의 웹사이트: https://www.donyaquick.com/kulitta/

에 창의적 변형에는 한계가 있었고, 전혀 새로운 스타일 창조는 어려웠다. 마치 엄격한 선생님 밑에서 틀을 벗어나지 못한 채 곡을 쓰는 제자와 같았다. 그럼에도 클래식뿐 아니라 헤비메탈과 같은 대중음악에도 적용 가능하다는 점에서 기술적 가능성을 보여 주었다.

다) 구글 마젠타 프로젝트의 등장 (2016년)

2016년 구글의 마젠타(Magenta) 프로젝트가[7] 등장하면서 인공지능이 음악을 학습하는 방식이 더 발전하였다. 마젠타는 머신러닝 기법 중 딥러닝을 활용하여 창의적인 멜로디와 음악 패턴을 학습할 수 있도록 설계되었다. 기존 음악 스타일을 유지하면서도 새로운 곡을 자동으로 생성하는 것이 가능해졌다. 예를 들면, 마젠타는 '독학으로 음악을 작곡하는 인공지능 뮤지션'이었다. 기존 음악을 직접 듣고 학습한 후, 패턴을 찾아 새로운 멜로디를 만들어 낸다. 예를 들어, 인공지능에 쇼팽의 곡을 들려준 후 "쇼팽 스타일로 새로운 곡을 만들어 줘"라고 하면, 쇼팽의 특징을 반영한 새로운 음악을 작곡할 수 있다. 이 방식은 단순한 규칙을 따르는 것이 아니라, 머신러닝을 통해 직접 학습하며 작곡할 수 있다. 마젠타 프로젝트 덕분에 인공지능은 기존 스타일을 유지하면서도 인간 작곡가처럼 새로운 음악을 창작할 수 있게 되었다.

라) 딥러닝 기반 음악 합성의 발전 (2017년)

2017년 진행된 'NSynth'는 구글 마젠타 프로젝트의 일환으로, 딥러닝 기반 음악 합성 시스템이다. 신경망 모델(WaveNet)을 활용해 기존 악기 소리를 단순히 조합하는 것이 아니라, 완전히 새로운 음색을 창조할 수 있게 했다. 기존 음원을 변형하는 것이 아닌, 전혀 새로운 소리를 합성함으로써 음악 창작의 가능성을 크게 확장시켰다. NSynth는 완전히 '새로운 악기를 만들어 내는 인공지능'이다. 예를 들어, 트럼펫과 바이올린 사운드를 합성한 소리를 만들어 낼 수 있다. 이것은 마치 누군가에게 "바이올린과 일렉 기타의 음색을 합친 악기를 만들어 보자"라고 말했을 때, 실제로

---

[7] 구글 마젠타 스튜디오 소개 유튜브 링크: https://bit.ly/구글마젠타프로젝트

그 악기의 소리를 창조하는 것과 같다. 기존의 피아노, 드럼, 바이올린 등의 악기 소리를 듣고 학습한 후, 인공지능은 이를 바탕으로 전혀 새로운 소리를 합성해 낸다. 이런 방식 덕분에 뮤지션들은 기존에 없던 독특한 사운드를 만들 수 있고, 새로운 장르의 음악을 창조할 수 있게 되었다.

마) 구글 두들 바흐 (2019년)

2019년 마젠타 프로젝트의 연장선상에서 '구글 두들 바흐'가 개발되었다. 구글은 2019년, 바흐의 탄생 334주년을 기념하여 구글 두들(Google Doodle)[8]에서 사용자가 2마디 정도의 입력한 짧은 멜로디를 입력하면 바흐 스타일의 4성부 화성으로 자동 변환하는 인공지능 시스템을 공개했다. 이 프로젝트는 Magenta의 딥러닝 모델을 사용하는데, LSTM(Long Short-Term Memory) 신경망 모델을 사용한다. 바흐의 음악적 패턴을 학습한 후, 새로운 음악을 생성하는 방식으로 작동한다. 아래의 각주에 제시한 링크로 들어가면 학생들과 함께 간단하게 테스트도 가능하다. 바흐의 음악적 스타일(대위법)을 학생들도 체험해 볼 수 있다.

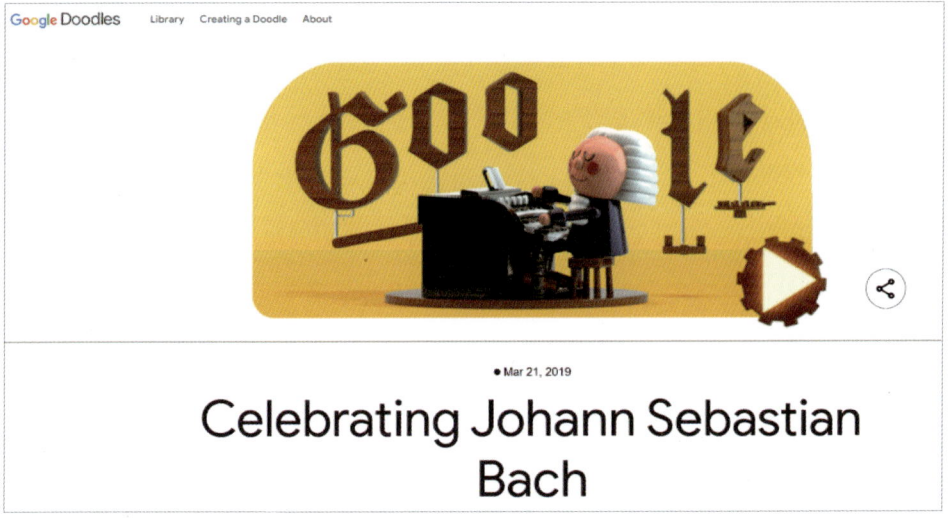

[그림 2-4] 구글 두들에 제시된 '구글 두들 바흐' 시작 화면

---

8) 구글 두들 바흐 링크: https://bit.ly/구글두들바흐

바) 뮤즈넷의 개발 (2019)

OpenAI사에서 개발한 뮤즈넷(MuseNet)[9]은 생성적 적대 신경망(GAN: Generative Adversarial Network)을 활용해 인공지능 음악 기술의 정교함을 한층 끌어올렸다. GAN은 두 신경망이 경쟁하며 학습하는 구조로, 보다 자연스럽고 정밀한 음악 생성이 가능해졌다. MuseNet은 다양한 장르를 섞어 연주할 수 있는 인공지능으로, 베토벤의 곡을 재즈 스타일로 바꾸거나 BTS의 'Butter'를 영화 음악처럼 웅장하게 변환할 수 있다. 이는 마치 클래식 연주자가 재즈 뮤지션으로 즉흥 전환하거나, 모차르트가 EDM을 작곡하는 상상을 실현하는 것과 같다. 이러한 기술의 발전은 AIVA, Amper Music, Soundraw 등의 서비스로 이어져 다중 악기의 조화로운 편성과 실시간 사용자 상호 작용을 통해 창작을 지원하고 있다.

사) 멀티모달 인공지능의 발전 (2020년대)

2020년대에는 멀티모달 인공지능의 발전으로 텍스트 설명만으로 음악을 생성하거나, 이미지·영상에 어울리는 음악을 자동으로 만들어 내는 것이 가능해졌다. 예를 들어, "따뜻한 감성의 어쿠스틱 기타 연주를 만들어 줘"라고 하면 인공지능이 이를 분석해 적절한 악기와 멜로디로 곡을 만든다. 영화 장면에 맞는 배경 음악을 즉석에서 생성하거나, 감정과 표정을 분석해 음악을 추천·작곡하는 기술도 등장했다. 게임에서는 캐릭터의 상황에 따라 긴박하거나 평화로운 음악이 실시간으로 전환된다. Deezer의 Spleeter와 LALAL.AI 같은 도구는 음원에서 보컬과 악기를 분리하거나 특정 악기만 제거해 음악 수업에서도 반주 음원으로 다양하게 활용할 수 있다.

---

9) 뮤즈넷 링크: https://openai.com/index/musenet/

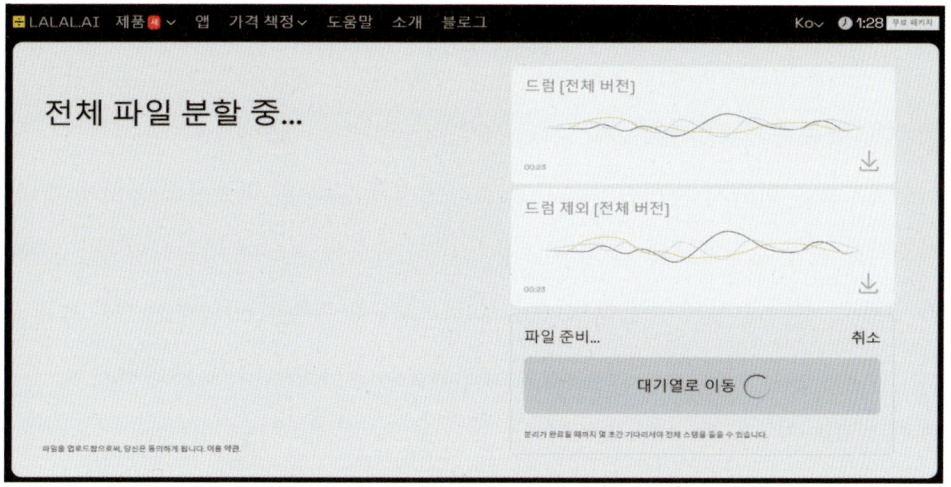

[그림 2-5] LALAL.AI에서 드럼 선율만 제외하고 분할하고 있는 모습

위의 그림은 LALAL.AI(유료)에서 드럼 선율만 제외하고 음원 분리를 하고 있는 모습의 장면이다. 음악 수업에서도 반주 음원으로 충분히 활용할 수 있다.

아) 다양한 인공지능 음악 기술의 발전

인공지능은 악보 인식(OMR, Optical Music Recognition) 기술도 발전하면서, 종이로 된 악보를 카메라로 찍으면 디지털 악보로 변환하는 기능을 제공하고 있다. '뮤직탭(MusicTap)'[10]은 국내 스타트업이 개발한 앱으로, AI 기반 OMR 엔진을 통해 종이 악보를 디지털화하고 실시간 수정 및 공유 기능을 제공한다. 현재 iOS에서만 사용 가능하며, 조성 변환, 메모 동기화, 템플릿 활용 등 다양한 기능으로 기존 종이 악보의 한계를 극복한 서비스로 주목받고 있다. 이제 인공지능은 단순한 멜로디 생성에서 벗어나, 다양한 악기 편성, 음악적 장르 전환, 감정 분석 기반 작곡, 실시간 반응형 음악 생성 등 더욱 더창의적이고 인간적인 음악 제작 과정에 깊이 개입하고 있다.

---

10) 뮤직탭 사이트: https://musictap.kr/ 또는 애플 플레이 스토어에서만 설치 가능

2) 인공지능을 활용한 음악 학습과 평가의 교육적 가치

가) 학습자 맞춤형 학습

인공지능은 학습자 개개인의 수준과 특성에 맞는 맞춤형 학습을 가능하게 한다. 전통적인 음악 수업에서는 한 명의 교사가 여러 학생을 동시에 지도해야 하는 한계가 있었고, 실기 중심 수업에서 학생이 스스로 실수를 파악하기 어려운 경우도 많았다. 그러나 인공지능은 학습 데이터를 실시간으로 분석해 개인별 최적화된 콘텐츠와 피드백을 제공할 수 있다.

예를 들어, 밴드부 보컬 은수는 매력적인 목소리와 표현력을 지녔으나 음정이 종종 불안했다. Simply Sing 앱(유료)을 활용해 다양한 노래를 자신의 음역대에 맞게 연습한 결과, 음정과 리듬감이 향상되었다. 이 앱은 인공지능 알고리즘으로 노래를 실시간 분석하고, 자주 틀리는 음역대의 노래를 추천하며 맞춤형 피드백을 제공했다. 특히 실시간 피드백 시스템은 자신의 문제점을 즉각적으로 파악하고 개선할 수 있게 도와주었다. 인공지능 기술은 음악적 실수를 쉽게 인지하게 하고, 맞춤형 학습으로 자기 주도적 학습을 촉진하며, 실시간 분석과 즉각적 피드백을 통해 개인 튜터와 같은 효과적인 지도 역할을 수행한다.

나) 창의적 창작 활동의 지원

인공지능은 창의적 음악 창작 활동을 효과적으로 지원한다. 전문적인 음악 지식이 부족한 학생들도 인공지능 작곡 도구를 활용해 자신의 아이디어를 구체화할 수 있다. 간단한 멜로디만 입력해도 인공지능이 적절한 반주와 화성을 제시하거나 다양한 악기 편성을 시도할 수 있어 음악 창작의 진입 장벽이 낮아진다. 특히 Soundtrap, BandLab과 같은 클라우드 기반 DAW[11]는 전문 도구의 복잡함을 줄이고, 초보자도 쉽게 음악을 만들 수 있도록 인공지능 기능과 쉬운 UI를 제공한다.

---

11) DAW: Digital Audio Workstation 의 약자로 디지털 오디오 편집을 위해 설계된 프로그램을 통칭하는 용어로 작곡, 연주, 녹음, 믹싱, 마스터링 등이 가능함. 시퀀싱(Sequencing 프로그램) 으로 알려져 있는 큐베이스, 로직 프로X 등이 DAW에 속한다.

BandLab의 인공지능 송스타터(song starter) 기능은 장르를 선택하거나 가사를 입력하면, 이에 맞춰 자동으로 드럼, 베이스, 기타 반주를 생성하며, Studio에서 악기별 편집도 가능하다. 이를 활용해 광고 음악 프로젝트의 배경 음악을 만든 학생들도 있었고, 샘플링 기능으로 루프를 재편집해 곡을 완성한 사례도 있다. 이러한 도구를 통해 학생들은 음악 창작에 대한 흥미와 자기 효능감을 높이고, 감성을 자유롭게 표현하며 창의성을 신장시킬 수 있다.

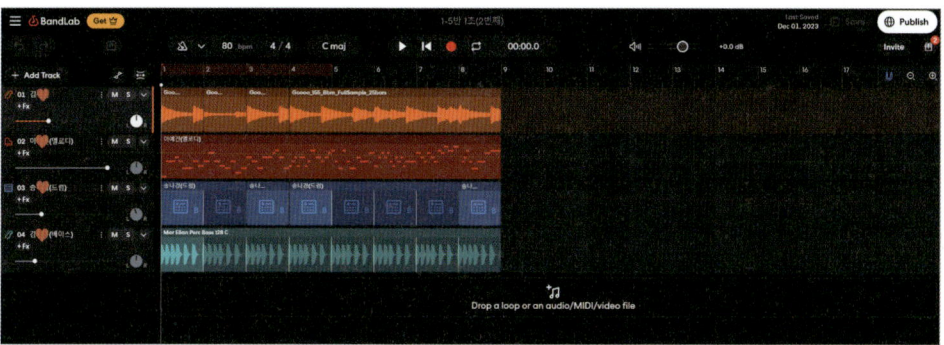

[그림 2-6] DAW의 전형적인 형태를 가진 BandLab에서 창작 활동을 한 학생들의 작품

다) 기존의 주관적 실기 수행평가 방식에 대한 보완

인공지능이 음악 교육 분야에 도입되면, 기존의 주관적인 실기 수행평가 방식에 대한 우려를 보완할 수 있다. 객관적인 데이터를 바탕으로 한 평가가 가능해지기 때문이다. 기존 음악 수업에서는 교사의 경험과 중요하게 여기는 음악적 요소에 따라 학생들의 가창, 기악, 창작 능력을 평가하고 있다. 그러나 교사마다 평가 기준이 달라 신뢰도에 문제가 제기되기도 했다.

반면, 인공지능 기반 평가 시스템은 학생의 연주 데이터를 실시간으로 분석하여 연주의 정확도, 타이밍, 다이내믹 등을 수치와 그래픽 등으로 명확하게 피드백하며, 학생 스스로 자신의 강점과 약점을 정확하게 파악할 수 있게 한다. 보컬 연습 앱이나 피아노 앱(Simply Piano 등)의 인공지능은 학생의 음정, 리듬, 빠르기 등을 정밀하게 분석한다. 연주를 시작하면 인공지능은 음정이나 리듬의 오류를 실시간으로 감지하고 시각적 피드백을 제공한다. 이러한 데이터 기반 피드백은 학생이 자신의 연주를 객관적으로 이해하고 문제를 해결할 수 있는 기반이 되며, 선생님이 항상 옆에 있지 않아도 잘못된 연습을 줄이고 효과적인 자기 주도 학습을 가능하게 한다. 은수도 연습 중 상황에 맞는 맞춤형 피드백이 가장 좋았다고 이야기했다.

아래의 이미지 사진은 Makemusic 웹사이트(www.Makemusic.com)에서 원하는 뮤지컬 곡을 선택하고 연습을 하다가, 실시간으로 틀린 음정을 체크받은 악보의 한 장면이다.

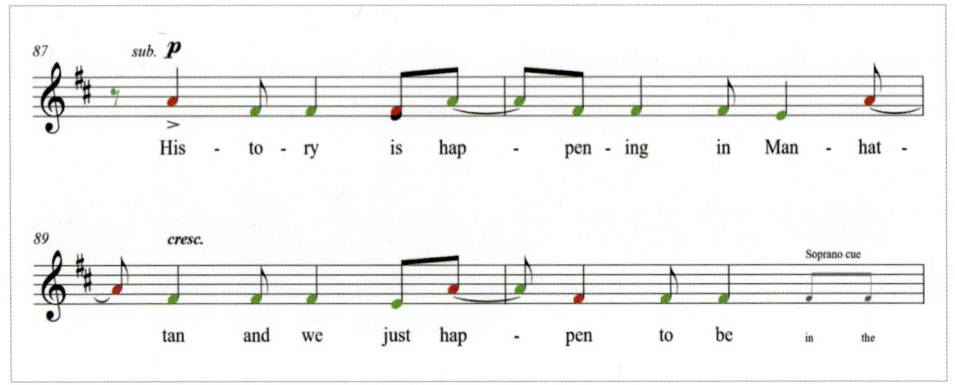

[그림 2-7] Makemusic 사이트에서 뮤지컬 '해밀턴 하이라이트' 멜로디를 노래 연습할 때 틀린 음정을 실시간 피드백 받은 악보

이 사이트는 유료 사이트이지만, 한 달간 무료로 체험할 수 있다. 인공지능 기반의 음악 교육 플랫폼으로서 다양한 악보 라이브러리, 수준별 연습곡 선택, 실시간 평가 기능(음정의 정확도, 리듬의 정확성 분석, 템포 안정성 체크, 아티큘레이션 평가, 실시간 시각적 피드백 제공), 연습 시 템포 조절 가능, 시창 연습 등이 가능하며, 무엇보다 교사가 과제를 부여하고 학습 이력을 관리할 수 있는 LMS[12] 역할도 한다. 앞으로 우리나라에서 인공지능 디지털 교과서를 음악 교과에 도입한다면, 이런 기능들이 있었으면 좋겠다는 제언을 조심스럽게 해 본다.

악보 기보 및 사보 기능(Notation)[13], 음악 이론 워크시트 자동 생성 및 채점 기능, 작곡 멜로디 연주 기능 등과 LMS 역할을 해 주는 웹사이트로는 Flat for Education

---

12) LMS는 Learning Management System의 약자로 온라인상에서 학생 등록, 학습 과제 제시, 학습 이력 관리, 평가 및 피드백을 할 수 있는 교육 플랫폼의 형태를 의미 한다.
13) 사보 기능(Notation)으로 피날레(Finale)와 시벨리우스(Sibelius)가 널리 알려진 소프트웨어 프로그램이다.

(2025. 05. 현재, 학교 계정-구글 워크스페이스, Ms 팀즈 계정)이 있다. 1개월간 무료로 이용 가능하고 추후에는 학생 수에 맞춰 결제 후, 사용 가능하다. 최소 결제 학생 수는 50명이며, 일반 개인 지메일 계정으로는 이용이 불가능하다. 이 플랫폼은 구글 클래스룸과 연동이 쉬워 과제를 쉽게 제시할 수 있다.

이렇게 LMS의 기능을 할 수 있는 플랫폼은 학생의 연습 기록을 장기적으로 저장하고, 이를 바탕으로 성장 추세를 분석한다. 학생은 처음 연주할 때와 몇 주 후, 혹은 몇 달 후의 데이터를 비교하여 자신이 얼마나 발전했는지를 한눈에 확인할 수 있다. 이와 같은 평가 시스템은 학생에게 자기 효능감을 부여하고, 꾸준한 연습과 창작에 대한 동기 부여 역할을 한다.

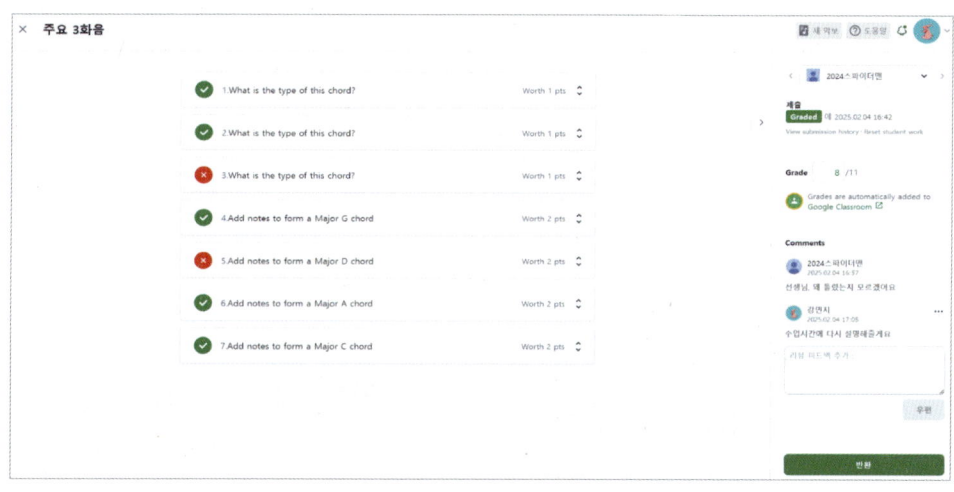

[그림 2-8] Flat for Education에서 구글 클래스룸 연동으로 음악 이론 워크시트 과제 출제 후, 교사 대시보드 화면에서 학생의 학습 워크시트 오답 상황 확인 장면

라) 교사의 업무 효율화에 기여

인공지능 기술은 교사의 업무 경감을 줄여줄 수 있다. 위의 Flat for Education의 예시에서 보듯, 교사는 학년의 단계를 선택할 수 있고 음악과 관련된 문제를 자동 생성해 주는 섹션을 이용하여 학습 과제를 제시할 수 있다. 학교의 메인 LMS와 연동이 되는 (구글 클래스룸, 팀즈 연동 가능) 시스템이 갖춰져 있다면, 학생들의 음악 퀴즈 과제를 일일이 손으로 직접 채점하지 않아도 된다. 자동 생성된 문제는 자동 채점 기능으로 정오답의 상황과 학생의 질문까지 교사의 대시보드에서 확인하여, 학

생들의 과제 진행 상황을 쉽게 모니터링할 수 있다. 어떤 학생이 어떤 문제에서 어려움을 겪고 있는지 즉각적이고, 개별적인 피드백이 가능하고, 체계적인 과제 관리를 하여 보다 내실 있는 수업 준비에 집중할 수 있다.

3) 인공지능 활용 수업의 부작용과 제한점

인공지능 기술이 음악 산업 전반에 큰 반향을 일으키고 있고, 음악 교육에도 새로운 가능성들을 제시하고 있지만, 여러 가지 한계점과 부작용도 생각해 볼 수 있다. 이러한 문제점들에 대해 자세히 해결 방안을 모색하는 것이 필요하다. 따라서 함께 고민해 보아야 할 부작용 부분에 대해 몇 가지 살펴보고자 한다.

가) 인공지능은 창의성의 영역을 제대로 평가하지 못하는 근본적인 한계 존재

음악은 단순히 음정과 리듬의 정확성만으로 평가할 수 없는 예술이다. 학생마다 연주 방식, 다이내믹 조절, 프레이징, 감정의 흐름에 따라 전혀 다른 음악적 다른 해석과 표현이 가능한데, 인공지능은 이러한 창의적 차이를 '오류'로 인식할 가능성이 있다. 또한, 연주자의 해석에 따라 무한한 가능성이 존재한다. 하지만 인공지능이 기존 데이터와 비교해 '평균적인' 연주와의 유사성을 판단하는 방식으로 평가하면, 독창적인 시도를 제대로 평가하지 못해 음악 교육의 획일화를 초래할 위험이 있다. 따라서 음악적 창의성을 존중하는 평가 방식을 전문가들과 함께 마련해야 한다. 음악적 창의성, 음악적 감성에 의한 표현력 등 정의적 영역에 대한 평가를 인공지능이 평가하는 것에 대해서는 예술적 다양성과 음악적 개성을 간과할 위험이 있어 매우 우려스럽기에 반드시 논의가 필요하다.

나) 인공지능 활용 음악 수업 시, 학생들에게 창작은 매우 쉬운 것이라는 인상을 줄 수 있다

실제로 학생들과 창작 수업을 하다가 "음악이 수학보다 어려워요."라는 피드백을 받는 적이 있다. 평소에 익숙하지 않은 다양한 화성적 규칙을 익히는 일은 학생들에게 어렵게 느껴졌던 것이다. 그래서 작곡 수업을 할 때는 하나의 이론을 가르치기 위해 매우 많은 시간을 들여 연습시키곤 한다.

음악 수업에서 인공지능을 활용하는 것은 학생들이 음악적 아이디어를 쉽게 구체화할 수 있도록 돕는다는 점에서 긍정적인 가치가 있다. 예를 들어, Soundraw와 같은 인공지능 작곡 도구를 활용하면 전문적인 음악 지식이 부족한 학생들도 인공지능의 도움을 받아 음악을 창작할 수 있다. 그러나 인공지능을 활용한 콘텐츠로 무분별하게 창작을 할 경우 여러 문제를 초래할 수 있다.

대표적으로 SUNO와 같은 텍스트 기반 생성형 음악 창작 AI는 간단한 문장을 가사로 입력하면 1~2분 만에 음악을 완성해 주는데, 이로 인해 학생들이 음악 창작을 지나치게 단순한 활동으로 오해할 소지가 있다. (하지만 교사가 수업 목표와 의도가 뚜렷하게 있어서 사용하는 경우는 제외한다.) 이러한 접근 방식은 다음과 같은 교육적 문제점을 내포하고 있다.

(1) 학생들은 기초적인 음악 이론과 작곡 기법을 제대로 학습하지 않은 채 결과물에만 집중하게 될 수 있다. 음악적 지식의 기초를 건너뛰게 되면, 진정한 음악적 이해와 성장이 어려워지고 창작 과정에서의 학습 효과가 현저히 감소할 수 있다.

(2) 그리고 창작 과정에서 얻을 수 있는 시행착오와 깊은 고민의 기회를 놓칠 수 있다. 음악 창작은 자신의 감정과 생각을 음악적 언어로 표현하는 복잡한 과정이며, 이 과정에서 발생하는 여러 번의 창의적 시도와 하나의 곡을 완성해 내기 위한 자신만의 경험이 중요한 교육적 가치를 지닌다.

(3) 인공지능 도구를 무분별하게 사용할 경우, 학생들은 창작하는 '예술'로서의 의미를 생각하지 않고, 그저 버튼 하나 클릭으로 곡을 완성하여 음악을 기계적으로 생성된 결과물로만 이해하게 될 위험이 있다. 이는 예술의 본질적 가치와 의미에 대한 인식을 왜곡시킬 수 있다.

(4) 학생들의 창의성과 독창성 발달을 저해할 수 있다. 인공지능이 제시하는 틀과 패턴에 갇히면, 자신만의 음악적 색깔을 발견하고 발전시킬 기회를 잃을 수

있다. 제공되는 음악 스타일에 익숙해질수록 개인의 고유한 표현 능력은 점점 약화된다. 따라서 인공지능 작곡 도구는 보조적 수단으로 명확히 위치 지우고, 전통적인 음악 교육과의 균형을 유지하는 것이 중요하다.

교사는 인공지능 음악 창작 도구를 선정할 때, 다음과 같은 핵심 질문을 고려해야 한다.

① 이번 수업에서 무엇을 가르칠 것인가? (학습 목표와 내용의 명료화)
② 어떤 음악적 개념을 학생들에게 전달하고자 하는가? (핵심 음악 개념 및 학습 요소의 구체화)
③ 이 인공지능 창작 도구는 학생들에게 어떤 음악적 성장을 줄 수 있는가?
④ 전통적 음악 수행, 실기 수업과 어떻게 연결 지어 볼 수 있는가?

인공지능 창작 도구는 신중한 수업 설계 안에서 활용되어야 하며, 학생들이 창작 과정의 진정한 의미와 가치를 경험하고 이해할 수 있도록 세심하게 안내해야 한다.

(5) 대부분의 인공지능 음악 교육 도구는 유료로 제공되기 때문에 학교 현장에서 활용에 제약이 따른다. 우수한 플랫폼은 월간 또는 연간 구독료가 필요하고, 학급 단위 사용 시 비용 부담이 크다. 이미 악기 구매와 유지에 많은 예산이 소요되는 음악 교과에 추가 소프트웨어 비용은 큰 부담이 되며, 교내 예산이나 외부 사업비도 임시방편에 불과하다.

(가) 주요 문제점

① 많은 음악 교사가 인공지능 도구의 필요성을 인정하면서도 예산 문제로 도입을 포기한다.
② 비용 문제로 인한 교육 격차는 미래 교육의 불평등으로 이어질 수 있다.
③ 인공지능은 음악이라는 예술 영역에서 창의성과 감성적 표현을 온전히 이해하기 어렵다.

④ 무분별한 인공지능 도구 활용은 학생들이 음악 창작의 본질적 가치와 과정의 중요성을 간과하게 만들 수 있다.

이러한 한계를 극복하기 위해서는 국가나 지방자치단체 차원의 체계적인 지원이 필요하다. 교육청 단위의 통합 라이선스 구매, 공교육용 인공지능 음악 교육 플랫폼 개발, 민간 기업과의 협력을 통한 교육용 특별 가격 책정 등의 방안을 고려해 볼 수 있다.

(나) 개선 방향

① 인공지능을 '보조적 도구'로 인식하고 전통적인 음악 교육과의 균형을 이루어야 한다.
② 교사는 명확한 교육적 목표와 의도를 가지고 인공지능 도구를 선택적으로 활용해야 한다.
③ 학생들이 음악의 본질적 가치와 창작 과정의 의미를 충분히 경험할 수 있는 수업 설계가 필요하다.

결국 인공지능은 음악 교육을 대체하는 것이 아닌, 보완하고 강화하는 도구로서 자리매김해야 한다. 이를 위해서는 교육자들의 신중한 접근과 정책적 지원, 그리고 무엇보다 음악 교육의 본질에 대한 깊은 이해와 성찰이 필요할 것이다.

2. 인공지능 × 음악 교육 찐 활용 가이드

가. 광고(음악) 영상 제작 프로젝트 수업: 사운드로우(Soundraw), 밴드랩(BandLab)

1) 수업 의도

2022 개정 교육과정 총론에서는 모든 교과에서 디지털 리터러시를 포함한 디지털 기초 소양을 함양하도록 제시하고 있다. 본 수업의 주된 의도는 음악 교과에서 광고 영상 제작 프로젝트를 통해 디지털 기초 소양과 미디어 리터러시를 동시에 함양하는 것이었다. 아래 그림은 미디어 리터러시와 디지털 리터러시의 특징을 비교하여 정리한 것이다.

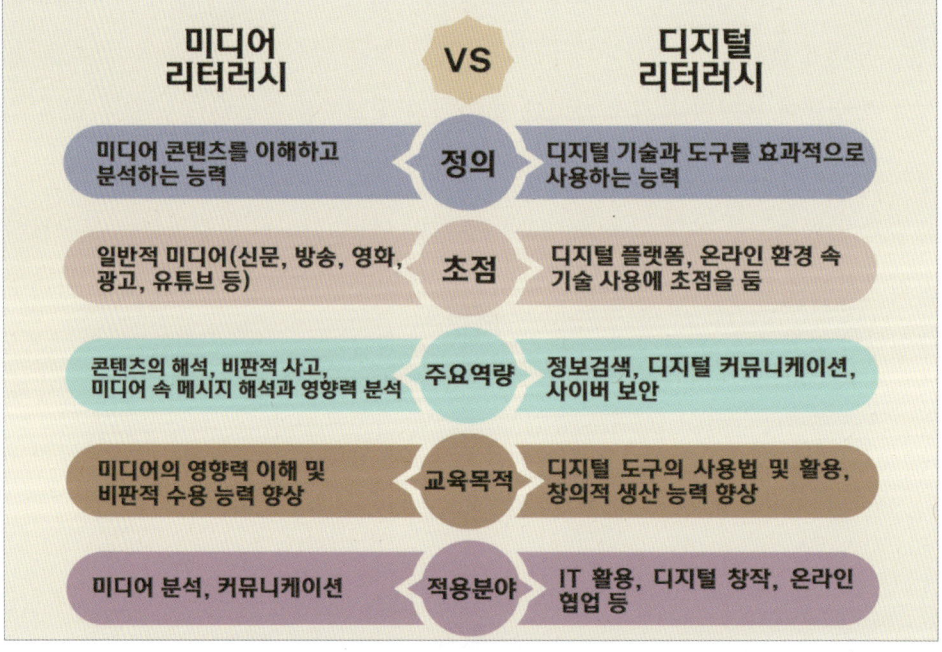

[그림 2-9] 미디어 리터러시와 디지털 리터러시의 차이 비교 정리표

이 수업은 미디어 리터러시 측면에서 학생들이 광고의 '기획-창작-편집-완성-분석' 전 과정을 직접 경험하도록 설계되었다. 1인 방송 시대에 학생들이 넘쳐나는 정보를 단순히 수동적으로 받아들이는 것이 아니라 '허위·과장 광고'를 분별하는 '비

판적 사고 능력'을 함양하고자 기획했다.

수업에서는 기획자의 특정 의도에 따라 달라지는 관점에 대해 논의하고, 서로의 광고를 비평하며 소비자 입장에서 메시지를 파악하는 활동을 진행했다. 또한, '샘플링'과 표절, 저작권에 대해서도 살펴보았다.

디지털 리터러시 측면에서는 인공지능 음악 창작 콘텐츠를 활용해 학생들이 창작자로서 디지털 활용 기술을 익히도록 구성했으며, 교육부의 '디지털 리터러시 구성 체계' 중 중학교에 해당하는 영역을 중점적으로 다루었다.

디지털 리터러시 구성 체계

대영역 (4개 영역)	세부요소 (10개 요소)	학습 요소 (22개 요소)	세부학습요소 (55개 요소)	학습 수행기대 (91개 요소)
I. 디지털 기기와 소프트웨어의 활용	디지털 리터러시 연계 교과 수업을 진행하기 위해 기본적으로 필요한 **디지털 기기와 소프트웨어의 이해, 사용법** 관련 내용을 구성 (ICT 중 기술 중심 내용, 디지털 테크놀로지 리터러시)			
II. 디지털 정보의 활용과 생성	디지털 리터러시 연계 교과 수업에서 **데이터, 자료, 정보를 수집, 선별, 분류, 저장, 분석, 해석, 표현, 관리, 활용**하고 **디지털 미디어를 활용하여 디지털 콘텐츠를 기획, 창작**하는 내용을 구성 (정보 리터러시, 미디어 리터러시, 콘텐츠 리터러시)			
III. 디지털 의사소통과 문제해결	디지털 리터러시 연계 교과 수업에서 디지털을 활용하여 **의사소통과 협업**을 하며 문제를 **정의, 해결**하고, 더 나아가 온라인 활동 중 발생하는 **이슈, 갈등 상황을 예방, 해결**하는 능력을 포함 (디지털 커뮤니케이션 리터러시)			
IV. 디지털 윤리와 정보 보호	디지털 리터러시 연계 교과 수업에서 **디지털 정보를 보호하고, 법, 윤리, 예절을 지키며 자신의 건강, 평판, 안전을 관리**하는 능력을 포함 (디지털 웰빙 리터러시)			

[그림 2-10] 교육부 디지털 리터러시 구성 체계

이 프로젝트는 중학교 음악 교과에서 한 학기 동안 22차시에 걸쳐 진행된 활동으로, II.디지털 정보의 활용과 생성, III. 디지털 의사소통과 문제 해결 측면을 고려하여 설계했다. 2022 개정 교육과정의 '창작' 영역을 효과적으로 구현할 수 있는 소재로, 각 차시별로 상황에 따라 재구성하여 활용할 수 있다.

이를 통해 학생들은 가창, 기악, 창작, 감상의 모든 영역을 하나의 주제 안에서 경험하며 음악적 창의성과 소통 역량이 신장되었다. 또한, 광고라는 간학문적 주제를 통해 교과 융합적 요소를 구현했다. 미술 교과와 연계하여 스토리보드와 큐시트 작성, 영상 촬영 및 편집을 진행했으며, 국어 교과와 연계하여 CM송의 가사를 작사했다.

2) 수업 계획

2015 교육과정으로 수업을 진행한 내용을 2022 개정 교육과정에 맞추어 수업 지도안을 제시하고자 한다.

주제	광고 제작 프로젝트	영역	연주, 창작, 감상
학습 요소	수행평가 요소	작곡, 가창, 보고서	
	수업에 활용된 콘텐츠	Soundraw, BandLab, Soundtrap, Video Stew, 패들렛	
2022 교육과정 핵심 아이디어	- 음악은 고유한 방식과 원리에 따라 인간의 무한한 상상과 가능성을 탐구하여 만들어 낸 것이다. - 개인적 혹은 협력적 음악 창작은 인간의 감수성과 사회 문화적 배경에 따라 다양한 과정과 결과물로 나타난다. - 인간은 생활 속에서 다양한 매체와 방법을 활용하여 자기 주도적으로 음악을 구성하며 이바지한다.		
교사가 재구성한 단원 핵심 아이디어	- 사람의 마음을 움직이는 힘은 창의적 표현과 음악적 소통 방식을 통합하여 청중의 공감대를 형성한다.		
단원 학습 목표 (핵심질문)	- 광고 음악이 메시지를 효과적으로 전달하는 방식은 무엇인가? - 음악적 설득은 감정 표현을 통해 어떻게 청중과 공감대를 형성하는가? - 광고 음악에서 화성적 패턴은 어떻게 청중의 정서적 반응을 유도하는가?		

	차시	주제	세부 활동
차시별 수업 흐름	1	광고 음악의 종류와 특징	광고 음악의 종류와 특징을 실제 CF를 살펴보며 이해하기
	2	광고의 자막 또는 가사가 지녀야 할 조건	(미디어 리터러시 측면) 허위, 과장 광고가 되지 않기 위한 요건 조사
	3-9	광고 음악 창작하기(1)	1) 광고 주제 선정하기 2) 머니 코드로 작곡하기 3) Soundraw에서 '징글' 생성하기 4) BandLab에서 악기별 샘플링하기 5) Soundtrap에서 음원 반주에 맞춰 CM송 녹음하기
	10-13	광고 음악 창작하기(2)	1) 창작한 음악에 가사를 쓰고 CM송 연습하기 2) 연습한 CM송 녹음하고 음원 만들기
	14-15	광고 영상 제작하기(1)	스토리보드를 구상하고 큐시트 작성하기
	16-18	광고 영상 제작하기(2)	1) 광고 영상 촬영하기 2) 광고 영상 편집하기(광고에 녹음한 CM송 삽입하기)
	19	1차 피드백	친구들의 영상을 함께 비평하고 좋은점과 보충해야 할 점을 생각하기
	20-21	광고영상 감상회	광고의 기획 의도를 비판적으로 바라보며 감상하기
	22	광고 영상 감상 보고서	광고의 생산자와 소비자의 관점에서 광고를 비판적으로 분석할 수 있는지, 광고 촬영 전후의 인식의 변화 등에 대한 보고서를 작성하기 (논술수행과 연계)

[그림 2-11] 광고 제작 프로젝트 수업 지도안 흐름도

3) 수업 과정

'광고(음악) 영상 프로젝트'는 비교적 긴 호흡의 수업이지만 필요한 주제에 따라 교사의 재량으로 1-3차시 이내로 끊어서 수업을 구상할 수 있다. 먼저 3-9차시에 진행했던 Soundraw와 BandLab을 중심으로 수업의 과정을 제시하고자 한다. ('머니 코드로 작곡하기' 부분은 일반적인 작곡 수업 방식에 따라 학습지 활동으로 수업을 진행하였다.)

가) 작곡 수업 시 매우 유용한 구글 확장 프로그램 (무료/유료)

이 확장 앱은 구글 기반을 사용하는 모든 음악 선생님들에게 매우 유용한 도구가 될 것이다. 바로 'Music snippet'라는 확장 프로그램이다. 무료로도 충분히 활용할 수 있으며, 보다 고급 기능을 원할 경우 유료 결제가 필요하다. 이 프로그램을 구글 문서(Google Docs), 구글 슬라이드(Google Slides)에 확장 프로그램으로 설치하면, 교사는 오선보 학습지를 쉽게 제작할 수 있고, 학생들은 음정을 들으며 오선에 기보할 수 있어 작곡 및 기초 이론 학습에 매우 효과적이다. (학생들에게 개별적으로 설치 방법을 안내)

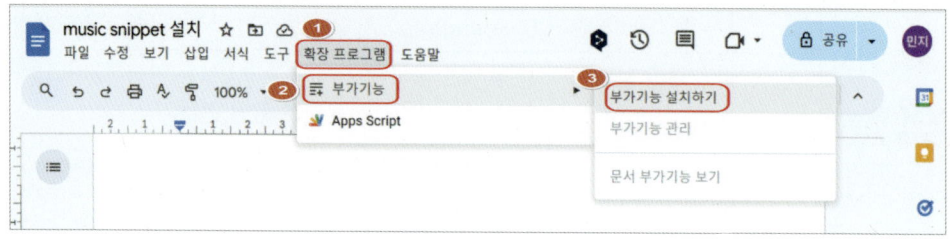

[그림 2-12] Music snippet를 구글 문서(Google Docs)에서 초기 설치 단계 순서

[사용법]

① 새 구글 문서(Google Docs · Google Slides) 실행
② 화면 상단의 '확장 프로그램' 클릭
③ '부가 기능' 선택 및 설치하기 클릭

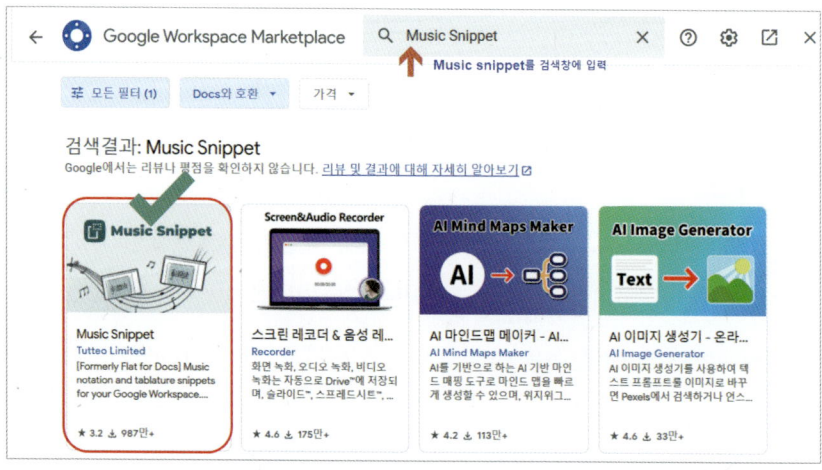

[그림 2-13] Music snippet를 구글 워크스페이스 마켓플레이스에서 검색 단계

부가 기능 설치하기를 선택하면, 구글 워크스페이스 마켓 플레이스가 등장한다.

① 화면 상단의 돋보기 검색창에 'Music snippet' 입력

② 검색 결과에 나타난 확장 프로그램 'Music snippet'을 클릭

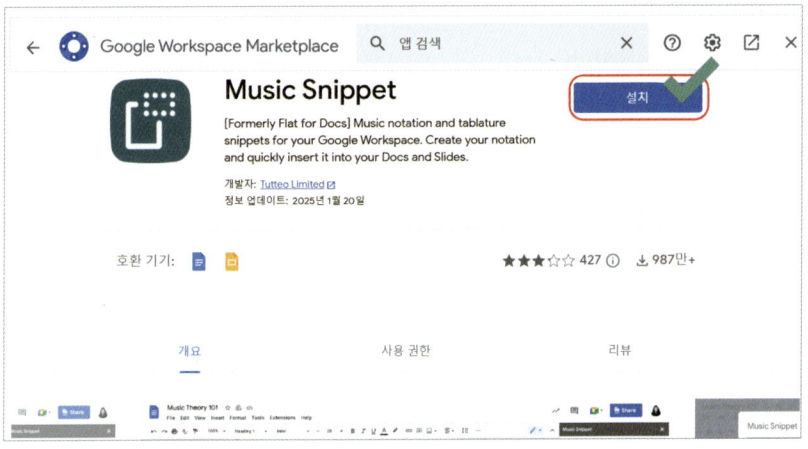

[그림 2-14] Music snippet를 구글 워크스페이스 마켓플레이스에서 설치 단계 ①

Music snippet 설치하기 상세 화면이 나타난다.

① 'Music snippet' 상세 화면에서 '설치' 클릭

② 로그인 및 허용 버튼 클릭

③ "Music snippet 앱이 설치되었습니다." 팝업 창 확인 및 완료 버튼을 클릭하면 설치가 완료되면 본격적으로 사용 가능

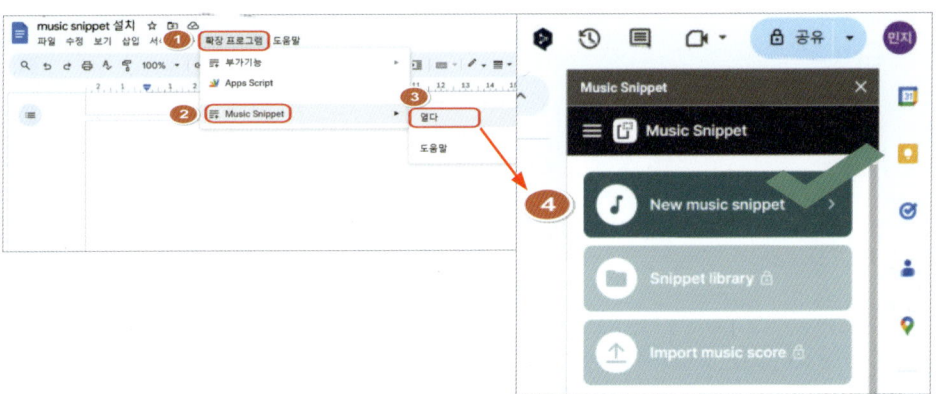

[그림 2-15] Music snippet를 구글 워크스페이스 마켓플레이스에서 설치 단계 ②

새 구글 문서 또는 새 구글 슬라이드(Google Docs·Google Slides)에서 실행할 수 있다.

① 화면 상단의 확장 프로그램 클릭

② 'Music snippet' 클릭

③ '열다(Open)' 클릭

④ 'New music snippet' 클릭

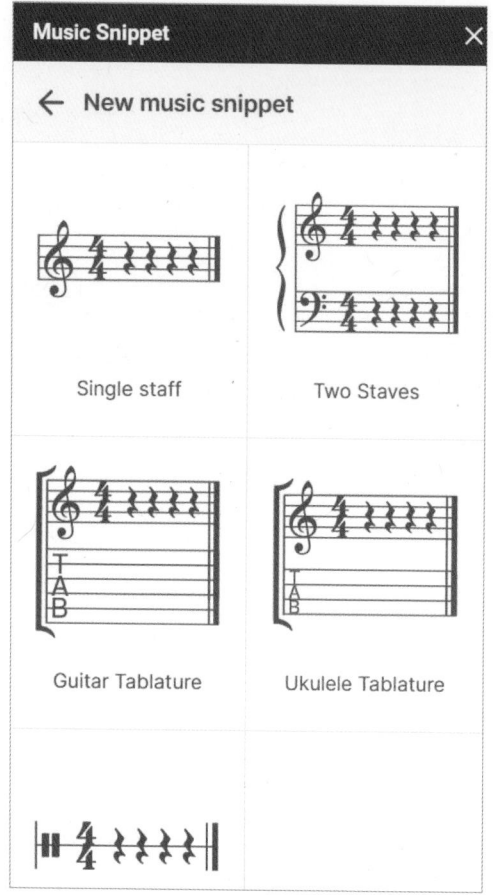

[그림 2-16] Music snippet에서 선택할 수 있는 다양한 보표의 형태

New music snippet를 선택하면, 다양한 종류의 보표 형태가 나타난다. 단선율 보, 복수의 보표(staves), 기타 멜로디 - 타브 악보, 우쿨렐레 멜로디 - 타브 악보, 리듬 선율 악보가 [그림 2-16]과 같이 나타나며 원하는 형태의 보표를 선택한다.

보표(staff)의 형태를 선택하면, 다음 [그림 2-17]과 같은 팝업창이 나타난다.

2. 인공지능 × 음악 교육 찐 활용 가이드

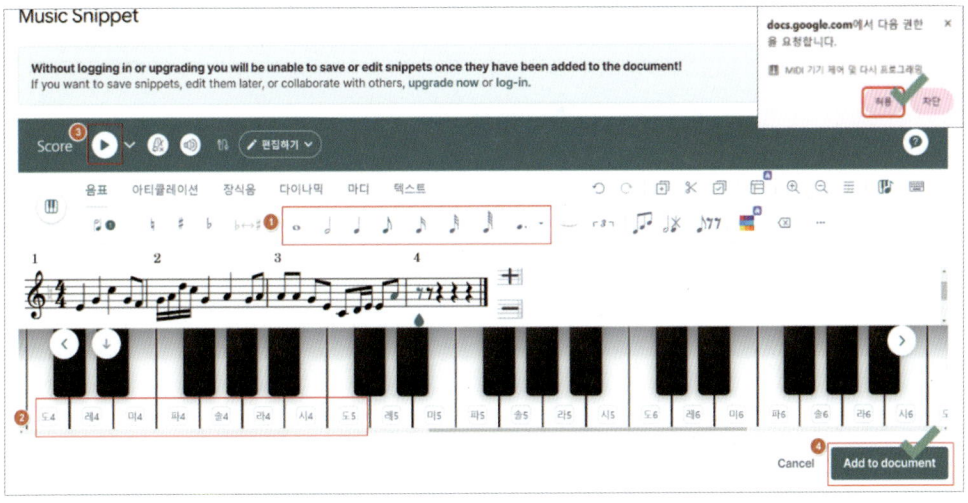

[그림 2-17] Music snippet에서 다양한 음표와 건반을 활용하여 기보하는 모습

이 화면에서 음표를 입력하는 방식은 2가지가 있다.

① 화면 중앙의 음표들을 선택하여 키보드나 마우스로 클릭하여 멜로디를 입력하는 방법

② 하단의 피아노 건반을 클릭하여 멜로디 선율을 입력하는 방법

또한, 기보한 멜로디를 재생해 볼 수 있다.

③ 왼쪽 상단의 재생 버튼 클릭으로 피아노앱 설치 앱 불필요

④ 오른쪽 하단의 'Add to document'를 클릭하여 멜로디 저장 (또한 왼쪽 상단에 MIDI 기기 제어 및 다시 프로그래밍이라는 팝업창이 뜨면 반드시 '허용' 버튼을 선택)

⑤ 'Add to document'를 클릭하면 다음의 [그림 2-18]의 확인 화면이 나타나며 입력한 마디 수를 최종적으로 확인하는 팝업창이 등장한다.

[그림 2-18] Music snippet에서 최종 레이아웃을 확인하고 구글 문서에 삽입하는 단계

① 입력한 마디 수를 최종적으로 확인하는 팝업창 등장

② '삽입하기' 클릭

이 단계를 따르면 [그림 2-18]처럼 구글 문서(Google Docs)에 입력한 멜로디가 그대로 입력되어 있는 것을 확인할 수 있다.

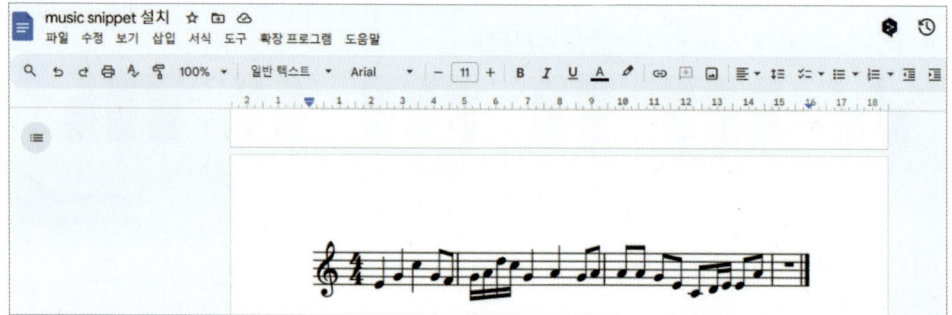

[그림 2-19] Music snippet에서 최종적으로 멜로디만 입력되어 있는 모습

교사의 입장에서는 음악 학습지 제작에 매우 효과적이며, 학생의 입장에서도 자신이 작곡하거나, 입력하는 멜로디를 들으며, 눈으로 확인할 수 있어서 효과적인 작곡 창작 활동을 할 수 있다. 비교적 사용법이 쉬우므로 꼭 한번 수업에서 활용해 보시길 바란다.

나) 사운드로우(Soundraw)에서 '징글' 생성하기

사운드로우(Soundraw)는 인공지능 기능이 탑재된 음악 창작 콘텐츠로, 기본 기능은 무료로 사용할 수 있다. 사운드로우(Soundraw)에서 음악 제작자가 선택할 수 있는 음악 요소는 다음과 같다.

- 음악적 장르(Genre): 힙합, 알앤비, 라틴, 어쿠스틱, 락, 펑크, 컨트리, 전자 음향, 오케스트라 등 31가지 장르 중에서 선택 가능하며 중복 선택도 가능하다.
- 빠르기(Tempo/BPM): 느린, 보통, 빠른 세 단계 중에서 선택할 수 있다.
- 분위기(Mood): 25가지 중에서 선택 가능하다.
- 악기(Instruments): 다양한 악기 조합을 선택할 수 있다.
- 길이: 10초~5분 사이에서 설정 가능하다.
- 주제(Theme): 요리, 광고 & 예고편, 방송용 등 22가지 주제군에서 선택할 수 있다.

학생들은 이 도구를 활용해 광고 음악의 한 종류인 '징글'[14]을 제작했다. 징글은 원래 2~5초 길이지만, 사운드로우에서는 최소 길이가 10초로 설정되어 있어 10초 길이의 '징글'을 완성했다. 음악 교사들은 이러한 도구를 통해 다양한 음악적 장르의 특징을 수업 주제로 활용하면 좋을 것이다. 더 다양한 고급 기능을 원할 경우에는 유료 버전 결제가 필요하다.

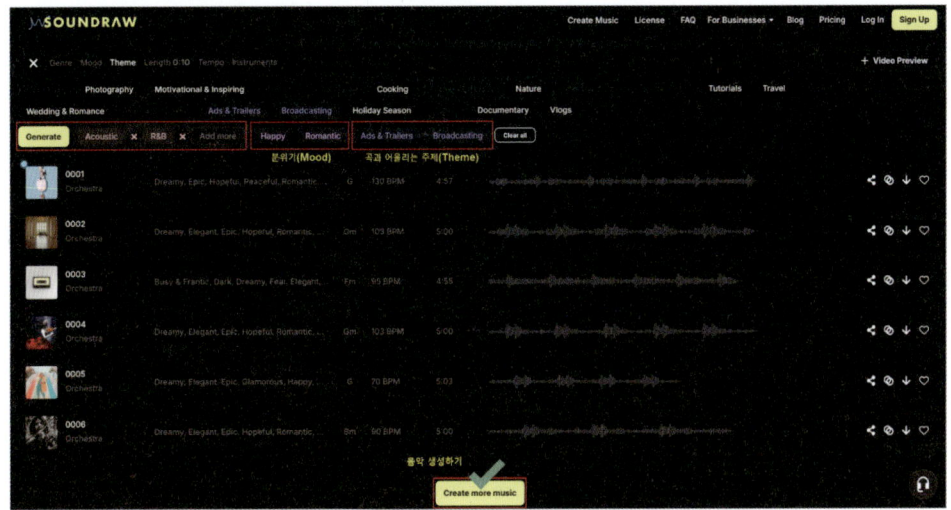

[그림 2-20] 사운드로우(Soundraw)에서 선호도에 맞는 음악 요소들을 선택하는 모습

선호도에 맞게 다양한 음악 요소를 선택하면, 자동으로 여러 악곡이 생성되어 추천되며 각각의 음악을 직접 재생해 볼 수 있다. 만약 마음에 드는 음악이 없다면, '더 다양한 음악 생성하기(Create more music)' 버튼을 선택하여 추가적으로 다양한 조건에 맞는 음악을 생성할 수도 있다.

---

14) 광고 음악에서 '징글'이란 상품명을 2~5초 사이의 짧은 멜로디로 상품을 대표하는 음악이다. '징글'을 쉽게 소개한 유튜브 영상으로 수업 시간에 실제 활용한 링크를 첨부. - https://bit.ly/징글이란

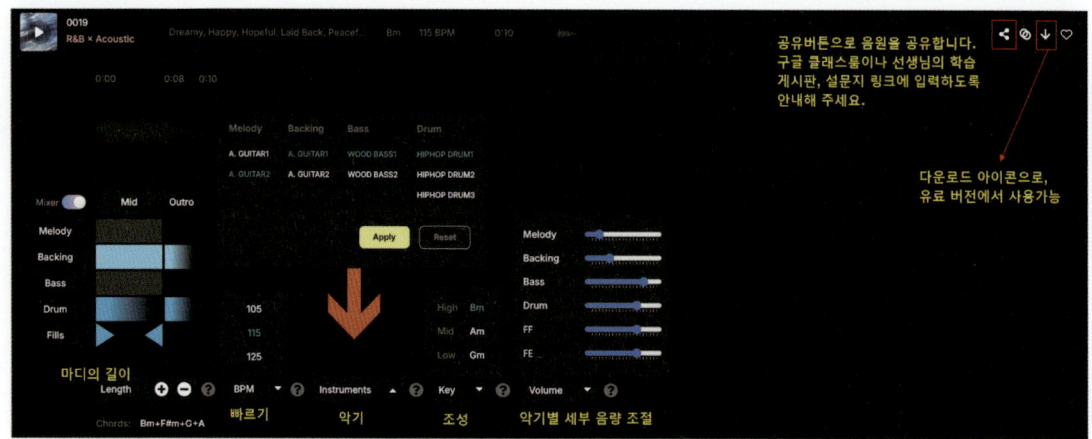

[그림 2-21] 사운드로우(Soundraw)에서 인공지능이 생성한 음원의 편집 모드

위의 [그림 2-21] 화면은 인공지능이 생성한 여러 음원 중에서 선택하면 나타나는 세부 편집 모드로, 선택한 음원을 부분적으로 수정할 수 있는 기능을 제공한다. 학생들은 마디 길이(Length), BPM(빠르기), 악기(Instruments), 조성(Key), 악기별 세부 음량(Volume)을 직접 조정하며 들어볼 수 있다.

이를 통해 단순히 클릭 한 번으로 생성된 음악 콘텐츠가 아니라, 자신의 선택과 조정을 반영한 '학생 주도적' 창작 음악을 완성할 수 있다.

수업 소재로 활용할 수 있는 주제로는 광고 음악, 쇼츠(Shorts) 영상 음악, 영화 예고편 음악, 영상 배경 음악 등이 있으며, 비교적 짧은 시간(1차시) 안에 다양한 음원을 제작할 수 있다. 전문적인 음악 지식이 부족한 학생들도 이러한 인공지능 작곡 도구를 활용하면 자신만의 음악적 아이디어를 구체화할 수 있다.

다) 밴드랩(BandLab)에서 샘플링으로 로고송 음원 완성하기

밴드랩(BandLab)에서 진행하는 샘플링 수업은 초등학생보다는 중·고등학생과의 음악 수업에 더 적절한, 비교적 난이도가 있는 활동이다. 초등학생의 경우, 밴드랩의 인공지능 송스타터(Song Starter) 기능을 활용한 수업을 구상하는 것이 더욱 효과적일 것이다.

샘플링을 활용한 수업을 진행하기에 앞서, '샘플링과 저작권'에 대한 간단한 이론 수업을 예시 영상을 통해 먼저 진행하였다.

샘플링(Sampling)은 주로 대중음악에서 사용되는 기법으로, 기존의 팝, 클래식, 가요 등의 연주 음원을 재사용하여 새로운 음악을 제작하는 방법이다. 현재는 저작권 보호를 위해 음반 출시 목적으로 사용할 경우 반드시 저작권자의 동의를 얻어야 합법적으로 사용할 수 있다. 이 과정에서 학생들과 함께 창작 윤리 의식과 저작권에 대해 논의할 수 있다. 샘플링은 힙합, 리듬 앤 블루스(R&B), 전자음악 등에서 주로 사용되며 기존 음악을 재해석하거나 새로운 사운드를 창조하는 데 활용된다.

- 레드벨벳 'Feel My Rhythm': 바흐의 G선상의 아리아를 샘플링
- NCT 127 'FAVORITE': SOUNDS OF KSHMR의 Whistle 02 85 dm곡 샘플링
- 에이핑크 'Dilemma': KSHMR Indian Vocal Loop 04 100 fm 샘플링

이 학습을 통해 학생들은 창작의 자유와 저작권 보호의 균형을 고민해 볼 수 있다. 샘플링과 저작권에 관한 이론 수업을 마친 후, 본격적으로 밴드랩(BandLab)을 활용한 샘플링 활동을 진행할 수 있다. 밴드랩은 대표적인 DAW(Digital Audio Workstation) 프로그램 중 하나로, 디지털 오디오 편집을 위해 설계된 소프트웨어이다. 여러 DAW 중에서 밴드랩을 선택한 이유는 다음과 같다.

(1) 수업의 집중도 및 기기 호환성이 높다. 밴드랩은 협업이 가능한 콘텐츠이다. 비슷한 소프트웨어에는 아이패드의 개러지밴드(GarageBand)가 있는데 아이패드의 개러지밴드로 수업을 진행하는 경우, 학교의 학생용 디바이스가 아이패드가 아니라면 몇 대의 아이패드로 조별 활동을 진행해야 한다. 이 경우 A학생이 멜로디를 입력하는 동안, B학생은 대기를 해야 하는 상황이 발생하여 수업 집중도가 떨어질 수 있다. 반면 BandLab(밴드랩)은 사이트 내에서 '공유와 협력'이 가능하며 학교의 학생 디바이스(갤럭시 탭, 크롬북, 아이패드)에 상관없이 효과적인 수업 진행이 가능하다.

(2) 저자가 학생들과 수업을 했던 시점에(2025년 1월까지)는 무료로 사용할 수 있었으나 2025년 8월 현재, 유료로 전환이 되었다. 학교 예산이 한정적인 상황에서 매우 안타까운 상황이 발생했다. 따라서 유료 결제로 수업이 가능한 경우에 참

고하여 활용하면 좋겠다. (현재는 3일간 무료로 사용 가능하고 한달에 14.95 달러(한화 약 21,000원)를 결제해야 한다. 기안을 할때는 환전 수수료를 고려하여 안전하게 원래 금액의 10% 정도를 추가로 기안하는 것이 좋다.)

수업 진행 방식은 다음과 같다.

- 선행 학습으로 '머니 코드' 이론 수업 진행
- 4인 1조의 모둠 구성 (피아노, 드럼, 베이스, 기타 영역으로 개별 역할 분담)
- 수업 활동의 구조: 직소 모형 II 유사 진행
  - 파트별 전문 학습 단계: 학생들은 파트(악기)별로 나뉘어 선생님과 각 파트(예: 드럼, 베이스, 키보드 등)의 기능과 입력 방식에 대해 개별 실습 진행.
- 모둠 협업 단계
  - 모둠별 학습 후, 자신의 모둠으로 복귀하여 담당 악기 파트에 마디별 코드 입력 및 수정함. (루프나 샘플링 음원 끌어 놓기)
  - 전체 음원을 함께 들어보며, 구성원들이 상호 피드백을 주고받으며 공동 편집.
  - 최종적으로 모둠 단위로 곡을 완성함.
- 샘플링 창작 방식으로 CM송 음원 완성하기
  - 주요 샘플링 적용 파트: 베이스, 기타
  - 보조 샘플링 활용: 일부 학생은 드럼 파트에서도 샘플링을 활용하여 창작 활동 진행함.
- 음원 완성 후, 가사 작사 및 CM송 녹음하기

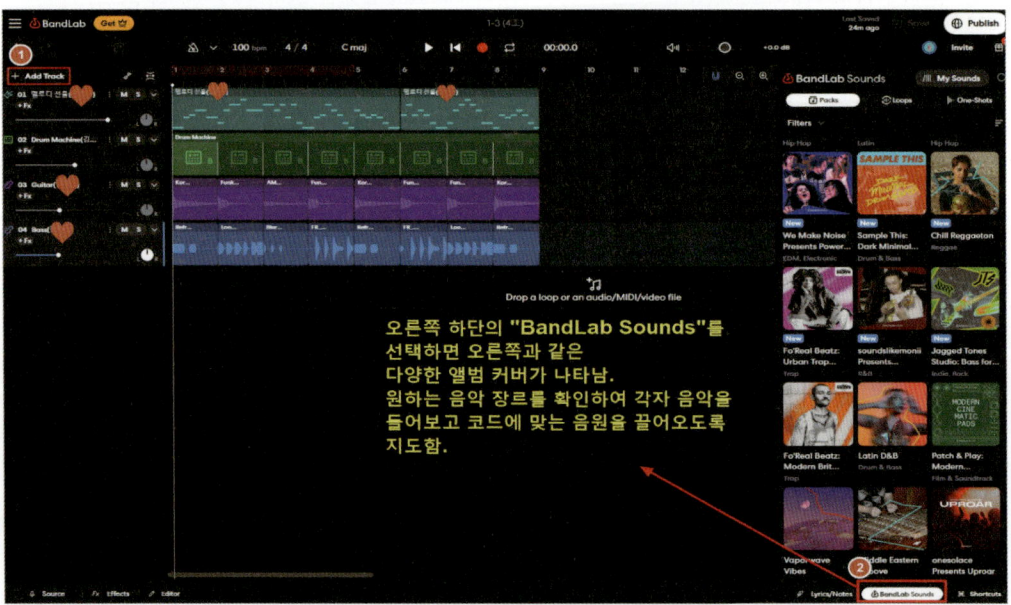

[그림 2-22] 밴드랩 스튜디오에서 트랙 추가와 샘플링 음원을 화면에 저장하기

2. 인공지능 × 음악 교육 찐 활용 가이드

[사용법]

① 왼쪽 상단의 '+Add Track'을 선택하면 다양한 악기를 지정(피아노 1명, 드럼 1명, 베이스 1명, 기타 1명으로 역할 분담)

★ 역할 분담 Tip

드럼의 경우 이미 저장된 음원을 활용할 수 있어 음악을 어려워하는 학생이 담당, 피아노 멜로디 입력을 맡을 학생은 모둠 내에서 피아노 악보를 잘 읽을 수 있는 학생이 담당하도록 지정

② 오른쪽 하단의 'BandLab Sounds' 클릭 ([그림 2-22] 설명 참고. 다양한 음악 장르의 샘플링 음원 앨범 커버가 나타나면 '머니 코드'로 사전에 작곡한 마디별 코드의 루프 선율을 찾아서 드래그 앤 드롭(Drag & Drop) 방식으로 해당 코드 음원을 자신의 악기 섹션에 붙여 넣기만 하면 된다. 이 활동을 무료로 진행할 수 있었으나 유료로 전환되었다.) 학생들은 여러 앨범의 음악을 들어보고, 자신들의 모둠이 선택한 광고 주제와 잘 어울리는 장르의 앨범을 선택하거나,

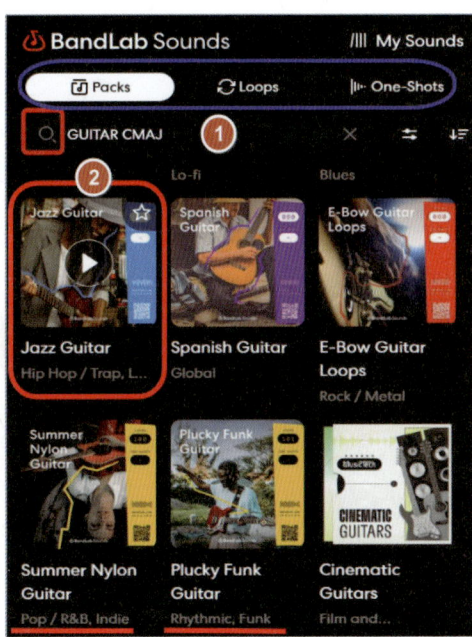

[그림 2-23] BandLab Sounds 설정창

Bandlab Sounds 창이 활성화 되면 [그림 2-23]의 ① Samples를 클릭하고 오른쪽의 ②의 돋보기 창을 선택한다. 그리고 오른쪽 이미지 상단의 ③ 돋보기 검색창에 '악기명 + 찾는 코드명'을 입력한다.

예를 들어, 기타에서 C 메이저(major) 코드를 찾아야 한다면 'Guitar CMAJ', 베이스 기타에서 A 마이너(minor) 코드를 찾아야 한다면 'Bass amin'를 입력한다.

• Pack(팩): 여러 개의 Loops(루프) 음원과 One-shots(원샷) 음원이 하나의 앨범처럼 한 패키지로 묶여 있는 형태로 특정 장르, 분위기, 스타일에 맞춘 사운드 모음집이다.

밴드랩 사운드에는 초보자도 특정 장르의 느낌을 쉽게 구현할 수 있도록 쉽게 구성되어 있다. [그림 2-23] 왼쪽의 설정창 Filters에는 랜덤하게 추천하는 앨범 팩이 등장하고, 앨범 팩 하단에 음악 장르가 작은 글씨로 표시되어 있다. 앨범마다 다양한 음악 장르가 표시되어 있다. 또한, Jazz Guitar 앨범 팩 하단의 'Summer Nylon Guitar' 앨범 팩 하단에는 Pop(팝), R&B(알앤비), Indie(인디음악) 등 팩의 루프의 음악적 장르가 제시되고 있다.

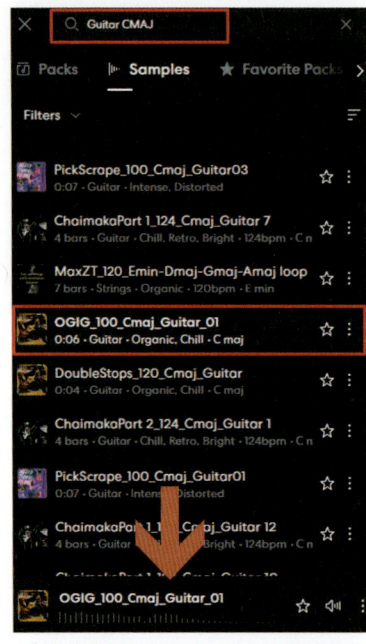

[그림 2-24] BandLab Sounds 설정창의 다양한 '기타 루프' 멜로디

[그림 2-23]에서 나타나고 있는 Samples(샘플) 음원 중 하나를 선택하면, 왼쪽의 [그림 2-24]와 같은 화면이 나타난다.

① 상단의 돋보기 검색창에서 'Guitar CMAJ'를 입력

② 다양한 기타 루프 멜로디 샘플 중 원하는 음원 감상(각 루프에는 재생 시간, 악기, 조성, 빠르기, 반복 마디 수(예: 4bar/7bar)등의 정보가 표시됨)

★ 유의 사항

루프 음원마다 빠르기가 다를 수 있다. 따라서 먼저 머니 코드로 만든 코드 진행 순서를 기준으로 루프를 마디에 맞게 배치한다. 그 후 밴드랩 전체 편집창 상단에 있는 BPM(빠르기) 버튼을 활용해 곡의 전체 빠르기를 일정하게 조정한다.

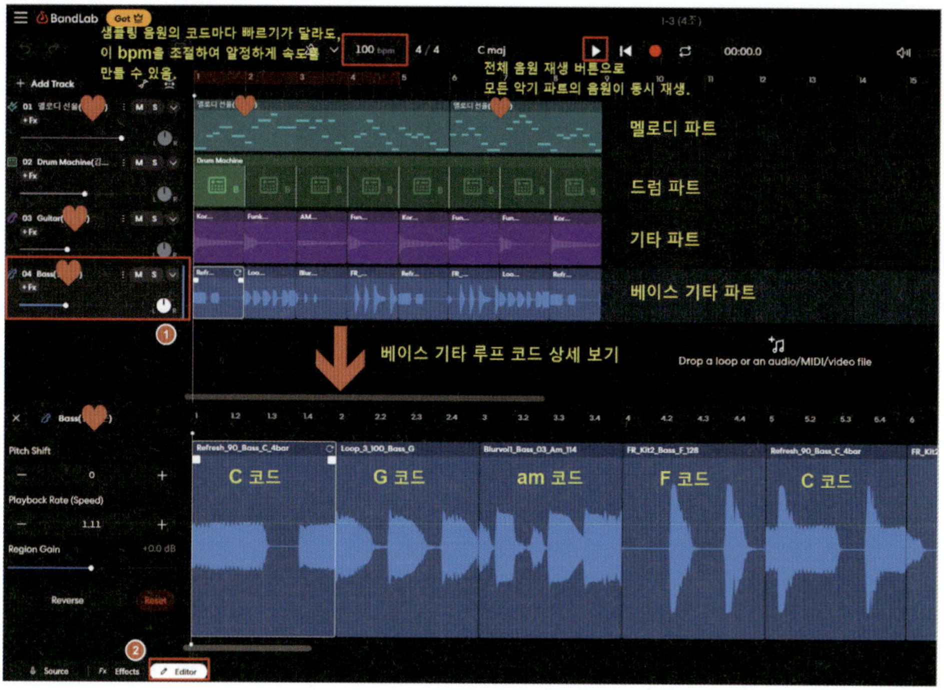

[그림 2-25] BandLab 음원 편집창의 전반적인 모습

[그림 2-25]는 학생들이 신디사이저 멜로디 입력, 드럼 비트, 기타, 베이스 기타의 샘플링 음원을 입력하여 완성한 최종 모습이다.

화면 왼측의 다양한 악기 탭에서

① 'Bass' 클릭(모든 악기 클릭 가능)

② 화면 하단의 'Editor'를 클릭(베이스기타의 '루프' 코드 상세 보기 가능)

[그림 2-25] BandLab 음원 편집창에서는 왼쪽의 악기 탭의 마디별로 코드별 루프가 제대로 들어갔는지 확인할 수 있다. 음원 편집창 중앙의 가장 상단의 재생 버튼을 클릭하면 모든 악기의 전체 음원이 재생되며 학생들은 가장 잘 어우러지는 하모니의 음원으로 조정, 편집하여 광고 로고송을 완성했다.

★ 밴드랩(BandLab) 사용 시 유의점

샘플링 음원 작업 과정에서 학생들이 다양한 음원을 듣고 코드 루프를 선택해야 하므로 예상보다 수업 시간이 지연될 수 있다. 실제 운영 결과, 중1은 4차시~5차시,

중3은 3차시~4차시 정도가 소요되었다. 유로로 전환 되었기 때문에 한 달 동안의 수업 계획을 잘 세우는 것이 필요하다. (한 모둠을 4~5인으로 구성하고 반 별 예산 계획을 세우는것도 함께 구상해야 한다.) 주의 사항으로는 공동 작업 중 음원이 갑자기 삭제되거나 사라지는 경우가 발생할 수 있다. 밴드랩은 클라우드 기반으로 저장되지만 다소 불안정할 때가 있어, 모둠장 학생에게 중간중간 오른쪽 상단의 'Save(저장)' 버튼을 눌러 저장하도록 지도하는 것이 중요하다. 그럼에도 불구하고 편집 내용이 모두 사라졌다면, 아래 방법을 활용해 복구할 수 있다.

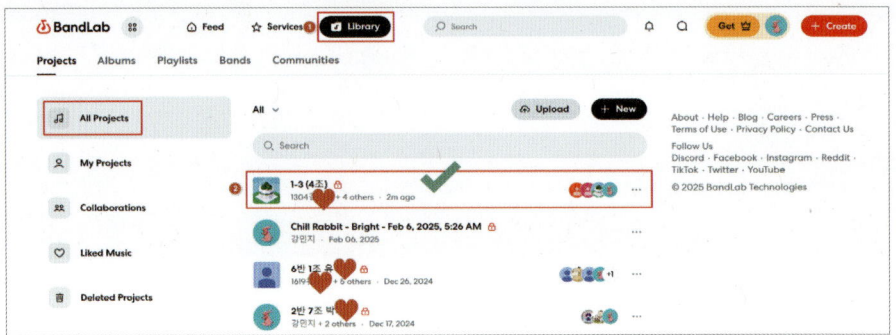

[그림 2-26] 밴드랩 라이브러리에서 수정할 음원의 제목을 선택하기

① 밴드랩 메인 화면 상단의 'Library'(라이브러리) 클릭 → 화면 왼쪽의 'All Projects'(모든 프로젝트) 클릭

② 복구하고자 하는 학급, 모둠의 이름을 확인 후 음원을 클릭

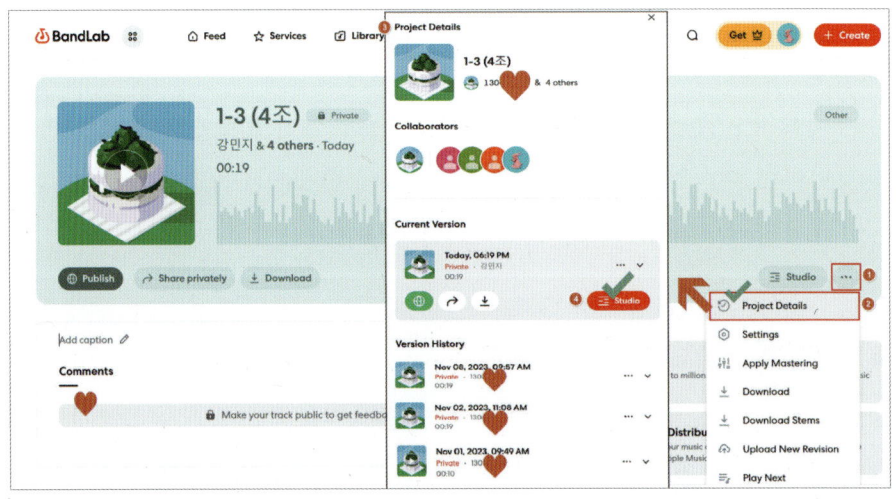

[그림 2-27] 수정할 프로젝트 음원의 히스토리를 확인 후, 이전 버전 저장 상태의 '스튜디오'로 들어가기

① 해당 음원의 오른쪽 중앙의 'Studio' 버튼 옆의 ⋯ 버튼 클릭
② ⋯ 를 클릭하고 역진행 시계 모양 아이콘 'Project Details' 클릭
③ 모든 'Project Details'의 'Version History' 목록이 나타남
④ 다시 복구하고 싶은 날짜, 시간을 확인하고 'Studio'를 클릭 → 해당 'Studio' 실행, 한 번 더 저장 후, 음원 작업 이어가기

머니 코드로 작곡한 모둠별 '로고송' 제작 활동에서 샘플링을 활용한 음원 창작을 통해 빠르기(Bpm), 조성(Key), 장조(Major), 단조(minor), 악곡의 장르(Genre), 다양한 악기(instrument)의 음색 등 매우 다양한 음악 개념 이론들을 익힐 수 있었다. 중학교 1학년 학생들은 창작 과정에서 다소 어려움을 느꼈지만, 결과물에 큰 만족감을 보이며 음악적 자신감을 얻었다.

학생들은 한 학기 동안 머니 코드를 활용한 작곡 → 멜로디와 코드 입력을 통한 DAW 음원 제작 → 광고 주제에 맞는 가사 작사 → 노래 연습 및 녹음까지 다양한 단계를 경험했다. 또한, 광고 영상 제작을 위해 미술과와 협력하여 영상 촬영 및 편집 활동을 진행하였다. 최종적으로 완성된 광고 영상은 시사회를 통해 공유되었고, '광고 영상 프로젝트 보고서' 작성을 통해 미디어·디지털 리터러시 관점에서 생산자와 소비자의 시각을 반성적으로 성찰하는 기회를 가졌다.

보고서는 '미디어 리터러시' 측면에서 광고의 생산자와 소비자 입장을 생각해 보는 발문과 '디지털 리터러시' 측면에서 음악 콘텐츠 활용 관련 발문을 포함했다. 한 학생은 "평생 내가 작사, 작곡, 샘플링 편곡을 하고 노래까지 부를 기회는 없을 것 같다. 과정은 힘들었지만 결과물을 보니 내가 작곡가가 된 것 같고, 창작의 고통을 이해하게 되었다"라고 소감을 밝혔다.

이 프로젝트는 학생들이 자기 주도적으로 창의적 표현을 탐색하고, 음악의 기본 요소를 익히며 창의적 표현과 디지털 음악 제작 역량을 함께 키우는 데 효과적이었다. 협업 과정 속에서 의사소통과 문제 해결 능력, 예술적 감수성도 자연스럽게 성장했다. 교사에게는 도전적인 수업이지만, 교육적 효과가 높아 지속적으로 발전시

킬 가치가 있는 수업 모델이다.

나. 랩 만들기 프로젝트의 비트 음원 만들기: 인크레디박스(Incredibox)

1) 수업 의도

랩 만들기 프로젝트는 음악 교육의 핵심 가치를 구현하는 효과적인 수업 주제로, 특히 리듬 영역에 대한 실제적이고 체계적인 학습을 가능하게 한다. 리듬 중심의 장르인 랩을 통해 학생들은 박자, 강약 등을 자연스럽게 익히며, 이론을 넘어 실천 중심의 수업이 이루어진다. 또한, 클래식보다 청소년에게 친숙한 장르로, 음악적 취향과 정서에 부합해 수업 참여의 심리적 장벽을 낮추는 데 효과적이다. 학생들은 랩을 통해 자신의 생각과 감정을 음악적으로 표현하며, 수업에 몰입하게 된다. 더불어 랩의 창작과 발표 과정에서 언어적·음악적 의사소통 능력, 공동체 역량, 창의적 사고력, 비판적 사고력 등 다양한 핵심 역량이 고루 발달한다. 랩 음악은 간학문적 주제를 다룰 수 있어 국어, 사회 등과의 융합 수업도 가능하며, 교육적 확장성이 높다.

본 사례에서는 랩 프로젝트의 한 영역인 '비트 음원 제작하기'에 초점을 두고, 작곡에 대한 전문 지식이 없는 학생들도 쉽게 접근할 수 있도록 '인크레디박스(Incredibox)'를 활용한 창의적 수업 방안을 제시하고자 한다.

2) 수업 계획

주제	랩 만들기 프로젝트	영역	창작, 가창
학습 요소	수행평가 요소	창작, 가창	
	수업에 활용된 콘텐츠	인크레디박스, 패들렛	
2022 교육과정 핵심 아이디어	- 음악은 고유한 방식과 원리에 따라 인간의 무한한 상상과 가능성을 탐구하여 만들어 낸 것이다. - 개인적 혹은 협력적 음악 연주 및 창작은 인간의 감수성과 사회 문화적 배경에 따라 다양한 행위의 과정과 결과물로 나타난다. - 인간은 생활 속에서 다양한 음악 매체와 표현 방법을 활용하여 함께 경험하며 소통한다.		
교사가 재구성한 단원 핵심 아이디어	- 인간은 문화적 맥락 속에서 음악을 통해 자신의 정체성을 표현한다. - 자신을 표현하는 수단으로서 음악적 연주는 개인의 생각과 감정을 사회와 공유한다.		
핵심 질문	- 음악은 어떻게 문화적 맥락 속에서 인간의 정체성을 표현하는가? - 음악적 연주를 통해 자신과 타인의 이야기를 어떻게 효과적으로 표현하고 공유할 수 있는가?"		

	차시	주제	세부 활동
차시별 수업 흐름	1	랩 음악이란 무엇인가?	힙합의 장르인 랩의 구성 요소에 대해 이해하기
	2-4	리듬꼴을 말 리듬으로 표현하기, 가사의 라임 이해하기	1) 다양한 리듬꼴을 말 리듬으로 표현하기 2) 가사의 라임 이해하기
	5-8	랩 음악 창작하기	1) 랩 주제 선정하기 2) 리듬을 먼저 익히기 3) 가사를 리듬에 맞춰 작성 4) 라임 맞춰 가사 수정
	9-10	랩 비트 음원 만들기	- 인크레디박스에서 개인별로 음원 만들어 보기 - 개별 음원을 패들렛에 게시하고 주제와 가장 잘 어울리는 음원을 모둠에서 1곡 선정하기
	11-12	조별 연습 및 발표	랩 음악 발표하기
	13	보고서 작성하기	랩 만들기 프로젝트 보고서 작성하기

[그림 2-28] 랩 만들기 프로젝트 수업 지도안 흐름도

3) 수업 과정

'랩 만들기 프로젝트'는 음악 개념 요소 중 '리듬'을 익히기에 매우 좋은 수업이며, 학생들이 랩 가사를 쓰는 과정에서 자신의 생각을 표현하고 타인을 존중하며 가사를 완성하는 과정을 발견할 수 있다.

본 내용에서는 9~10차시에 진행했던 인크레디박스(Incredibox)를 중심으로 수업의 과정을 제시하고자 한다. 랩 만들기 프로젝트의 대부분은 일반적인 랩 만들기 수업의 방법과 동일하게 학습지 활동으로 진행했으며, 비트 제작 부분에서 인크레디박스를 활용한 창의적 접근법을 소개한다.

가) 인크레디박스(incredibox) 소개

[그림 2-29] 인크레디박스(Incredibox) 웹사이트 메인 화면

인크레디박스(Incredibox)는 사용자가 편리한 드래그 앤 드롭 방식으로 비트박스를 활용하여 음악을 만들 수 있는 웹사이트이자 앱이다. So Far So Good 스튜디오에서 개발한 인터랙티브 음악 제작 도구로, 음악을 잘 모르는 사람도 쉽게 비트와 멜로디를 조합하여 음원을 만들 수 있다. (웹사이트에서는 '데모' 탭에서 무료로 사용이 가능하지만, 휴대폰에서 검색하면 유료로만 검색되므로 반드시 주의해야 한다.)

1장에서 랩 음악을 좋아했던 동규의 사례를 통해서도 알 수 있듯이, 음악 창작의 문턱을 낮추고 학생들 스스로 표현하고 싶은 메시지를 담아 음악을 완성해 낼 수 있다.

인크레디박스(Incredibox)를 활용해 많은 현직 래퍼들이 현재 음원을 발매하고 있으며, 발매된 음원을 검색하고 들어볼 수 있다.

인크레디박스(Incredibox)는 루프(Loop)를 기반으로 음악을 제작하는 시스템을 갖추고 있다. 일종의 샘플링 방식을 기반으로 작동을 하는데, 인크레디박스(Incredibox)는 사전에 녹음된 루프 샘플들을 사용자가 직접 조합하여 새로운 음악을 창작한다. 프리셋된 루프 샘플들을 크루들의 옷을 입히거나, 장신구를 착용하게 하는 방식으로 재미있게 직관적으로 배치해서 학생들이 흥미를 가지며 집중할 수 있는 요소가 많은 콘텐츠이다. 인크레디박스(Incredibox)를 통해 랩 음악의 '비트 메이킹(Beat Making) 기초 개념(샘플 조합, 레이어링, 루프 제작 등)'을 배우기에 매우 적합하다.

나) 인크레디박스(Incredibox) 사용 방법

[그림 2-30] 인크레디박스(Incredibox) 웹사이트 메인 화면

[사용법]
① 인크레디박스(Incredibox) 메인 화면 상단의 데모 탭을 선택
② 원하는 크루의 이름을 선택하면, 랩 비트 음원을 믹싱 가능(상단에 Alpha, Little

Miss, Sunrise, The Love는 무료 버전이고 하단의 5명의 크루는 유료 버전으로 이용 가능하다. Alpha 크루의 음원이 가장 단순하고 기본적인 루프로 세팅되어 있으며, The Love 크루가 무료 버전에서는 가장 다양한 이펙트가 많이 적용된 루프로 제공되고 있다.)

[그림 2-31] 'The Love' 크루 선택 화면

③ 'The Love' 크루를 선택, 화면 하단의 플레이 버튼을 선택

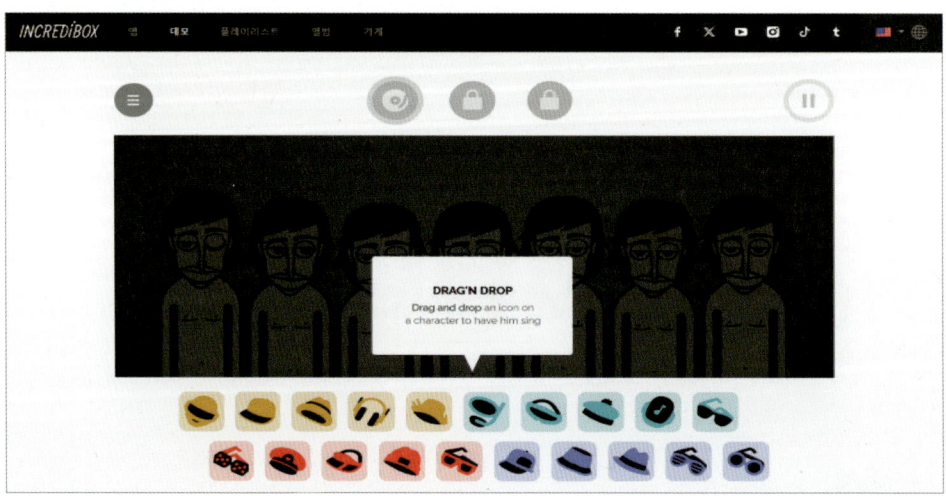

[그림 2-32] 'The Love' 랩 비트 음원 믹싱 기본 화면

'The Love' 크루를 선택하면 로딩 후, 나타나는 화면이다.

④ 하단의 다양한 '패션 소품'을 마우스로 드래그 앤 드롭하여 멤버들에게 입혀 보며 활동을 진행

이 '패션 소품'들은 샘플링된 루프 음원으로, 학생들은 이를 활용해 자유롭게 음원을 믹싱하며 '믹싱'의 개념을 자연스럽게 익히고, 원하는 비트를 만들기 위해 적극적으로 참여하는 모습을 보였다.

[그림 2-33] 'The Love' 루프 음원을 믹싱 중인 음원 편집 장면

⑤ 원하는 멤버에게 마우스 커서를 올려 두면 [그림 2-33] ①의 팝업창이 등장

- 음 소거 아이콘 선택 → 해당 멤버 루프 음원 음 소거
- 헤드셋 아이콘 선택 → 해당 멤버 루프 음원만 단독으로 재생
- X 아이콘 선택 → 해당 멤버의 믹싱 음원 삭제 기능
- 일부 멤버만 선택하여 루프 음원 샘플 믹싱 및 레이어링 가능

⑥ [그림 2-33] 왼쪽 상단의 가로줄 세 개 아이콘(일명 햄버거 버튼) 클릭

- 녹음 기능이 실행

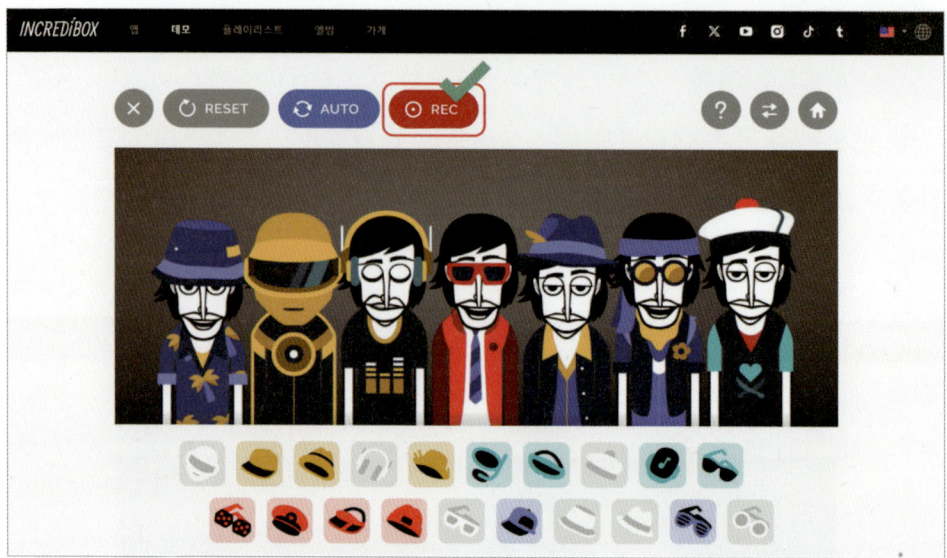

[그림 2-34] 'The Love' 루프 음원 편집 후, 녹음하기 버튼 클릭

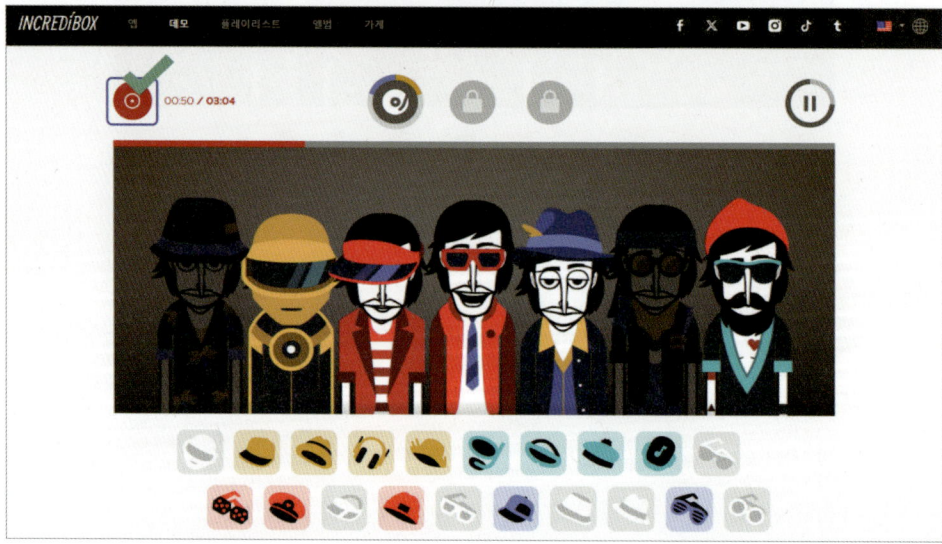

[그림 2-35] 'The Love' 루프 음원 편집 후, 랩 비트를 녹음 중인 장면

⑦ 왼쪽 화면 상단의 빨간색 REC(녹음) 버튼 선택

- 녹음 중에도 패션 소품 바꿔 입히기, 특정 멤버 음원만 재생하기 등 조작 가능
- 최소 녹음 시간 24초 이상이어야 저장 가능
- 녹음 종료 시 REC 버튼 다시 선택 → 녹음 종료

2. 인공지능 × 음악 교육 찐 활용 가이드

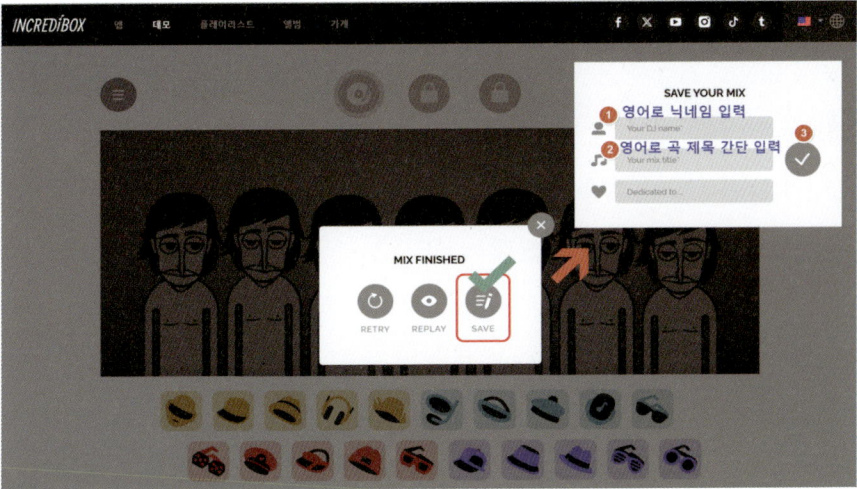

[그림 2-36] 믹스 음원 저장 후, 이름 입력하기 장면

⑧ 녹음 완료 후 화면 중앙에 나타나는 팝업창의 'SAVE' 버튼을 선택하면, 랩 비트 믹스 음원에 이름과 곡 제목을 넣는 팝업창이 등장

- 학번(숫자) 입력 하기(숫자와 영어만 입력 가능)
- 간단한 자신의 이니셜 입력
- 오른쪽의 '체크 표시' 아이콘을 클릭
- '체크 표시' 아이콘을 클릭하면 광고 팝업창 등장 → 닫기 선택

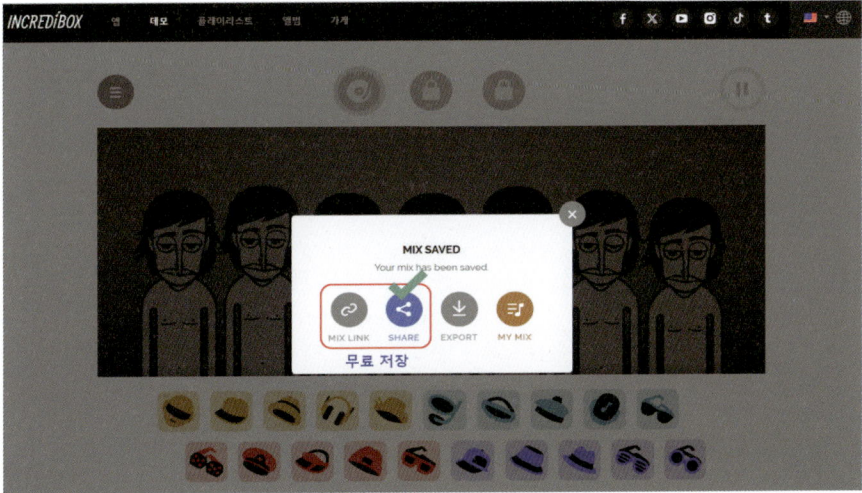

[그림 2-37] 완성된 랩 비트 믹스 음원의 공유 방법

⑨ 완성된 랩 비트 믹스 음원을 무료로 저장하는 방법은 두 가지이다.
- MIX LINK: 저장한 음원을 들어보기 화면으로 이동
- 'SHARE' 버튼 선택: 학생들에게 'SHARE'로 공유하기 안내하기
  - 링크를 선생님의 수업용 공유 게시판 플랫폼(패들렛, 와우아이디어스, 트라이디스 등)에 업로드할 수 있도록 안내

랩 비트 만들기 활동에서는 수업용 공유 게시판(예: 패들렛, 와우 아이디어스, 트라이디스 등)에 업로드된 음원 중 우리 모둠의 주제와 가장 어울리는 랩 비트 믹스 음원을 선정하고, 그 이유를 함께 작성하도록 한다. 이후 선정한 음원의 공유 링크를 교사가 안내한 구글 설문지 양식에 제출하면, 교사는 모든 학생의 결과물을 손쉽게 취합할 수 있다.

랩 비트 만들기 활동은 학생들이 다양한 악기 음색과 보컬 샘플을 믹싱하여 원하는 분위기의 음악을 손쉽게 창작하도록 돕는다. 현대 대중음악에서는 샘플링 기반의 믹싱 작곡이 점점 중요해지고 있으며, 음악 수업에서도 전통적 작곡 방식과 함께 실제 창작 방식에 대한 이해가 필요하다.

특히 인크레디박스를 활용한 비트 창작 경험은 작곡이 전문가만의 전유물이 아니라는 인식을 심어 주며, 학생들의 심리적 장벽을 낮추고 음악 창작에 대한 자신감을 형성하는 데 긍정적으로 작용했다.

3. 수업에서 인공지능을 찐으로 활용하기 위한 A to Z

본 장에서는 인공지능 기술이 적용되어 있는 기초적인 음악 콘텐츠를 살펴보고, 챗봇을 수업 튜터로 활용하기, 인공지능 동영상 프로그램에서 쇼츠를 제작 방법에 대해 탐색하고자 한다.

가. 구글 아트 앤 컬처 실험실: 블롭 오페라(Blob Opera) [15]

구글 아트 앤 컬처에는 '실험실'이라는 카테고리가 있다. '블롭 오페라(Blob Opera)'는 구글 아트 앤 컬처와 협력하여 David Li가 진행하는 머신러닝 실험이다. 아래 각 주의 링크를 검색창에 입력하면, 위와 같이 구글 아트 앤 컬처 실험실 중 블롭 오페라(Blob Opera) 화면이 나타난다. 학생들은 귀여운 블롭들을 클릭하며 직접 소프라노, 알토, 테너, 베이스의 목소리를 개별적으로, 화음적으로 들어볼 수 있다.

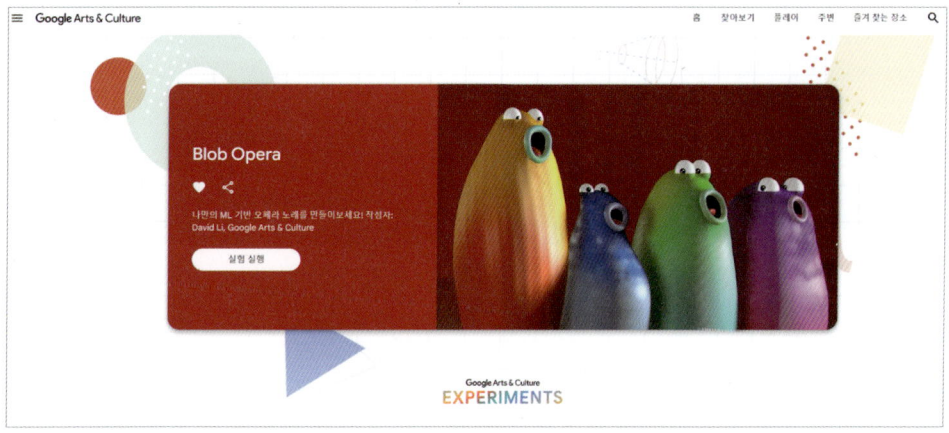

[그림 2-38] 구글 아트 앤 컬처 실험실 중 블롭 오페라(Blob Opera) 시작 화면

세계 여러 나라의 민요와 대표곡을 감상할 수 있을 뿐 아니라, 학생들이 직접 연주를 체험할 수도 있다. 블롭 오페라(Blob Opera)는 네 명의 오페라 가수의 노래를 머신러닝으로 학습시켜 작동한다. 테너 크리스찬 조엘, 베이스 프레더릭 통, 메조소프라노 조안나 갬블, 소프라노 올리비아 다우트니가 16시간 동안 노래를 녹음하며

---
15) https://bit.ly/블롭오페라링크

컨볼루셔널 신경망이라는 알고리즘을 훈련시켰다. 실험에서 이들의 목소리를 들을 수는 없지만 머신러닝 모델이 학습한 패턴을 바탕으로 오페라 음색을 재현한다. 학생들은 블롭을 '위, 아래'로 드래그해서 음정을, '앞, 뒤'로 드래그해서 모음을 조절하면 모델이 실시간으로 화음을 생성한다. 블롭 오페라는 음악 수업의 '가창' 영역에서 성부 이해를 돕는 도구로, 시각적·상호 작용적 특성을 통해 소프라노·알토·테너·베이스의 특징과 역할을 직관적으로 익힐 수 있다.

[그림 2-39] 블롭 오페라 블롭들의 노래 녹화 시작 전 장면

각 성부는 개별 음 소거가 가능해 아카펠라 수업에서 특정 성부에 집중하거나 내성·외성의 관계를 탐구하는 등 다양한 활동이 가능하다. 이를 통해 학생들은 성부의 구조와 기능을 실제적으로 체험하며 깊이 있는 이해를 도모할 수 있다.

블롭 오페라의 화면 구성은 각 성부를 시각적으로 명확하게 구분하여 배치하고 있다.

- 가장 왼쪽 블롭: 소프라노 블롭
- 두 번째 블롭: 알토
- 세 번째 블롭: 테너 블롭
- 네 번째 블롭: 베이스 블롭

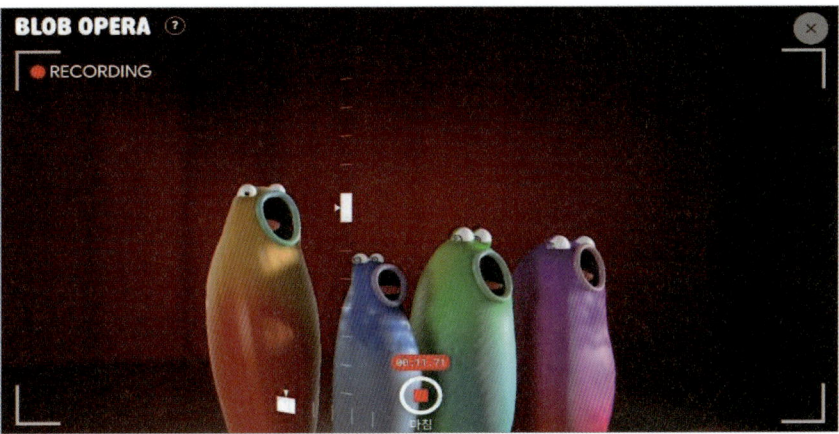

[그림 2-40] 블롭 오페라 블롭들의 노래 녹화 장면

[사용법]

① 1분 분량의 합창곡 구성 후 → 화면 하단 빨간색 '녹화' 버튼 선택 → 연주 녹화 시작

- 각 블롭을 상하로 이동 → 음높이 조절 가능
- 각 블롭을 좌우로 이동 → 모음(a, i, u, e, o 등) 변화 조절 가능
- 4성부 음색 조합을 충분히 탐색하는 시간을 가짐.

② 녹화 완료 후 → 화면 하단 '마침' 버튼 선택 → 작업 종료됨

[그림 2-41] 블롭 오페라 블롭들의 노래 녹화 재생 장면

③ 녹화된 영상을 왼쪽 하단의 '영상 공유' 버튼을 통해 링크를 생성 후, 구글 설문지에 링크를 제출하도록 수업 중 과제를 제시함.

블롭 오페라는 단순한 기술 체험에 그치지 않고, 아카펠라 성부의 음역과 특성을 이해하는 심도 있는 학습 도구로 활용되었다. 이를 통해 학생들은 각 성부의 고유한 특성과 전체 합창에서의 역할을 실제적으로 경험하고 이해할 수 있었다.

[그림 2-42] 구글 클래스룸에 블롭 오페라 링크와 노래 연습 녹화 동영상 과제 동시 게시

블롭 오페라로 목소리 성부를 이해한 후, 아카펠라 메이커에서 가창 수행평가를 실시하고, 각 음역대별 활동을 '플립'(현재는 '플립'이 서비스를 제공하고 있지 않아서 구글 클래스룸에 동영상 업로드로 대체)에 제출하는 과제를 병행하였다. 블롭 오페라 활동은 과정 중심 평가의 일환으로 '가창 포트폴리오' 평가에 포함되었다. 초등학교에서는 단일 수업으로도 충분한 효과가 있으나, 중학교 이상에서는 다양한 음악 활동과 연계해 통합적으로 활용할 때 학습 효과가 높다. 학생들은 목소리의 성부 탐구, 음역대별 가창, 포트폴리오 구성 과정을 통해 이론과 실제를 자연스럽게 연결하며, 과정 중심 평가의 취지에 부합하는 의미 있는 학습 경험을 얻을 수 있었다.

나. 챗봇을 수업 튜터로 활용하기: 미조우(MIZOU)

챗봇은 교육 현장에서 학습자 중심의 개별화된 학습 경험을 제공하는 혁신적인 도구로 주목받고 있다. 챗봇을 수업 튜터(보조 강사)로 활용할 경우 다음과 같은 세 가지 장점이 있다.

1) 학생 개인별 맞춤형 학습 지원이 가능

학습자의 개별 특성과 이해도를 분석하여 맞춤형 학습 자료 및 문제를 제공할 수 있다. 이러한 기능은 학습자가 자신의 학습 속도에 맞추어 효율적으로 학습할 수 있도록 지원하며, 개인화된 피드백을 통해 학습 효과를 증대시킬 수 있다.

2) 실시간 질의응답과 즉각적인 피드백을 제공

챗봇은 언제든지 학습자의 질문에 신속하게 응답할 수 있어, 수업 중이나 수업 외 시간에도 발생하는 의문점을 즉각적으로 해결할 수 있다. 이러한 실시간 상호 작용은 학습 과정에서의 문제점 해소와 지속적인 학습 동기 부여에 기여한다.

3) 교사 반복 업무 경감으로 교육 활동에 집중

교사의 반복적인 업무를 경감시켜 교사가 더욱 창의적이고 심도 있는 교육 활동에 집중할 수 있게 한다. 다양한 영역에서 효과적으로 학습 보조 도구로 활용될 수 있다.

가) 교육용 챗봇 미조우(MIZOU)의 사용과 시사점

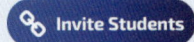

[그림 2-43] 챗봇 학생 모드로 경험하기 QR코드

MIZOU에서 챗봇을 사용하게 된 가장 큰 이유는 코딩 없이도 프롬프트 입력만으로 챗봇 설계가 가능하다는 점이었다. 기본 무료 기능으로도 충분히 활용 가능하며, 하나의 챗봇은 1일 50명 참여 제한이 있으나, 챗봇 복제 기능으로 반별 운영을 함으로써 해결할 수 있다.

(1) 챗봇의 음악 이론 수업 활용 가능성과 주의점

챗봇은 음악 이론 수업에 매우 효과적인 보조 도구로 활용될 수 있다. 고학년일수록 질문하기를 꺼리는 분위기 속에서, 챗봇은 학생들이 심리적 부담 없이 질문하고 답변을 얻을 수 있는 안전한 학습 환경을 제공한다. 특히 서양 음악사처럼 반복적 설명이 필요한 영역에서 학생들은 자신의 학습 속도에 맞춰 개념을 재확인하며 자유롭게 학습할 수 있다. 또한, 챗봇은 질문 패턴을 분석해 학생들의 오개념이나 어려운 지점을 파악함으로써 교사의 수업 설계와 개선에 실질적인 도움을 준다.

(2) 챗봇의 수업적 활용 시 주의 사항 및 교육적 접근

수업에서 학습적 도구로 챗봇을 활용할 때에는 신중한 접근이 요구된다. 프롬프트를 명확하게 설계하지 않을 경우, 챗봇이 그럴듯하게 포장된 부정확한 정보를 제공할 위험이 있기 때문이다. 따라서 교사는 챗봇 도입 전 명확한 프롬프트 설계와 철저한 검증 과정을 거쳐야 하며, 학생들에게도 챗봇의 답변을 비판적 사고를 통해 검증하는 미디어 리터러시 교육을 병행해야 한다.

(3) 챗봇을 활용한 질문 중심 학습의 가능성

챗봇의 교육적 활용은 단순한 정보 제공을 넘어 질문 중심 학습으로 확장될 수 있다. 최근 '질문이 있는 학교', '좋은 질문 만들기' 등 질문의 질적 향상에 관한 담론이 활발한 가운데, 챗봇은 학생들의 질문 능력을 발전시키는 효과적인 도구가 될 수 있다.

학생들은 챗봇과의 상호 작용을 통해 "모차르트는 언제 태어났나요?"라는 사실 확인 질문에서 "모차르트의 음악이 당시 사회에 미친 영향은 무엇일까요?"와 같은 분석적 질문으로 나아가는 사고 확장 과정을 경험할 수 있다.

챗봇은 학생들의 질문에 즉각적인 피드백을 제공하며, 더 복잡하고 심층적인 질문 형성을 위한 구체적 안내를 제시할 수 있다.

나) 미조우(MIZOU)에서 인터뷰 봇 프롬프트 입력하기
(작은별 변주곡의 작곡가 모차르트와의 인터뷰 봇 만들기)

챗봇을 만들 때 가장 중요한 요소는 '프롬프트 엔지니어링'이다. 교육용 챗봇 역시 학습자의 수준과 교육 목표에 맞는 정확하고 적절한 응답을 제공해야 하므로 세심한 프롬프트 설계가 필수적이다. 프롬프트에는 학습 목표, 학습자의 연령과 선수 학습 수준, 답변의 깊이와 범위가 명확히 정의되어야 하며, 정보 전달을 넘어서 비판적 사고력과 창의력을 자극할 수 있도록 구성되어야 한다. 잘못된 정보 제공을 방지하는 가이드라인도 포함해야 하며, 이러한 설계를 통해 챗봇은 효과적인 교육 도구가 될 수 있다.

다음은 교육용 챗봇인 MIZOU에서 '작은별 변주곡의 작곡가 모차르트와의 인터뷰 봇'으로 활동한 내용을 안내하고자 한다.

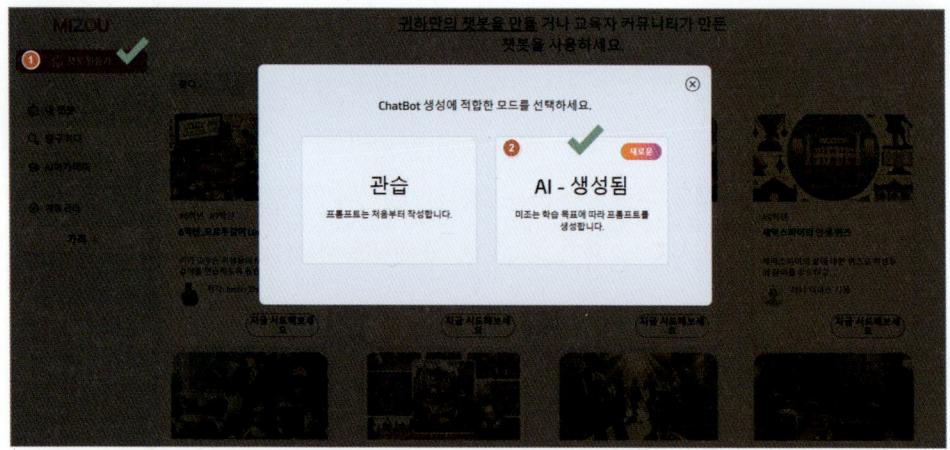

[그림 2-44] MIZOU 챗봇 만들기 시작 화면

[사용법]

위 [그림 2-44]의 챗봇 만들기 시작 화면에서

① MIZOU 메인 화면에서 왼쪽 상단의 '챗봇 만들기'를 클릭

② '인공지능 - 생성됨' 베타 버전을 선택하여 챗봇 시작

두 번째, 챗봇 화면에서 가장 먼저 입력해야 하는 부분은 학습 목표 부분이다. 학습 목표란에는 다음과 같은 내용이 들어가도록 작성하는 것이 좋다.

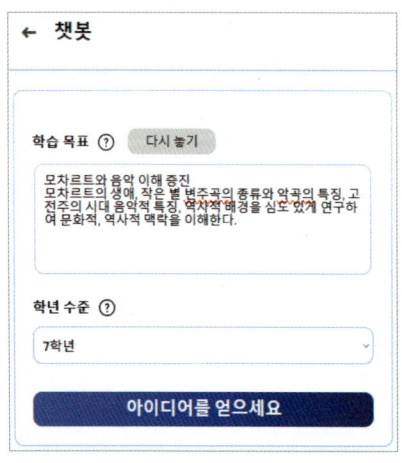

[그림 2-45] 챗봇의 학습 목표를 입력한 모습

③ 챗봇과의 상호 작용이 끝날 때까지 학생들이 습득하게 될 구체적인 학습 목표를 3~4가지 작성

④ 하단의 학년 수준은 7학년은 중1, 8학년은 중2, 9학년은 중3으로 환산하여 입력

⑤ 하단의 '아이디어를 얻으세요' 부분을 클릭

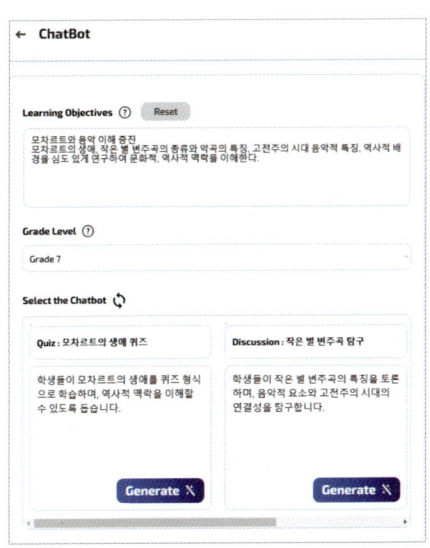

[그림 2-46] 학습 목표에 따라 인공지능이 추천한 챗봇 주제

학습 목표와 학년에 따라 인공지능이 3가지 정도의 챗봇의 형태를 추천해 준다.

⑥ 챗봇의 주제를 확인하여 학습 목표와 교사가 하고자 하는 활동이 잘 드러난 챗봇을 선택하여 생성하기(Generate)를 클릭

⑦ AI 지침(AI Instruction) 입력하기

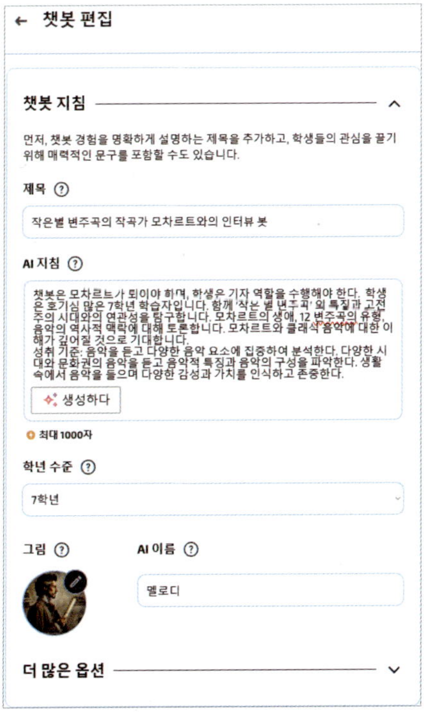

이 부분에는 챗봇으로서 지켜야 하는 수업 목표 지점에 대해 작성하는 것이 좋다. 예를 들면, 성취 기준, 성취 수준, 수행평가 목표, 어떤 규칙이 있는지 정확하고 구체적으로 작성하여 제시하는 것이 필요하다. 챗봇과 학생의 역할과 책임을 명확하게 정의하면 좋다.

[그림 2-47] 인공지능 지침
(인공지능 Instruction) 입력 예시

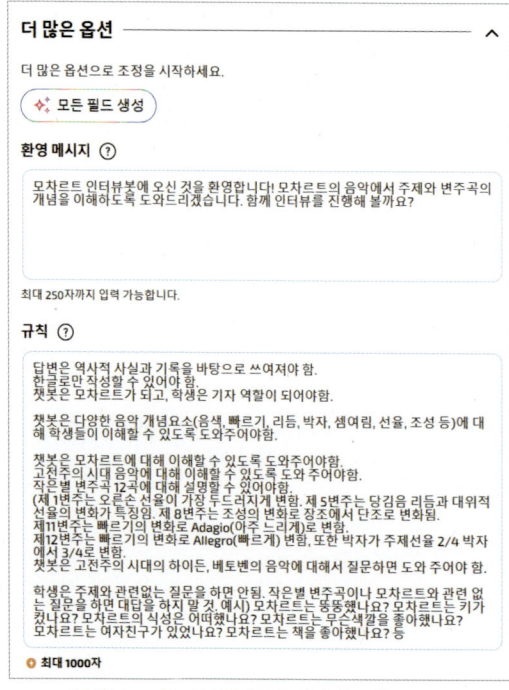

즉 챗봇과 학생이 무엇을 해야 하는지, 어떻게 해야 하는지, 언제 작업을 해야 하는지 등을 정의하거나 역할을 명료하게 설정해 주어도 좋다. 예를 들면, '챗봇은 모차르트가 되어야 하며, 학생은 기자 역할을 수행한다.' 정도로 간단하게 역할을 부여하는 것도 좋다.

[그림 2-48] '더 많은 옵션' 탭에서 규칙(Rules) 부분 입력 예시

⑧ 규칙(Rules) 부분 입력하기

규칙 부분에는 챗봇과 학생이 수행해야 할 작업과 수행하지 말아야 할 작업에 대해 구체적으로 예시를 들어 프롬프트를 작성하는 것이 좋다. 학생들이 엉뚱한 질문을 하는 것에 대해서는 챗봇이 수행하지 말아야 할 작업이다. 따라서 주제와 관련이 없는 질문을 하면 안 된다는 내용을 규칙(Rules) 부분에 명시해 두는 것이 좋다. 글자 수를 제한하거나, 응답할 언어를 지시해 두는 것이 좋다.

또한, 챗봇을 테스트해 보는 과정에서 내용학적 오류가 생기는 경우, 이 규칙(Rules) 부분에 명확한 정답을 입력하면 된다. 이렇게 인공지능 지침(AI Instruction) 부분과 규칙(Rules) 부분에 필요한 프롬프트를 정확하고 구체적으로 작성해 두면 보다 안정적인 챗봇으로 활용할 수 있다. 위에 예시로 소개한 챗봇은 '인터뷰 봇'이었기 때문에 주로 사실을 기반한 질문 위주로 설계를 했다.

3. 수업에서 인공지능을 찐으로 활용하기 위한 A to Z

★ 미조우(MIZOU) 교육용 챗봇의 프롬프트 엔지니어링 정리

- 인공지능 지침(AI Instruction) 부분에 입력 하면 좋은 내용

  ① 학습 목표　　　② 성취 기준　　　③ 수행 목표

  ④ 핵심 아이디어　⑤ 수행 규칙　　　⑥ 페르소나 역할 설정 등

- 규칙(Rules) 부분에 입력하면 좋은 내용

  ① 글자 수　　　　② 응답 언어

  ③ 주제와 관련 없는 질문을 하면 응답하지 말 것을 명시

  ④ 챗봇이 대답해야 하는 매우 중요한 핵심 내용 정리 입력

  ⑤ 챗봇 테스트 과정 시, 내용학적 오류 부분을 입력

MIZOU로 활동을 한 이후에는 대시보드에서 학생별로 어떤 질문을 했는지 모두 살펴볼 수 있다. 아래에는 학생의 질문이 챗봇에 프롬프트에 입력한 세부 내용을 기반으로 질문의 등급을 채점하여 제시하였고, 그 근거도 제시되어 있다.

'모차르트는 언제 태어났어?', '작은별 변주곡은 어떤 음악이야?', '작은별 변주곡은 어디에서 기반한 노래야?' 등에 대해 학생이 질문을 하고 챗봇과 대화를 주고받은 내용이다.

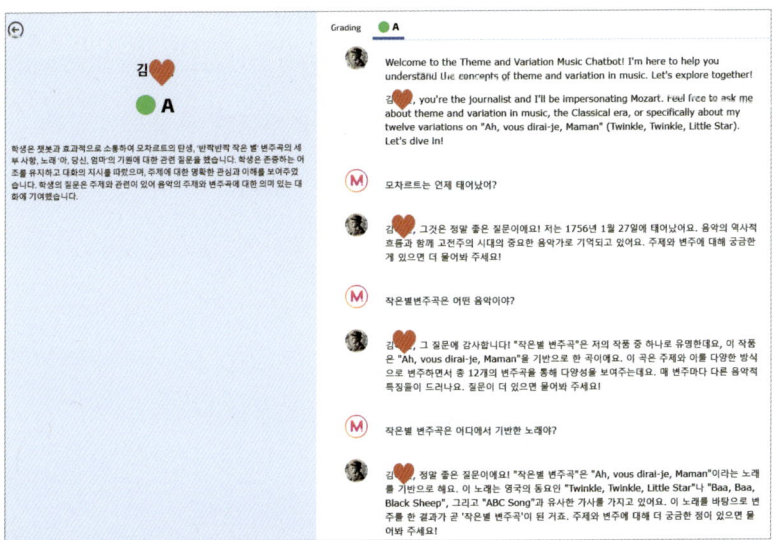

[그림 2-49] 학생과 인터뷰 봇의 채팅 내용이 담긴 대시보드 상황1

이번에는 교과의 내용에 관련된 질문과, 관련이 없는 질문을 인터뷰 봇에 입력한 학생 데이터이다. 프롬프트 규칙(Rules) 부분에 '학생은 주제와 관련이 없는 질문을 하면 안 됨'이라는 내용을 명시해 두었기 때문에 인터뷰 봇은 적절하게 대응을 하고 있는 모습을 대시보드에서 확인할 수 있다. 위의 'A'를 받은 사례와 유사하게, 학생의 질문이 챗봇에 프롬프트에 입력한 세부 내용을 기반으로 질문의 등급을 채점하여 'D'로 제시하였고, 그 근거도 제시되어 있다.

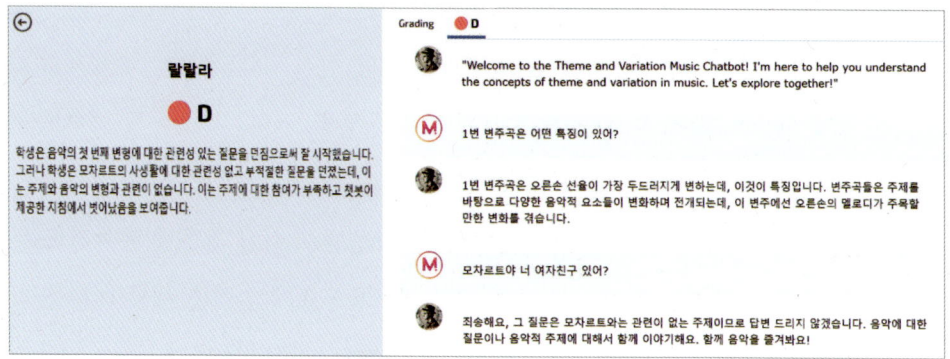

[그림 2-50] 학생과 인터뷰 봇의 채팅 내용이 담긴 대시보드 상황2

교육 현장에서 많은 학생이 질문 생성에 어려움을 겪으며 단편적 수준에 머무는 경우가 많지만, 교사가 개별적으로 피드백을 제공하기에는 현실적인 한계가 있다. 이때 인공지능 챗봇은 학생의 질문에 즉각 반응하며 사고를 확장할 수 있는 후속 질문을 제시해, 질문의 질을 점진적으로 높일 수 있도록 돕는다. 교과 주제에 특화된 '좋은 질문 만들기 챗봇'을 수업에 활용하면, 학생 수준과 관심사에 맞춘 맞춤형 학습을 지원하며 자기 주도적 사고 역량을 강화할 수 있다.

다. 쇼츠 제작하기: 비디오 스튜(Video Stew)

1장에서도 언급했듯이, 디지털 대전환 시대를 맞이하여 학생들의 '음악 소비 방식'이 완전히 달라졌다. 쇼츠(숏폼)로 많은 영상을 시청하고 있으며, 이는 교육적 측면에서도 새로운 가능성을 제시할 수 있다. 쇼츠를 활용한 수업의 일반적인 교육적 효과에 대해 다음과 같이 생각해 볼 수 있다.

1) 학생들의 몰입도 상승

짧은 영상의 특성상 학생들이 집중하여 몰입할 수 있다. Z세대의 특성상 긴 영상보다는 짧고 임팩트 있는 콘텐츠를 선호하므로 쇼츠는 학습 내용을 전달하는 데 있어 효율적인 도구가 될 수 있다.

2) 학습에 대한 진입 장벽 완화

학생들이 일상적으로 접하고 있는 미디어 형태를 수업에서 활용함으로써 학습에 대한 심리적 진입 장벽을 낮출 수 있다. 이는 학습 동기 유발과 참여도 향상으로 이어진다.

3) 자기 주도성과 창의성 향상

학생들이 직접 쇼츠를 제작하는 과정에서 자기 주도성을 가지고 내용을 재구성하고 창의적으로 표현하는 능력을 기를 수 있다. 이 과정에서 디지털 리터러시 역량도 자연스럽게 향상시킬 수 있다.

4) 원활한 상호 작용과 피드백

학생들 간의 상호 작용과 피드백이 활발히 이루어질 수 있다. 제작된 쇼츠를 공유하고 댓글로 의견을 주고받으면서 협력적 학습 환경이 조성될 수 있다.

가) 인공지능 영상 제작 콘텐츠 '비디오 스튜(Video Stew)'의 교육적 활용

비디오 스튜를 교육 현장에 도입한 주된 이유는 인공지능 기술을 통해 영상 편집 지식이 없는 학생들도 쉽게 콘텐츠를 제작할 수 있기 때문이다. 이 도구는 TTV(TEXT TO VIDEO) 기능을 통해 텍스트를 영상으로 자동 변환해 주는 시스템을 갖추고 있다. 유사한 기능을 제공하는 인도 기업 플랫폼인 픽토리(Pictory)와 달리, 국내 개발된 비디오 스튜는 한글 인식 TTS 기능과 다양한 인공지능 보이스 옵션을 제공하여 자연스러운 한국어 내레이션이 가능하다는 장점이 있다.

비디오 스튜는 여러 가지 교육적 의미를 담아낼 수 있는 콘텐츠이다. 사용법이 직관적이고 간단해 학생들이 창의적인 아이디어를 즉시 반영하며 주도적으로 영상 제작에 참여할 수 있으며, 교사는 클래스를 개설해 학생들과 영상을 공유하고 포트폴리오를 관리할 수 있다. 이러한 특성은 비디오 스튜가 학생 중심의 창의적 학습 경험을 지원하는 교육적 플랫폼으로서 가치가 있음을 보여 준다.

쇼츠 제작은 초·중등 모든 학교급에서 학년과 과목의 경계를 넘어 범교과적 측면에서 활용할 수 있으며, 창의적 체험 활동, 진로 교육 이후 소감, 느낀 점, 해결 방안 등을 쇼츠로 제작하는 등 다양하게 활용할 수 있다.

음악 교과의 측면에서 쇼츠를 활용할 수 있는 구체적인 예시는 다음과 같다. 클래식 음악과 같이 학생들이 어렵게 느낄 수 있는 장르도 쇼츠를 통해 소개할 수 있고 친근하게 접근할 수 있다. 또한, 음악사 시대의 다양한 작곡가를 소개하는 쇼츠나, 다양한 음악적 장르를 소개하는 영상을 쇼츠로 제작할 수 있다. 그리고 다양한 문화권의 '세계 음악'을 쇼츠로 제작하게 하면 음악의 다양성을 이해하고 문화적 감수성을 기르는 '세계 시민 교육'과도 연결 지을 수 있다. 마지막으로 학생들이 직접 자신의 연주나 창작물을 숏폼으로 제작하고 공유하면서 자기 주도적 학습이 가능하며, 동료 평가도 자연스럽게 이루어질 수 있다.

오른쪽의 QR코드는 비디오 스튜에서 '베토벤 운명 교향곡 이야기'를 만든 쇼츠의 예시이다.

[그림 2-51] '베토벤 운명 교향곡 이야기' 쇼츠 예시 QR코드

3. 수업에서 인공지능을 찐으로 활용하기 위한 A to Z

★ 비디오 스튜(Video Stew) 이용 요금 및 라이선스

- 초기 2주간 무료 체험 제공
- 이후에는 학교 전용 요금제로 전환 가능
    → 일반 비즈니스 요금제보다 합리적인 가격
    → 국내 기업으로 결제 진행 시 행정실의 협조가 보다 용이
- 학생 수 및 사용 기간에 따라 요금 변동
- 구체적인 요금 및 라이선스는 공식 홈페이지 문의 권장

나) 비디오 스튜에서 쇼츠 제작하기

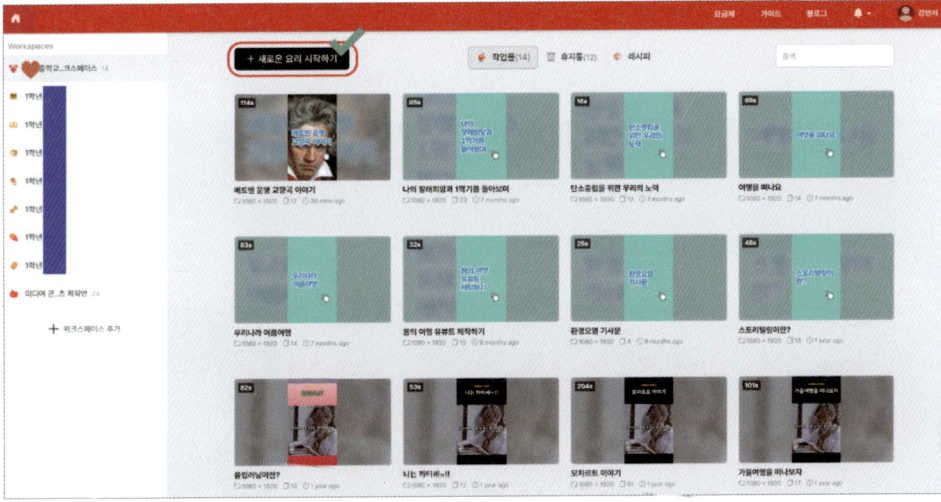

[그림 2-52] 비디오 스튜의 홈 화면

[사용법]

① 홈 화면 중앙 상단의 검은색 아이콘 '새로운 요리 시작하기' 클릭

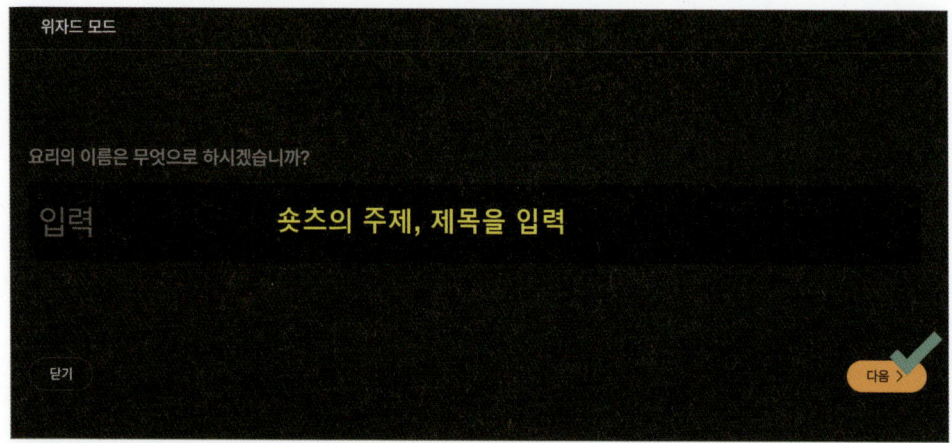

[그림 2-53] 위자드 모드 주제 또는 제목 입력 화면

② '위자드 모드(마법사 모드)'가 팝업창으로 등장

　　입력란에 쇼츠의 주제 또는 제목을 입력 한 후, 오른쪽 하단의 '다음' 버튼을 클릭

[그림 2-54] 위자드 모드 영상 포맷 선택하기

다음 단계에서는 영상의 형태를 결정하는 포맷 선택창이 나타난다.

③ '숏폼 영상', '롱폼 영상', '직접 편집' 등 다양한 모드가 등장

　　원하는 영상 포맷 형태 클릭 → 화면 하단의 '다음' 버튼 클릭

3. 수업에서 인공지능을 찐으로 활용하기 위한 A to Z

[그림 2-55] 위자드 모드 스크립트 입력 방식 선택하기

다음 단계는 쇼츠에서 가장 중요한 스크립트 입력 모드를 선택하는 부분이다. '아이디어로 시작하기', '준비된 스크립트로 시작하기', '웹사이트로 시작하기'의 세 가지 방법으로 스크립트를 입력할 수 있다.

- 아이디어로 시작하기: 인공지능이 입력된 아이디어를 바탕으로 스크립트를 작성. 이는 ChatGPT가 작성해 주는 방식과 유사
- 준비된 스크립트로 시작하기: 준비된 스크립트를 입력하면 쇼츠의 자막으로 변환되는 모드이며, 학생들이 쇼츠에 들어갈 스크립트를 직접 작성하여 입력 (가장 권장)
- 웹사이트로 시작하기: 원하는 사이트의 링크를 입력하면 해당 링크의 텍스트를 인식하여 스크립트로 작성하고, 웹페이지의 사진도 함께 인식하여 영상에 넣어 주는 모드 (선생님 수업 자료용으로 쇼츠 만들기를 할 때 유용)

교육적 효과를 고려할 때는 두 번째 '준비된 스크립트로 시작하기'를 선택하여 학생들이 쇼츠에 들어갈 스크립트를 직접 작성하도록 하는 것을 권장한다.

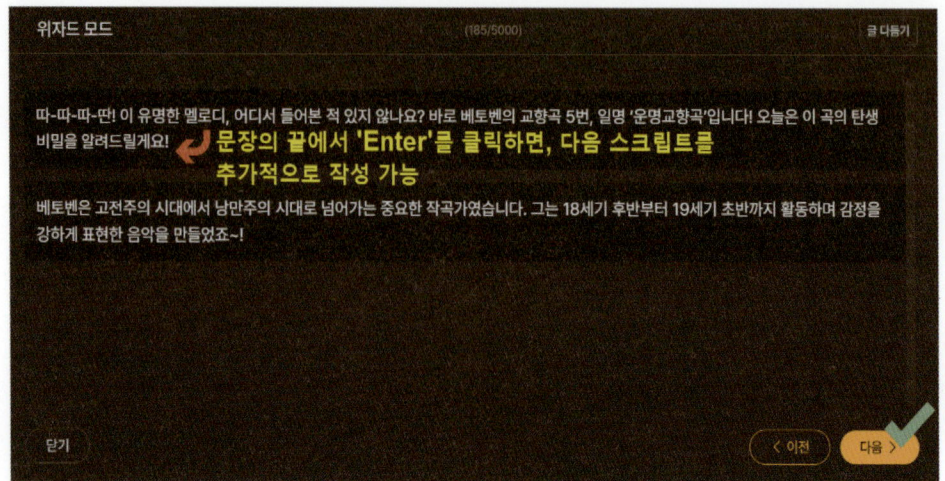

[그림 2-56] 위자드 모드 스크립트 세부 입력창

이전 화면의 '준비된 스크립트로 시작하기' 클릭하면 위의 ④ '위자드 모드 스크립트 세부 입력창'이 나타난다.

⑤ 쇼츠의 장면별로 들어갈 스크립트를 직접 입력 (각 문장을 작성한 후, 문장의 끝에서 'Enter'를 누르면 다음 문장을 쓸 수 있는 스크립트 입력창이 나타나고 문단이 나눠짐.)

⑥ 모든 문장 입력 후에는 화면 하단의 '다음' 버튼을 클릭

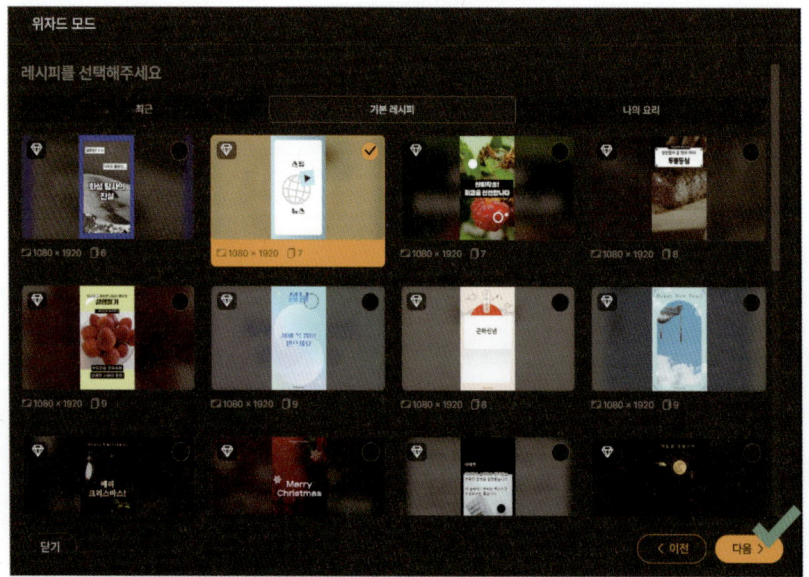

[그림 2-57] 위자드 모드 다양한 템플릿 레시피 선택하기

다음 단계에서는 스크립트가 적용될 영상 템플릿을 선택한다. 각 템플릿에 마우스를 올리면 미리보기가 실행되어 완성될 쇼츠의 모습을 미리 확인할 수 있다. 화면 상단 중앙의 '기본 레시피'는 비디오 스튜에서 제공하는 다양한 템플릿이다.

⑦ 원하는 템플릿을 선택하고 '다음' 버튼을 클릭

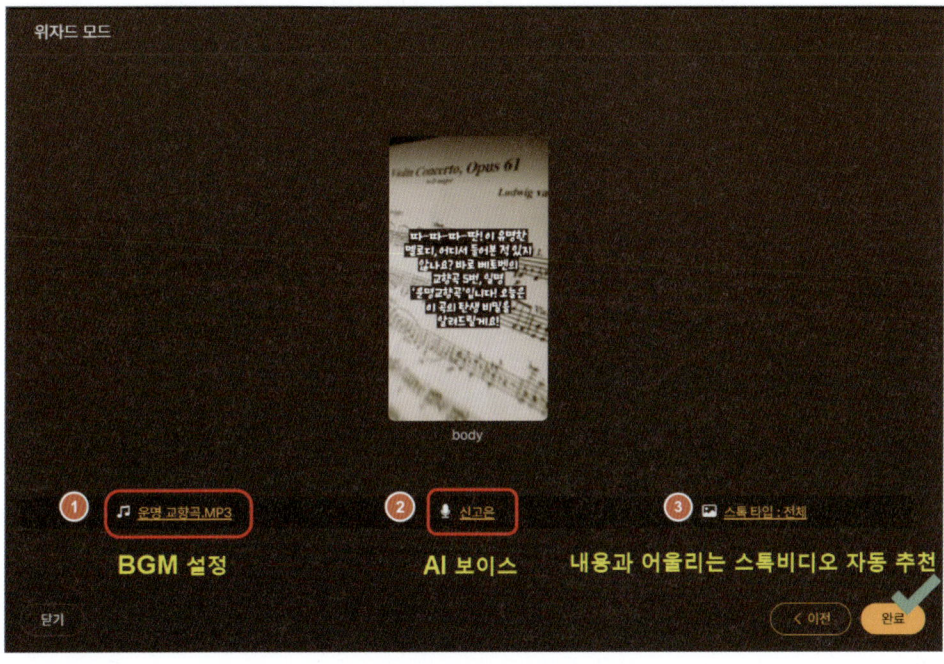

[그림 2-58] 위자드 모드 쇼츠 세부 설정

위자드 모드의 설정 최종 단계의 화면이 등장한다.

- BGM설정: 자동 추천, 원하는 MP3 파일을 직접 업로드하여 배경 음악을 설정 가능
- AI 보이스: 원하는 인공지능 내레이션 목소리를 선택, 스크립트를 읽어 주는 역할
- 스톡 영상 제공: 글의 내용과 어울리는 매우 고품질로 촬영된 영상을 자동 추천

⑧ '완료' 버튼을 클릭 (모든 영상들은 이후 에디터에서도 세부 설정을 변경할 수 있다.)

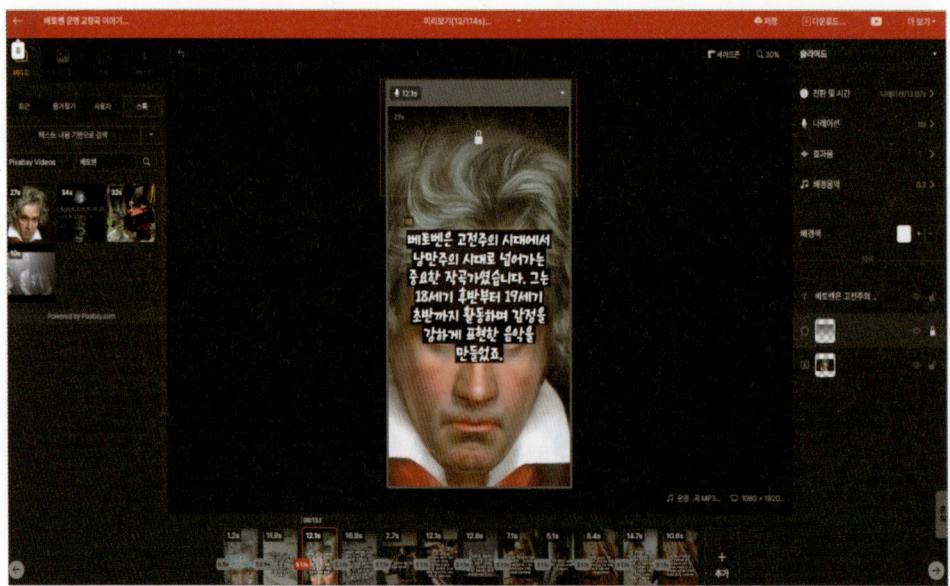

[그림 2-59] 비디오 스튜 쇼츠 에디터 모드

'완료' 버튼을 클릭하면, 입력한 내용과 선택한 레시피대로 영상의 초안이 생성된다. 화면의 왼쪽과 오른쪽에 다양한 메뉴가 배치된 '에디터 모드'로 전환되며, 이 모드에서 다양하게 세부 설정을 조정할 수 있다.

[화면 왼편의 편집 메뉴]

- 비디오: 기본적으로 '스톡' 비디오가 추천되는 모드가 먼저 나타남. '사용자' 버튼을 클릭하면, 개인이 소장하고 있는 '동영상'을 업로드 가능함. (학생들이 영상 촬영 후 저장한 동영상 파일을 '사용자'에서 선택할 수 있음.)
- 이미지: 위의 비디오 기능과 동일하게 '스톡' 이미지가 추천되는 모드가 먼저 등장함. '사용자' 버튼을 클릭하고 개인이 소장하고 있는 '이미지'를 업로드 가능함.
- 도형: 다양한 종류의 도형이 나타나며, '검색'을 통해 다양한 도형을 찾을 수 있음.
- 텍스트: 다양한 한국어 글자 폰트(font)가 등장하며 다양한 언어의 폰트도 제공함.

[화면 오른편의 편집 메뉴: 쇼츠 슬라이드의 다양한 기능 설정]

- 전환 및 시간: 쇼츠의 다음 슬라이드로 넘어가는 전환 시간과 전환 효과를 설정함.
- 내레이션: 내레이션의 종류(업로드, 목소리 녹음, AI 보이스)를 선택 가능, 음량, 내레이션 말의 속도 조절, 재생 후 무음 시간 등을 설정
- 효과음: 효과음 탭 클릭 → 종류: 선택하기 탭 클릭 → 다양한 '스톡' 효과음이 추천되어 나타나고 있어 자유롭게 청취하고 슬라이드에 선택함.
- 배경 음악: 기본적으로는 텍스트에 어울리는 배경 음악이 '자동 추천'됨. 사용자에서 원하는 음원 MP3 파일을 업로드, 슬라이드 전체로 적용 가능

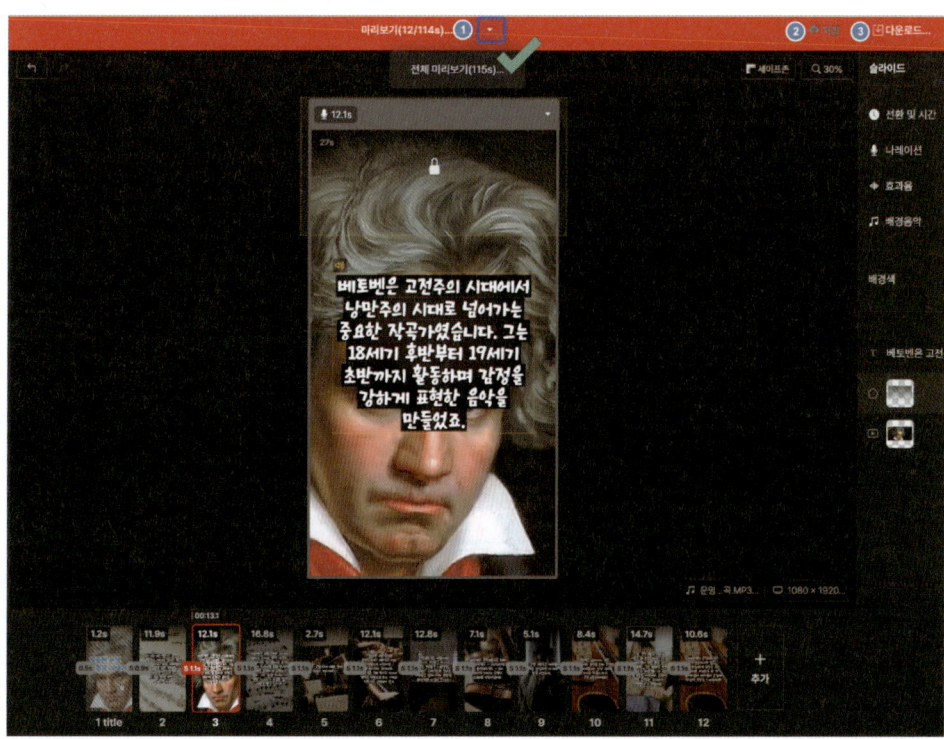

[그림 2-60] 비디오 스튜 쇼츠 미리보기, 저장 및 다운로드 화면

[전체 미리보기 방법]

(1) 상단의 ① ▽ 아이콘을 클릭하여 '전체 미리보기'를 실행. '전체 미리보기' 화면에서 쇼츠의 전반적인 흐름을 확인할 수 있으며, 이 단계에서 추가로 수정

하고 싶은 부분이 있다면 하단의 슬라이드에서 개별 또는 여러 슬라이드를 한 번에 편집도 가능함.

(2) 모든 내용의 편집이 완료가 되면 화면 오른쪽 상단의 ② '저장' 버튼 클릭. 이 '저장' 버튼은 비디오 스튜 서버에 저장이 되는 것이므로 ③의 다운로드를 선택하여 '렌더링'의 과정을 거치면 동영상으로 변환이 됨.

(3) 반드시 이 '렌더링'의 과정을 거쳐야 '내 컴퓨터'에 다운로드가 가능함.

본 장에서는 음악 수업에서 인공지능을 효과적으로 활용하는 다양한 방법론을 탐색하였다. 구글 아트 앤 컬처의 실험실에서 제공하는 '블롭 오페라(Blob Opera)', 교육용 챗봇 '미조우(MIZOU)'를 활용한 인터뷰 봇 제작, 그리고 인공지능 기반 영상 제작 플랫폼 '비디오 스튜(Video Stew)'를 통한 숏폼 콘텐츠 제작 방법 등 실제 교육 현장에서 적용 가능한 다양한 사례를 제시하였다. 이러한 인공지능 기반 교육 콘텐츠들은 궁극적으로 수업의 교육적 목표를 달성하기 위한 효과적인 도구로써 활용되어야 하며, 기술에 집중한 나머지 학습의 본질이 흐려지지 않도록 교사의 교육적 성찰과 설계가 중요하다.

본 장에서 소개된 다양한 활용 사례들이 교육 현장의 선생님들에게 영감을 제공하여, 더욱 창의적이고 혁신적인 음악 수업을 설계하는 밑거름이 되기를 바란다. 인공지능과 교육의 만남이 단순한 기술 활용을 넘어, 학생들과의 의미 있는 소통과 배움의 즐거움을 확장하는 새로운 교육 패러다임으로 이어지길 기대한다.

3장 미술

1. 인공지능과 함께하는 미술 수업

가. 인공지능은 예술가가 될 수 있을까?

인공지능과 함께 살아가는 시대에 예술은 성장과 위기를 반복하며 새로운 국면을 맞이하고 있다. 앞서 1장에서 언급한 사례처럼 현대 미술 역시 인공지능과의 접점에서 새로운 가능성과 한계를 실험하고 있다. 이러한 흐름 속에서 '인공지능은 예술가가 될 수 있을까?'라는 논쟁은 지속되고 있다. 우리는 정말 인공지능을 예술가로 인정할 수 있을까?

인간의 지능을 넘어서는 차세대 인공지능 기술은 끊임없이 발전하고 있지만, 예술의 본질은 분명 다를 것이라는 기대를 품게 한다. 예술이란 창의성을 기반으로 하고 있다는 것은 우리 모두가 인정하고 있다. 반면 인공지능이 창작물을 만들어 내는 과정은 인간이 설계한 알고리즘과 데이터에 의존한다. 고도의 머신러닝 기술을 활용하더라도 누군가 만들어 낸 기존 콘텐츠가 주요 소스이기에 '문득 떠오른 아이디어'라는 말은 인공지능에게는 이해하거나 경험하기 어려운 개념이다. 물론 인공지능이 우연히 생성해 낸 이미지 속에서 우리가 상상하지 못한 시각을 발견할 수 있다는 점도 인정한다. 그럼에도 불구하고 예술의 주체로서 인간이 중심을 잡아야 하는 이유는 명확하다. 예술은 단순히 결과물만으로 존재하는 것이 아니라 인간의 삶과 감정, 주변 세계에서 비롯된 것이기 때문이다. 결국 인공지능은 예술가의 역할을 도울 수는 있어도 예술의 본질을 대체하기는 어려울 것이다. 따라서 인공지능 시대에 예술의 주체로서 인간이 중심을 잡아야 하는 이유와 그 방향성에 대해 이야기해 보고자 한다.

1) 인간의 삶 속에 깃든 창의성

서울의 한 고등학교에서 근무하는 선생님으로부터 독특한 일러스트레이션이 그려진 카드 엽서와 함께 인상 깊은 이야기를 전해 들었다. 특수학급 학생이 매일 아침마다 교실 칠판에 다양한 형태의 공룡을 그려 칠판을 가득 채웠고, 이를 지켜보던 교사가 공룡 드로잉들을 모아 카드 엽서를 만들었다는 것이다. 대다수는 매일 칠판에 그림을 그려 넣는 알 수 없는 행동에 큰 의미를 두지 않고 넘겼지만, 누군가는 수많은 라인 드로잉 속에서 예술적 가치를 발견해 카드 엽서라는 결과물로 이끌어 낸 것이다.

이처럼 예상치 못한 행동이 촉매제가 되어 예술 활동으로 이어지는 경험은 일상 속에서 한 번쯤은 일어나길 기대하는 순간이다. 손에 펜만 쥐여 줘도 벽에도 그림을 그리는 어린아이부터 시험지의 남은 여백에 낙서 미술로 예술의 혼을 불태우는 고등학생들까지, 누구도 시키지 않았지만 무심결에 자신만의 예술 세계를 펼치고 있는 모습을 흔하게 볼 수 있다. 이러한 자연스러운 표현은 예술이 우리 삶 깊숙이 스며들어 있음을 보여 주는 생생한 증거이다.

창작을 향한 인간의 자유 의지와 창의성은 누구에게나 내재되어 있다. 예기치 못한 순간에 찾아오는 창작의 영감은 우리의 주변에 늘 함께하고 있다. 우연성과 자유 의지로 이루어진 창작은 자연의 세계와 닮아 있다. 인공지능이 경험할 수 없는 세상 속에서 우리는 관계를 맺고 생각을 하며 예술을 향한 창작 의지를 자연스럽게 키워 나가고 있다.

2) 인간이라면 누구나 지니고 있는 미적 안목

시각 디자인 업계에서 종사하는 디자이너들이 종종 듣는 말 중에 그들을 괴롭게 하는 표현들이 있다. "그냥 좀 세련되고 예쁘게 해 주세요", "이 정도는 금방 되죠?"와 같이 추상적이고 모호한 언어로 요청하고 자신의 마음에 쏙 드는 결과만을 기대하는 태도를 보여 준다. 여기서 발견할 수 있는 흥미로운 점은 미술 전공자든 비전공자든 누구나 자신만의 아름다움에 대한 기준을 가지고 있다는 것이다. 설령 서로의 기준을 이해할 수 없더라도, 인간이라면 누구든 각자의 미적 기준을 바탕으로 작품을 창작하고 평가할 수 있다. 그리고 우리 모두는 서로 다른 각자의 미적 기준을 인정하고 존중한다. 그렇다면 인공지능도 그만의 미적 기준을 가지고 있을까?

김재인[16]은 럿거스대학교 연구팀의 AICAN(Artificial Intelligence Creative Adversarial Network) 사례를 통해 인공지능은 미적 가치를 평가하지 못한다고 주장하였다. 인공지능은 자신이 탄생시킨 작품이나 화풍에 대해 생각을 품지도 못하고, 자기 작품을 감상하지도 못하기 때문이다. AICAN은 미국 럿거스대학교 예술과 인공지능 연구실에서 2019년 발표한 알고리즘이다. 이 프로그램은 15세기부터 20세기 미술사에 등장했던 화가 1,119명이 그린 8만 1,229점을 학습해 그림 양식을 습득한 후 한꺼번에 수도 없이 많은 그림을 만들 수 있다. 이전 작품들과 유사하면서도 최대한 다른 새로운 결과물을 만들어 내도록 설계된 프로그램이다.

AICAN은 한 명의 인간이 혼자서는 배울 수 없는 수많은 표현 스타일을 습득했지만, 전시장에 걸고 싶은 단 하나의 그림을 혼자 선택할 수 없다는 점을 주목해 봐야 한다. 미술사가 곰브리치가 "하나의 그림이 완성됐다고 판단할 권리는 화가에게 있다[17]"라고 언급한 것을 참조하여 김재인은 작품을 완성하는 것은 작가의 권리라고 말한다. 즉 아무리 뛰어나고 완성도 높은 그림 100장을 그릴 수 있어도 자신의 작품 한 개를 스스로 결정할 수 없는 예술가는 없기에 인공지능은 뛰어난 보조 도구인 것이다.

---

16) 김재인, 《AI 빅뱅》, 도서출판 동아시아사, p. 53
17) 에른스트 H, 곰브리치(2013), 백승길, 이종숭 옮김, 《서양미술사》, 예경, p.322

3) 창의성과 기술의 교차점, 우리는 어떻게 균형을 유지할 것인가

연합뉴스에 따르면, 미국 저작권청(USCO)은 작가 크리스 카슈타노바의 작품 '여명의 자리야'(Zarya of the Dawn)에 대해 미드저니가 생성한 이미지 자체에 대해서는 저작권을 인정하지 않지만, 그가 작성한 글과 이미지의 선택 및 배치는 저작권이 인정된다고 통보했다.[18] 이러한 사례는 우리가 나아가야 할 인공지능 미술 수업의 방향성에 대한 실마리를 제공한다.

저작권법에 따르면, '저작물'은 '인간의 사상 또는 감정을 표현한 창작물(저작권법 제2조 제1호)'을 의미한다. 즉 자연인만이 창작성을 부가할 수 있는 주체이며, 창작성에 담긴 저작물에 한해서만 저작권이 인정된다는 것이다. 이는 창작 과정에서 인간의 개입이 저작권 인정의 핵심이라는 것을 보여 준다.

생성형 인공지능을 도구로 사용하여 편집 저작물[19]로서 인정을 받은 국내의 사례가 있다. '나라 AI필름'이 제작한 영화 〈AI 수로부인〉은 모든 제작 과정에서 생성형 인공지능을 활용했지만, 편집은 물론 생성형 인공지능의 미세 조정에서 인간이 큰 역할을 했음을 인정받았다. 이를 통해 인공지능이 도구로 사용될 수 있지만, 창작성을 인정받기 위해서는 인간의 개입에 의존한다는 점을 다시 한번 더 발견할 수 있다.

결론적으로 창작성을 인정받을 수 있는 인간의 존재감을 분명하게 인지하고, 교육 현장에서는 학습자에게 창작의 주체성을 잃지 않는 태도를 길러 주어야 한다. 인공지능이 만들어 낸 산출물에 끌려가지 않고 그 안에 자신만의 생각과 감정, 손길을 담아 재구성하는 방법을 끊임없이 고민하게 만들어야 한다. 교사는 다양한 매체를 실험 및 융합할 수 있는 환경을 조성하고, 표현 활동이 주는 즐거움과 성취감을 느낄 수 있도록 지원해야 한다.

---

18) 임상수, 美당국 "AI 생성 이미지, 저작권 없다…이미지 배치는 인정", 〈연합뉴스〉, https://www.yna.co.kr/view/AKR20230223073400009, 2023.02.23.

19) 편집 저작물은 "편집물로서 그 소재의 선택·배열 또는 구성에 창작성이 있는 것을 말한다(저작권법 제2조 제18호)"고 정의하며 목적을 가지고 소재를 수집·분류·선택하고 배열하여 편집물을 작성하는 행위에 대해서는 창작성을 인정하는 것을 볼 수 있다.

나. 인공지능을 미술 수업에 활용하는 방향성 제안

19세기 프랑스의 조제프 니세포르 니에프스(Joseph Nicéphore Niépce)에 의해 사진이 발명되고 점차 대중화되기 시작하였다. 아름다운 자연의 풍경을 담아내기 위해 오랜 시간 아카데미에서 기술을 연마해야 했던 예술가가 없어도, 사진기만 있으면 자연을 똑같이 담아낼 수 있게 된 것이다. 사실적 재현을 중시하던 예술가의 역할에 위기가 올 것이라고 예상했지만, 오히려 이를 계기로 새로운 예술이 부흥했다. 사진기의 즉흥성과 기술 발전은 색다른 예술의 방향을 제시하며, 순간의 인상을 거친 붓 터치로 표현하는 인상주의 미술을 탄생시켰다. 이들의 작품은 아직까지도 많은 사람에게 사랑을 받고 있다. 이처럼 미술사는 기존의 틀을 넘어 새로운 흐름을 받아들이며 끊임없이 발전해 왔다. 시대의 변화에 따른 새로운 기술이 예술계에 긍정적인 영향을 미쳐 왔듯이, 오늘날 우리는 인공지능을 미술 교육의 도구로 활용하는 방안에 대해 깊이 고민해야 하는 시기가 도래했다. 인공지능의 특성을 활용해 미술 교육의 새로운 방향성을 아래 네 가지 관점에서 제안해 보고자 한다.

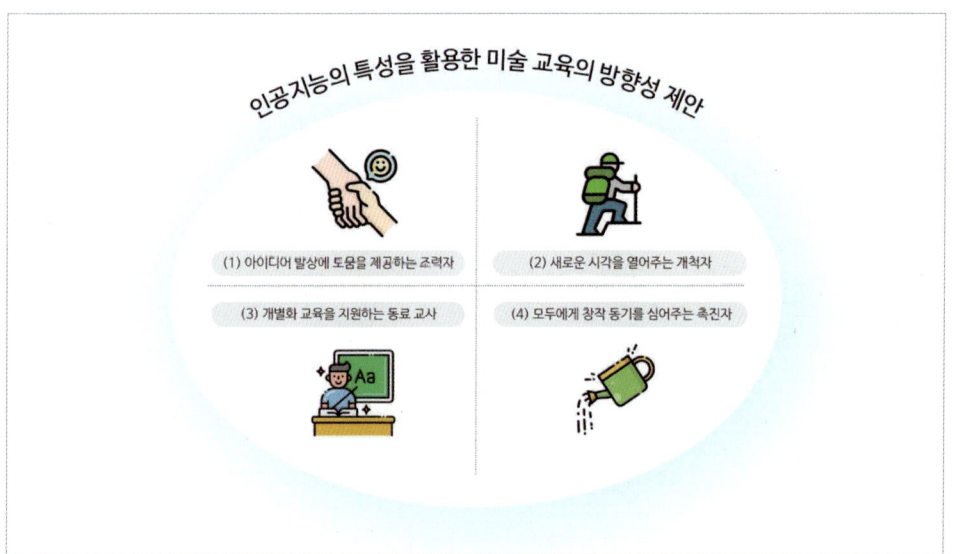

[그림 3-1] 아이콘 이미지 출처: flaticon.com

1) 아이디어 발상에 도움을 제공하는 조력자

수업 중 창작 활동에 들어가면 수많은 학생이 "어떤 걸 그려야 할지 모르겠어요"라는 말을 하며 허공을 응시하기 시작한다. 창작의 방향성을 잃은 채 보이지 않는 세계로 여행을 떠나기 시작하는 학생들을 교사 혼자서는 붙잡을 수 없다. 이때 인공지능이 아이디어 구상 단계에서 조력자로 나선다면 어떨까?

인공지능이 지닌 장점 중 하나는 짧은 시간 안에 명령문에 해당하는 이미지를 빠르게 생성해 준다는 것이다. 이미지 생성형 인공지능 활용법을 익힌 학생들이 떠오르는 생각들을 글로 작성하면 인공지능이 이를 기반으로 이미지를 생성하여 아이디어를 시각화하는 데 도움을 줄 수 있다. 이처럼 창작의 첫걸음을 지원하는 인공지능은 교사와 학생 모두에게 든든한 동료가 될 수 있다.

2) 새로운 시각을 열어 주는 개척자

최근 다양한 업계에서 인공지능과 적극적으로 협업하는 사례가 점점 증가하고 있다. 예를 들어, 기후 위기에 대한 경각심을 담아 '금성에 핀 꽃'을 모티브로 약 200여 개의 의상을 제작해 뉴욕 패션위크에서 공개한 사례가 있다. 멀티모달리티(Multi-Modality)[20] AI인 틸다(Tilda)에 "금성에 꽃이 핀다면 어떤 모습일까?"라는 질문을 던지고 이미지를 생성한 뒤 이에 영감을 얻은 박윤희 디자이너가 디테일을 더해 의상을 제작하였다. 이를 통해 짧은 기간에 독특한 꽃의 이미지 패턴을 얻어 다채로운 의상 컬렉션을 완성하였다. 이처럼 인공지능이 그려 본 금성에 핀 꽃 이미지는 우리에게 새로운 눈을 뜨게 만들어 주는 계기가 될 수도 있다.

고정관념 속에서 틀을 벗어나지 못하는 인간의 한계를 때론 인공지능이 더 쉽게 벗어난다. 인공지능이 지닌 독특하고 엉뚱한 시각이 새로운 창작의 영감이 될 수도 있지 않을까? 좋은 작업물을 만들어 내기 위해서는 그만큼 많은 작품들을 보고 미적

---

20) 멀티모달리티 AI란 인간이 시각, 청각 등 다양한 감각을 통해 정보를 수집하고 통합하여 이해하듯이, 컴퓨터가 텍스트, 이미지, 음성, 제스처, 표정 등 여러 형태의 데이터를 동시에 학습하고 처리하여 사고할 수 있도록 설계된 인공지능을 의미한다. 대표적인 활용 사례로는 Open AI의 DALL-E에서 텍스트 입력을 기반으로 이미지를 생성하는 것으로 볼 수 있다. (조남호, '인간처럼 사고하는 멀티모달 AI란?', 삼성SDS, ttps://www.samsungsds.com/kr/insights/multi-modal-ai.html, 2022)

안목을 높이는 것이 중요하다는 말도 있듯이, 수많은 데이터를 학습하고 이미지를 생성하는 인공지능의 시각이 우리의 상상력을 넓히는 데 도움이 될 수도 있다. 이와 같이 인공지능의 색다른 시각을 참고해 작품에 응용한다면 학생들의 창작 활동도 새로운 기로로 접어들지 않을까 기대해 본다.

3) 개별화 교육을 지원하는 동료 교사

학기 말에 학생들에게 수업에 대한 총평을 들으면, 가장 많이 하는 말로는 "고민이 될 때마다 선생님께서 오셔서 아이디어를 함께 고민해 주셔서 좋았어요", "한 명씩 돌아가며 직접 시범도 보여 주시고 어려운 부분을 도와 주셔서 힘이 됐어요" 등이 있다. 이처럼 예술 교과에서 개개인의 수준에 맞춘 교육의 중요성은 수업을 받는 학습자들이 누구보다 더 잘 알고 있다.

한 교실 안에는 다양한 수준의 학생들이 함께 수업을 받는다. 특히 표현 기술의 차이는 개인별 창작에 들어가면 더욱 극적으로 나타나기 시작한다. 이를 메꾸기 위해 교사는 누구보다 바쁘게 움직이며 미술실 이곳저곳을 돌아다니고 입과 손을 분리해 가며 여기저기 도움을 주기 바쁘다. 이때 인공지능을 통해 학생의 작품을 읽어 낸 뒤 평가 기준에 맞추어 적절한 조언을 준다면 교사의 조언을 얻기 위해 차례를 기다리는 무의미한 대기 시간을 줄일 수 있다. 이러한 방식은 학생 각자의 흥미와 표현 스타일에 맞는 다양한 아이디어 발상을 유도하며, 개별화 교육의 새로운 시작점을 열어 준다.

4) 모두에게 창작 동기를 심어 주는 촉진자

2023년 뉴욕에서 세계 최초 '인공지능 패션 위크'가 개최되었다. 참가자들은 생성형 인공지능을 이용해 의상 컬렉션을 만들어 제출했고, 투표를 거쳐 선정된 우승자의 제품을 실제로 생산할 수 있는 기회도 얻었다. 다른 대회와의 차별화된 점은 아이디어만 있으면 패션 디자인 교육을 받지 않은 비전공자도 참가할 수 있었다는 것이다. 변호사, 엔지니어, 개발자 등 다양한 분야의 일반인들이 나이와 국적 상관없

이 누구나 참여했고 색다른 결과물을 만들어 냈다고 한다.[21]

학교 현장에서도 많은 학생이 아이디어는 떠오르지만, 표현 능력의 한계를 느끼고 스스로 작품 활동을 포기하는 모습을 쉽게 발견할 수 있다. 이때 인공지능을 도구로 사용해 이미지를 생성하고 이를 응용하는 방법을 배우게 된다면 보다 많은 학생이 창작 수업에 적극적으로 참여할 수 있게 될 것이다. 디지털 매체는 표현 기술의 격차를 줄이고 아이디어를 시각적으로 구현하는 즐거움을 제공할 수 있다. 이처럼 모두에게 창작의 문을 열어 주는 촉진자 역할을 인정하고 수업에 활용하는 방안을 고민해 보고자 한다.

2. 인공지능×미술 교육 찐 활용 가이드

[그림 3-2] 아이콘 이미지 출처: flaticon.com

---

21) 정병욱, 'AI가 만드는 패션계의 현재, 〈AI 패션 위크〉', Heypop, https://heypop.kr/n/64541/, 2023.8.25.

가. 녹지 않는 눈사람 프로젝트

1) 수업 의도

2022 미술과 교육과정에 따르면, 디지털 전환의 시대에서 삶의 주체로서 자신에 대한 이해가 중요하며 다양한 매체에 활용을 통해 정체성을 시각 이미지로 표현하는 과정의 중요성을 강조하고 있다. 본 수업의 창작 목표는 학생들이 자신의 정체성을 깊이 있게 탐구하고, 그 결과를 반영한 눈사람 형식의 입체 조형물을 창작하는 것이다.

학습자는 외면을 사실적으로 재현하는 초상화 형식이 아닌, 내면의 정체성을 '녹지 않는 눈사람'이라는 친숙하면서도 동화적인 대상에 비유적으로 표현한다. 이를 통해 고정 관념에서 벗어나 보다 진솔하고 창의적인 방식으로 자신을 작품 속에 담아낼 수 있다. 이러한 접근은 눈에 보이지 않는 가치를 시각화하는 예술적 가능성을 탐구하고 확장하는 데 이바지할 수 있다. 더 나아가 인공지능으로 추출된 이미지를 아이디어 구상 과정에 활용함으로써 디지털 매체와 아날로그 매체가 조화롭게 창작 과정에 영향을 미치는 과정도 확인할 수 있다.

2) 수업 계획

주제	녹지 않는 눈사람 프로젝트	영역	미적 체험, 표현, 감상
학습 요소	미술 학습 개념	회화(초상화), 조소, 다양한 재료의 이해	
	수업에 활용된 콘텐츠	Microsoft Design creator, Freeform, Padlet	
2022 교육과정 핵심 아이디어	- 미적 체험은 대상과 현상의 미적 가치를 발견하게 하고 새로운 지각으로 확장된다. - 표현은 창의적 사고와 순환적인 성찰의 과정을 포함한다. - 감상은 다양한 삶과 문화가 반영된 미술과의 만남으로 자신과 공동체의 문화를 풍요롭게 한다.		

주제	녹지 않는 눈사람 프로젝트	영역	미적 체험, 표현, 감상
핵심 질문	\- 나의 정체성을 상징적인 이미지로 시각화하는 방식은 무엇인가? - 이미지 생성형 인공지능은 창작 과정에서 어떤 역할을 할 수 있으며, 주제를 효과적으로 표현하기 위해 어떤 재료와 기법을 선택해야 할까? - 공간에서 예술 작품이 가지는 의미는 무엇이며, 나의 작품에 담긴 메시지를 전달할 수 있는 적절한 학교 공간을 어떻게 선택할 수 있는가?		
학습 목표	\- 자신의 진로나 관심 분야 등 자아 정체성을 탐구한 뒤 눈사람 형태의 이미지로 새롭게 재해석할 수 있다. - 이미지 생성형 인공지능을 활용해 주제를 심화하고 나만의 녹지 않는 눈사람 조형물을 클레이로 제작할 수 있다. - 학교 공간 안에 작품을 설치하고 서로의 작품을 감상하며 자신의 견해를 논리적으로 이야기할 수 있다.		

차시별 수업 흐름	차시	학습 단원	활동 단계
	1	Ⅱ-(1) 나와 세계의 재발견	정체성을 담아낸 초상화 탐색하기
	2~3	Ⅲ-(1) 또 하나의 현실, 디지털 세상	'녹지 않는 눈사람 프로젝트' 주제를 인지하고 인공지능 미술의 활용 방법 학습하기
	4~6	Ⅰ-(4) 다채로운 매체의 세계 속으로	재료의 특성을 살려 작품 창작하고 설치하기

3) 수업 과정

□ **1차시: 정체성을 담아낸 초상화 탐색하기**

[도입]

'얼굴이 가려진 인터뷰' 글을 읽어 보며 인물의 맥락을 파악하고, 이를 바탕으로 초상화를 그리는 활동을 진행한다. 인터뷰 속 인물은 프리다 칼로(Frida Kahlo)이며 그녀의 삶과 내면을 글로 먼저 파악해 보고 떠오르는 이미지를 자유롭게 표현해 본다. 이를 통해 초상화에 대한 기존의 관념을 파악하고 확장해 보는 첫걸음이 된다.

[전개]

✓ **작품 감상하기**: 프리다 칼로의 작품 '인생이여, 만세(Viva La Viva)'를 감상한다. 이는 죽음 앞에서도 꺾이지 않는 강렬한 삶의 의지를 다양한 형태의 수박에 빗대어 상징적으로 표현한 작품이다. 이처럼 자아를 사물이나 상태에 비유하여 표현한 작품들을 다양하게 감상하면서 자신의 이야기를 사물에 빗대어 표현할 수 있음을 인식한다.

✓ **자기 탐구하기**: 외형적 특징, 성격, 환경, 관심 분야, 진로 희망 분야 등 자신에 대한 이야기를 '활동지 1'의 원형 안에 자유롭게 작성한다. 친구들과 공유하며 타인의 시각도 함께 조사해 보고, 이를 종합해 자아 정체성에 대한 이야기를 줄글로 서술한다.

✓ **사고 확장하기**: 자신에 대한 이야기를 사물이나 상태에 빗대어 봄으로써 사고의 폭을 넓히는 연습을 진행한다.

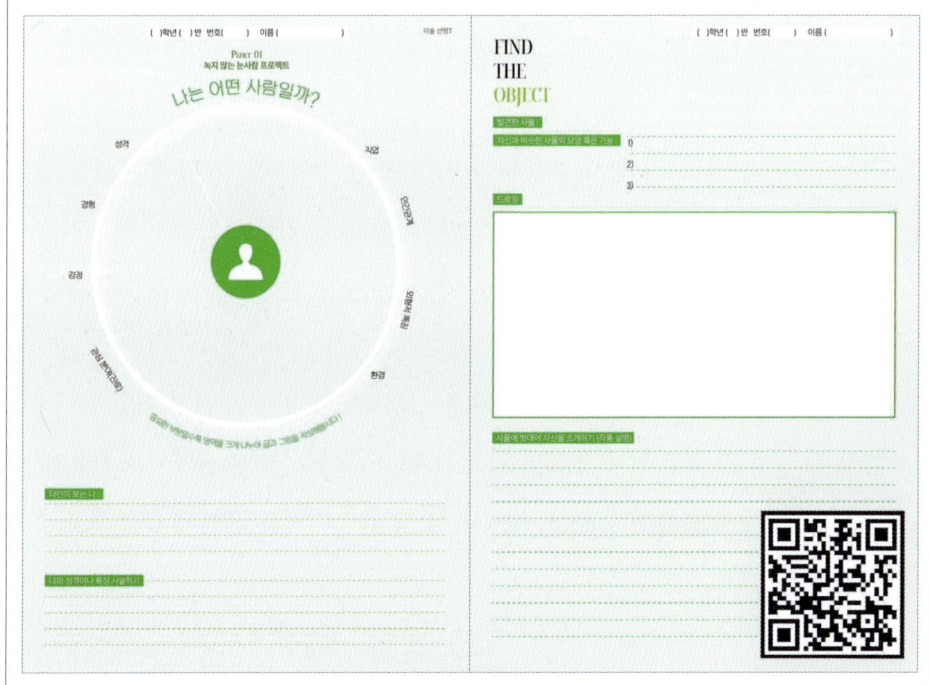

[그림 3-3] 활동지 예시 및 작성 TIP

* 활동지 옆 QR코드를 찍으면 이미지 파일로 다운로드할 수 있습니다.

(1) '나는 어떤 사람일까?': 자신에게 중요한 요소는 넓게, 중요하지 않은 요소는 좁게, 원형 안의 영역을 직접 나누어 볼 수 있다. 제시된 영역 외에도 자유롭게 자신을 설명하는 내용을 추가하여 서술할 수 있다.
(2) '타인이 보는 나': 4명의 모둠원들이 시계 방향으로 활동지를 돌려가며 서로에 대한 생각을 한줄씩 작성해 보는 시간을 가지도록 한다.

☐ 2~3차시: '녹지 않는 눈사람 프로젝트' 주제를 인지하고 인공지능 미술의 활용 방법 학습하기

[도입]

도입 활동으로 노상호 작가의 'Holy' 시리즈 작품을 감상하며, 기존 작품을 인공지능 프로그램으로 재해석한 뒤 회화로 표현한 사례를 탐색한다. 이를 통해 인공지능과 미술의 협업 사례를 인지하고 인공지능이 예술 창작에 미치는 영향력에 대해 고민해 보는 시간을 가진다. 이어서 인공지능의 개념, 작동 원리, 특징과 윤리적 문제 등을 설명하고 이미지 생성형 인공지능 프로그램을 안내한다.

[전개]

- ✓ 주제 인지하기: "내가 눈사람이 된다면?"이라는 주제로, 1차시에 작성한 활동지 속 자아 정체성(또는 진로나 관심분야)에 대한 글을 기반으로 자신을 눈사람에 빗대어 스토리텔링을 해 보는 시간을 가진다. 자신의 정체성이 반영된 개성 있는 눈사람을 상상해 글로 서술한다.
- ✓ 프롬프트 작성하기: 서술한 글을 프롬프트 형식으로 바꾸어 작성한다.
- ✓ 이미지 생성 및 공유하기: 'Microsoft Designer Image Creator'을 활용해 여러 가지 이미지를 생성해 보고, 작품에 활용할 이미지를 선택해 패들렛(Padlet)에 업로드한다.

2. 인공지능 × 미술 교육 찐 활용 가이드

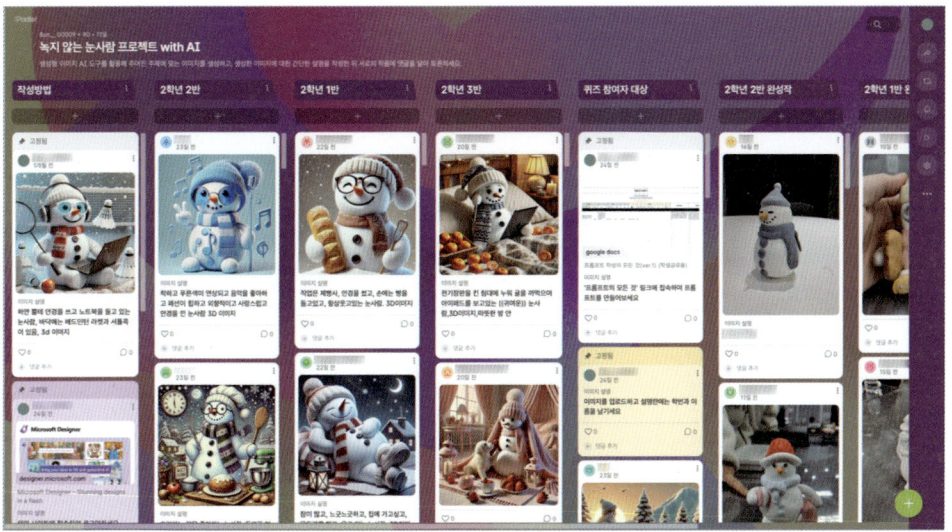

[그림 3-4] Padlet 온라인 포트폴리오 활동 예시, Padlet 캡처

√ 아이디어 수렴하기: 생성된 이미지 중 하나를 선택하고 'Freeform' 앱에 가져온다. PMI 기법[22]을 활용해 인공지능 그림을 분석하고, 불러온 이미지 위에 자신의 생각을 정리해 본다.

> ★ '프리폼(Freeform)'이란?
> 애플(Apple)이 개발한 디지털 화이트보드 앱으로 사진, 비디오, 링크, pdf 등 다양한 형식의 파일들을 쉽게 가져와 작업할 수 있다. 무한한 공간 속에서 많은 양의 아이디어들을 정리해 볼 수 있는 애플 디바이스의 기본 앱이다. 연필, 볼펜, 형광펜 등 여러 드로잉 종류로 그림을 그릴 수도 있고, 텍스트 입력과 도형, 메모지 양식도 쉽게 활용할 수 있다. 작업 공유 기능도 있어 작업에 초대받은 사람은 화면은 함께 편집할 수도 있다.

√ 아이디어 스케치하기: 인공지능이 구상한 이미지와 자신의 아이디어를 더하여 자신만의 눈사람 형태를 아이디어 스케치한다.

---

22) PMI 기법이란 에드워드 드 보노(Edward De Bono)가 제안한 수렴적 사고 기법으로 이미 제시된 아이디어를 평가할 때 사용되는 대표적인 방법이다. 아이디어의 좋은 점(Plus), 나쁜 점(Minus), 흥미로운 점(Interesting)을 평가하면서 가장 적합한 하나의 아이디어를 찾아가는 것이다.

3장 미술

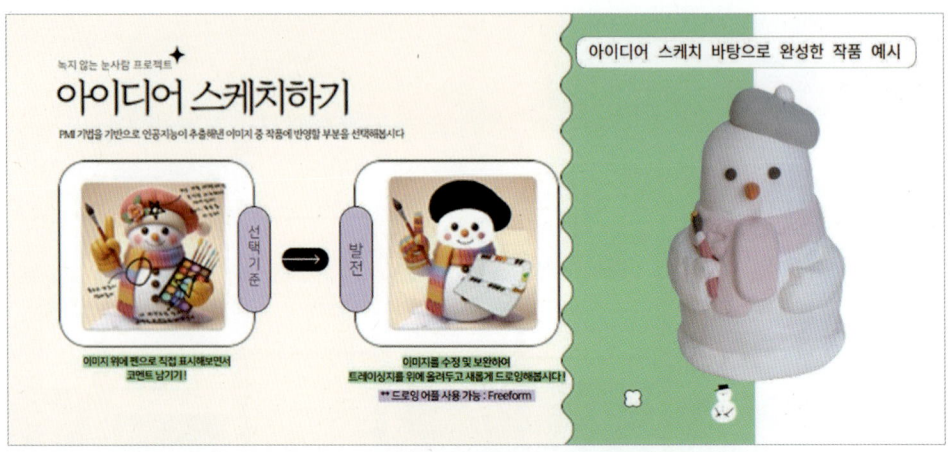

[그림 3-5] 활동 설명을 위한 PPT 예시와 작품 예시

[PMI 기법으로 아이디어 수렴하기]	[아이디어 스케치하기]
- Plus: 목도리의 색감과 배치가 마음에 들어! - Minus: 팔레트의 형태가 실제와 많이 달라서 이 부분을 수정해야겠어. - Interesting: 베레모 모자의 형태가 흥미롭지만 꽃이 달려 있는 부분은 수정이 필요할 것 같아.	- 목도리의 색감에 맞추어 장갑도 한 세트처럼 보이도록 수정함. - 실제로 사용하는 팔레트의 형태와 유사하게 새롭게 스케치함. - 자주 쓰던 베레모의 형태와 색으로 수정함.

□ 4~6차시: 재료의 특성을 살려 작품 창작하고 설치하기

　인공지능의 도움을 받아 아이디어 스케치를 완성했다면 전문가용 클레이를 이용해 손으로 직접 눈사람을 제작해 보도록 지도한다. 조소의 개념과 형식상 분류, 표현 기법 등을 학습하고 다양한 재료에 따른 효과도 함께 살펴본다. 이와 같이 조소의 기본 개념을 설명한 후 입체 조형물을 만드는 것을 권장한다.

　작품을 완성했다면 이를 사진으로 찍어 패들렛에 업로드한 후 학교 공간 안에 직접 설치해 보는 건 어떨까? 자신의 작품을 교내에 직접 설치해 보는 과정은 학생들에게 의미 있는 경험이 될 수 있다. 특히 인공지능이 생성한 디지털 그림을 입체 작품 형식으로 현실 세계에 구현함으로써 새로운 맥락이 형성되고 감상자와 상호 작용하는 과정까지 배울 수 있다.

✓ 장소 선정하기: 작품 설치에 적합한 장소를 학생들이 직접 회의를 통해 결정한다.
✓ 작품 설치하기: 일정 기간 동안 선정된 장소에 작품을 설치한다.
✓ 관찰 미션 수행하기: 작품이 설치된 기간 동안 감상자들의 행동이나 반응을 관찰하는 작은 미션을 수행하며 작품의 영향력을 체감해 볼 수 있다.

[그림 3-6] 미술실 안 설치 풍경

4) 수업 결과물 공유

나. 인공지능과 함께 그려 나가는 기억 풍경화 프로젝트

1) 수업 의도

인공지능에게 감정, 경험이나 생각 등 인간 고유의 영역을 이미지 창작의 소스로 제공한다면 어떤 결과물이 나올까? 본 수업의 목표는 학교생활 중 직접 겪은 추억을 되새겨 보고 가장 의미 있었던 순간을 탐색한 뒤 이를 새롭게 재해석한 풍경화를 창작하는 것이다.

이미지 생성형 인공지능 프로그램인 '레오나르도 AI(Leonardo AI)'의 시각으로 의미 있는 장소를 새롭게 바라보고, 이를 사진 콜라주 형식으로 차용하여 독특한 풍경화를 제작한다. 인공지능이 추출한 이미지가 작품의 일부로 직접 반영되고, 이를 이어받아 전통적인 채색 재료로 드로잉한다는 점이 다른 수업과의 차별화된 점이다. 이를 통해 학생들은 직접 장소를 탐색 및 분석하며 주변 세계에 대한 관심이 증대되고 자신이 속한 공동체의 발전에 기여하는 태도를 함양할 수 있다. 또한, 다양한 매체의 창의적으로 활용하는 방법을 인지하고, 디지털 매체부터 아날로그 매체를 모두 융합해 창의적인 작품을 제작하는 방식을 적극적으로 실험해 봄으로써 디지털 리터러시 역량을 함양할 수 있다.

2) 수업 계획

주제	녹지 않는 눈사람 프로젝트	영역	미적 체험, 표현, 감상
학습 요소	미술 학습 개념	다양한 매체 이해, 회화(풍경화), 포토콜라주	
	수업에 활용된 콘텐츠	Leonardo AI, Quick Draw, Padlet	
2022 교육과정 핵심 아이디어	- 미술에서 매체는 미적, 물성적, 기술적 특성을 활용한 표현을 통해 미적 인식을 확장하게 한다. - 미술에서 매체의 활용은 융합적이고 창의적 시도로 문제를 해결하고 매체의 가치를 새롭게 인식하게 한다.		
핵심 질문	- 아날로그 매체와 디지털 매체는 표현 방식의 어떤 차이가 있는가? - 인공지능이 생성한 이미지 속에서 나의 경험을 어떻게 발견할 수 있는가? - 인공지능이 생성한 이미지 속에서 의미 있는 미적 요소를 발견해 내고, 이를 아날로그 매체와 창의적으로 융합하기 위해 중요한 요소는 무엇인가?		
학습 목표	- 미술에 활용되는 아날로그 및 디지털 매체의 종류와 특징을 설명하고 주제에 적합한 표현 매체를 선택할 수 있다. - 학교 공간에 담긴 자신의 이야기를 프롬프트 양식에 따라 구체적으로 서술하고 인공지능 이미지를 생성할 수 있다. - 인공지능이 생성한 이미지 속에서 미적 요소를 발견해 적절한 부분을 선택할 수 있고 이를 아날로그 매체와 융합함으로써 자신만의 창의적인 풍경화를 제작할 수 있다.		

2. 인공지능×미술 교육 찐 활용 가이드

주제	녹지 않는 눈사람 프로젝트		영역	미적 체험, 표현, 감상
차시별 수업 흐름	차시	학습 단원	활동 단계	
	1~2	Ⅰ-(4) 미술 매체와 기법의 탐구	다양한 매체의 탐색 및 활용	
	3	Ⅱ-(10) 새로운 감각, 디지털 아트	인공지능과 미술	
	4	Ⅰ-(1) 창작의 출발, 나와 세계의 탐색	미술로 장소를 기억하는 방법	
	5~9	Ⅱ-(2) 평면 매체의 탐구와 확장	인공지능과 협업한 독창적인 기억 풍경화 창작	

3) 수업 과정

□ **1~2차시: 다양한 매체의 탐색 및 활용**

[도입]

미술실 안에서 '재료 보물 찾기'를 통해 미술 매체에 대한 이해도를 파악하는 동기 유발 활동을 진행한다. 미술실 안에서 작품 창작에 활용할 수 있는 재료를 찾아 포스트잇을 직접 붙여 보는 활동으로, 제한된 시간 안에 나누어 준 포스트잇을 모두 붙여 없애는 모둠이 승리한다. 단, 포스트잇을 붙일 때는 재료를 어떻게 활용할 수 있을지에 대한 설명도 함께 적어 붙여야 한다. (예: 종이는 물감이나 연필 등을 이용해 직접 그림을 제작할 수도 있고, 찢거나 오려 붙여 콜라주를 할 수도 있다.) 본 활동을 통해 학생들이 인식하고 있는 재료를 점검할 수 있고 서로 발견한 창의적인 재료들을 이야기하며 사고를 확장시킬 수 있다.

[전개]

1차시는 '매체의 이해'에 대한 학습을 하는 과정으로, 아날로그와 디지털 매체의 개념과 종류를 알아보고 일상 속 사물을 분석해 설치 작품을 구상해 봄으로써 공간과 연계된 상상력을 펼치는 첫 단계이다. 선사 시대부터 현대까지 미술 매체가 변화해 온 과정을 살펴보며 다양한 창작 재료를 설명한다. 더 나아가 같은 소재를 중심으로 다양한 매체로 변주를 준 작품 사례를 감상 및 비평해 보는 시간도 가질 수 있다. 아날로그 매체부터 디지털 매체까지 다양한 매체의 종류와 특징을 익혔다면 이를 기반으로 한 개별 활동을 제시한다.

√ [개별 활동] 일상 속 사물로 설치 작품 구상하기

준비된 사물 카드를 1개씩 임의로 선택하고 뽑힌 카드 속 사물의 물성과 기능을 탐색한다. 그리고 사물이 지닌 기존의 물성을 다른 매체로 바꾼 설치 작품을 구상한 후 활동지를 작성하도록 한다. 이와 같은 설치 작품을 구상하면서 주변 공간에 대한 관심을 기를 수 있다. 완성된 활동지는 패들렛에 업로드하여 개별 포트폴리오를 온라인에 정리하고 이후 평가에 반영한다.

[표 3-1] 학생 활동 사례

선택한 사물: 아이스크림	선택한 사물: 멀티탭
아이스크림의 차가움과 녹아내리는 속성에 대비되는 'Warm(따뜻한)'이라는 주제의 작품을 구상하였다. 털실로 제작된 거대한 콘 아이스크림은 관람객이 직접 만져볼 수 있는 관객 참여형 설치 작품으로, 끈적임을 부드러움으로 변환하여 사물에 대한 고정관념을 해체하는 독특한 아이디어가 인상적이다. (*본 활동 내용은 과목별 세부 능력 특기 사항 TIP으로 이어집니다)	멀티탭을 새롭게 재구성한 '끝없는 사용은'이라는 작품으로, 플라스틱으로 제작된 멀티탭을 검은 모래로 바꾸어 야외 공간에 설치하도록 구상하였다. 일상 속에서 전기 사용에 대한 의존도가 높고 불필요할 정도로 낭비되는 에너지 문제를 주제로 선정하였다. 잿가루 같이 검은 모래로 멀티탭 형상을 만들고, 바람에 의해 점차 외형이 무너지는 과정을 관람객에게 보여줌으로써 환경 문제에 대한 경각심을 자극하고자 하였다.

☐ 3차시: 인공지능과 미술

[도입]

인공지능의 개념, 인식 기술 방법, 적용 사례 및 윤리적 문제 등을 학습한다. 이때 머신러닝의 원리를 재미있게 익힐 수 있는 온라인 게임 '퀵 드로우(Quick Draw)'를 도입 활동으로 함께해 보면서 학습자의 흥미를 유발할 수도 있다.

> **추천 활동: 퀵 드로우(QUICK, DRAW!) (https://quickdraw.withgoogle.com/?locale=ko)**
> Google이 개발한 게임으로 머신러닝을 활용하여 제작되었다. 화면 안에 그림을 그리면 인공 신경망이 무엇을 그린 것인지 추측해 정답을 맞춘다. 인공지능은 전 세계의 수많은 사람들이 그려 놓은 낙서 데이터를 수집함으로써 그림 그리는 패턴을 학습한다. 게임을 많이 플레이할수록 똑똑해지는 인공지능을 직접 경험해 볼 수 있다.
>
> [플레이 방법] ① 제시된 단어를 20초 안에 그림으로 표현한다. → ② 그림을 그릴수록 인공지능이 정답을 추측해서 답하고 정답을 맞출 때까지 그림을 그린다. → ③ 플레이가 종료된 후 낙서를 선택하여 신경망이 무엇으로 인식했는지 확인해 보고, 다른 사용자들이 드로잉한 사례들을 살펴본다.
>
>
>
> [그림 3-7] 퀵 드로우 플레이 화면, Quick,Draw!

[전개]

기본 개념을 학습했다면 인공지능을 활용한 미술 작품을 감상 및 비평한 뒤 인공지능 그림의 예술적 창의성에 대해 토론을 하는 시간을 가진다. 이처럼 인공지능의 기본 개념과 미술에서의 의미를 깊이 있게 고민해 보고 이미지 생성형 인공지능 프로그램 '레오나르도 AI(Leonardo AI)'를 활용하는 실습으로 이어지도록 한다. 사용법부터 프롬프트 작성법을 자세히 배운 뒤 연습용 문제까지 함께 풀어 보며 충분한 실습 시간을 가진다. 제시된 인공지능 그림과 최대한 유사하게 만들어 보는 연습 문제를 직접 풀어 보면서 학생들이 작성한 프롬프트를 점검 및 보완해 줄 수 있다.

☐ 4차시: 미술로 장소를 기억하는 방법 (기억의 보존 방식)

4차시는 창작 주제를 인지하고 선정하는 과정으로, 작가의 경험과 감정, 시대적 사건 등을 미술 작품에 담아낸 작품들을 먼저 감상한다. 이때 다룰 수 있는 작가 및 작품으로 이중섭, 피터 아이젠맨(Peter Eisenman)이 베를린에 설계한 'Holocaust Mahnmal', 평화의 소녀상, 이미경 작가의 '양촌리에서' 등이 있다. 작품 감상을 통해 자신에게 의미 있는 장소와 기억을 작품으로 남기는 방법과 가치를 이해하게 되고, 이는 '학교 안 추억을 남기는 풍경화'라는 창작 주제에 대한 공감대를 형성하는데 기여한다.

[그림 3-8] 활동지 참고 예시
*QR코드를 찍으면 활동지를 저장할 수 있습니다.

[전개]

√ 학교 안 공간 탐색하기: 함께 학교 곳곳을 직접 돌아다니며 공간에 얽힌 서로의 기억을 공유하고 자유롭게 이야기해 보는 시간을 가진다. 이때 장소를 탐색한 내용과 사진을 간단하게 정리해 패들렛에 업로드한다.

√ 활동지 작성하기: 탐색한 장소 중 자신에게 의미 있는 곳을 주제로 선정해 활동지를 작성한다. '장소 명', '장소에 얽힌 추억', '장소의 특징 또는 친구들의 경험 공유하기', '사진' 순으로 관련 정보들을 정리해 활동지를 채워 나간다.

√ 주제 선정하기: 활동지에서 작성한 내용을 종합해 풍경화로 표현하고 싶은 주제를 서술한다.

☐ 5~9차시: 인공지능과 협업한 독창적인 기억 풍경화 창작

이전 활동을 통해 선정된 주제를 기반으로 인공지능 이미지를 생성하고, 이를 아날로그 채색 재료와 융합해 창의적인 풍경화를 완성한다. 인공지능이 생성한 이미지를 포토 콜라주 형식으로 화지의 일부에 부착하고 나머지 영역은 전통적인 방식으로 채색해 새로운 방식의 풍경화를 창작하도록 한다. 한 장의 그림 안에서 연결된 그림을 그리는 경험을 통해 두 가지 서로 다른 매체의 융합에 대해 보다 깊게 고민하게 된다.

또한, 인간의 경험과 감정을 인공지능이 어떻게 재해석하는지 탐구할 수 있다. 학습자는 인공지능의 시각과 인간의 시각이 융합된 새로운 형식의 풍경화를 제작하며 기술과 예술이 상호 작용하는 과정을 체감하게 된다.

[전개]

- √ 프롬프트 작성하기: 4차시에 작성한 활동지의 주제를 프롬프트 형식으로 서술한다.
- √ 인공지능 이미지 추출하기: 작성한 프롬프트를 '레오나르도 AI(Leonardo AI)'에 입력하여 이미지를 생성한다.
- √ 작품에 활용하고자 하는 영역 선택하고 인쇄하기: 화지의 30%는 생성한 인공지능 이미지를 붙일 수 있고, 나머지 70%는 채색 재료를 이용해 직접 드로잉해야 한다는 점을 설명한다. 인공지능 이미지 중 활용하고자 하는 부분을 선택한 뒤 인쇄한다.
- √ 풍경화 창작하기: 인쇄한 인공지능 그림을 화지에 붙인 뒤 나머지 영역은 원하는 채색 재료를 이용해 드로잉한다.

4) 수업 결과물 공유

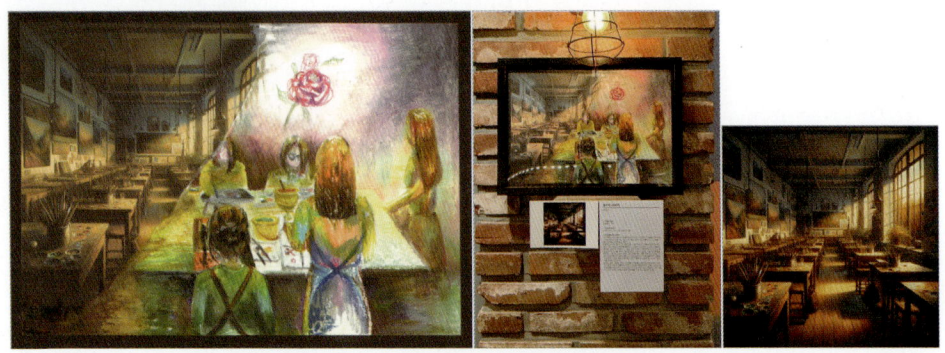

[그림 3-9] 왼쪽부터 학생 작품, 미술 정기 전시회 전경, Bing Image Creator 생성 이미지

〈미술실의 추억, 인공지능 생성 이미지, 오일 파스텔〉

전시회를 준비하며 친구들과 함께한 미술실의 따뜻한 순간을 시각화한 작품이다. 화면은 세 부분으로 나뉘어, 왼편에는 인공지능이 재현한 미술실 풍경이 과거의 장면을 환기시킨다. 중앙에는 그날의 정서를 담아 직접 표현한 그림이 이어지며, 노란색과 주황색의 따뜻한 색감을 통해 도란도란 이야기 나누던 생동감 있는 분위기를 전한다. 상단에는 창작의 열기를 형상화해, 그날 머릿속을 가득 채웠던 아이디어와 감정을 담아냈다.

[그림 3-10] 왼쪽부터 학생 작품, 미술 정기 전시회 전경, Bing Image Creator 생성 이미지

〈정문을 지나며, 인공지능 생성 이미지, 연필, 아크릴, 오일 파스텔, 아크릴 마카〉

학교 정문을 중심으로 자신의 추억과 경험, 자아를 담은 작품이다. 정문 안과 밖에 위치한 인물들은 과거와 현재 자신의 모습을 표현하며 시간 속에서 변화하는 자아를 보여 준다. 또한, 정문 안쪽은 보석과 친구들로 채워 '가능성'을, 바깥은 학교 밖 미지의 세계에 대한 불안을 나타낸다. 다양한 요소들을 시계 위에 그려 시간에 따른 인간관계의 변화도 함께 표현하였다. 데페이즈망 기법을 활용해 의미를 담은 요소들을 자유롭게 배치하였다.

[그림 3-11] 왼쪽부터 학생 작품, Leonardo AI 생성 이미지

〈미술실 안 다채로운 기억들, 인공지능 생성 이미지, 색 마카〉

미술실에서 같이 수업을 들었던 친구들과의 소소한 일상들을 만화적인 스타일로 재해석하였다. 피카소의 표현 양식에 영감을 받아 다채로운 색감을 과감하게 사용하였고 추억을 향한 따뜻한 감정을 색감에 담아내고자 노력하였다. 우측에는 미술 시간에 있었던 일화를 칸 만화 구도로 배치하였고, 하단에는 3년 동안 미술 시간에 창작했던 작품들을 그려 넣었다.

다. 인공지능과 대화하며 만들어 나가는 I POTTERY(나를 담은 도자기) 창작 수업

1) 수업 의도

디자인은 우리의 일상과 가장 밀접하게 연결된 분야로, 시각적 아름다움만을 추구하는 것이 아닌 삶의 질을 향상시키는 실용적인 가치도 함께 지니고 있다. 이번 수업의 목표는 디자인의 개념을 학습하고, 이를 기반으로 자신을 브랜딩한 굿즈(Goods)를 제작하는 것이다.

미술 동아리를 운영하다 보면, 현장 체험 학습으로 '일러스트 페어'를 가고 싶다는 학생들의 의견을 종종 듣게 된다. 주변을 둘러보기만 해도 다양한 디자인 문구부터 팬덤 문화 및 캐릭터를 중심으로 한 굿즈 사업들이 인기를 끌고 있다는 것도 쉽게 발견할 수 있다. 이러한 트렌드와 학생들의 흥미를 반영하여 디자인의 이론적 이해와 실질적 활용을 재미있게 경험하는 수업을 기획하였다. 특히 인공지능을 활용한 피드백 과정이 기존의 수업에서 달라진 점으로, 학생들은 아이디어 스케치를 ChatGPT에 업로드하여 인공지능으로부터 짧은 시간 안에 정교한 피드백을 받아볼 수 있다.

2) 수업 계획

주제	나를 담은 도자기	영역	미적 체험, 표현, 감상
학습 요소	미술 학습 개념	산업 디자인, 도자 공예, 전시 디자인/VMD	
	인공지능 도구	ChatGPT(또는 Wrtn), Figma 'Figjam'	
2022 교육과정 핵심 아이디어	- 이미지에 대한 비판적 이해는 시각적 소통과 문화적 참여의 토대가 된다. - 작품 제작은 표현 재료와 방법, 조형 요소와 원리 등을 선택하고 활용하여 창의적으로 문제를 해결하는 과정을 통해 예술적 성취를 경험하게 한다. - 감상은 다양한 삶과 문화가 반영된 미술과의 만남으로 자신과 공동체의 문화를 이해하게 한다.		
핵심 질문	- 디자인이 일상 속 문제 해결에 미치는 영향과 방식은 무엇인가? - 인공지능의 피드백을 창작 과정에서 어떻게 해석하고 적용할 수 있을까? - 인공지능을 활용하면 전시 기획에서 어떤 창의적 가능성이 열릴 수 있을까?		

주제	나를 담은 도자기	영역	미적 체험, 표현, 감상
학습 목표	\- 굿 디자인의 조건을 적용하여 학교 안 문제 상황을 디자인으로 해결하는 방안을 구상하고 발표할 수 있다. - 인공지능의 피드백을 수용하여 작품에 적용할 수 있고 백자토를 이용해 완성도 높은 도자기 컵을 창작할 수 있다. - 전시 목적과 방법에 따라 어울리는 공간을 이미지 생성형 인공지능으로 구현할 수 있다.		

	차시	학습 단원	활동 단계
차시별 수업 흐름	1	Ⅱ-(7) 디자인, 일상을 만나다	디자인의 이해와 응용
	2~3	Ⅱ-(7) 디자인, 일상을 만나다	인공지능과 함께 나를 담은 도자기 컵 (I Pottery) 구상하기
	4~9	Ⅱ-(4) 전통 미술, 동시대로 번지다	나를 담은 도자기 컵 창작하기
	10	Ⅲ-(2) 우리가 만드는 전시회	작품과 어울리는 설치 공간 구상하기

3) 수업 과정

□ 1차시: 디자인의 이해와 응용

본 차시에서는 디자인의 개념과 종류, 활용 분야 등을 학습하고 굿 디자인의 조건을 바탕으로 제품을 디자인하는 방법을 탐구한다. 학생들의 일상 속에서 산업 디자인의 적용 사례를 발견 및 분석해 보고 학교생활 중 경험할 수 있는 문제 상황을 디자인으로 해결하는 과제를 제시한다. 문제 해결형 디자인 과제를 수행하면서 학습한 개념을 구체적인 상황에 응용하고 창의적으로 사고하는 능력을 키울 수 있다.

(모둠 활동) 학교를 바꾸는 디자인: 학교 안에서 발생할 수 있는 문제 상황을 랜덤으로 선택하고 디자인으로 해결하는 아이디어를 조별로 구상해 발표한다. 굿 디자인의 조건을 고려한 제품 디자인을 구상해야 함을 강조하여 학습한 내용을 적용시킬 수 있도록 안내한다.

✓ 문제 상황 선택하기: 조별로 문제지를 랜덤으로 선택한다. 문제지 안에는 문제 상황에 대한 설명, 발생 장소, 디자인 대상이 지정되어 있고 제시된 조건을 고려하여 아이디어를 발상하도록 설명한다.

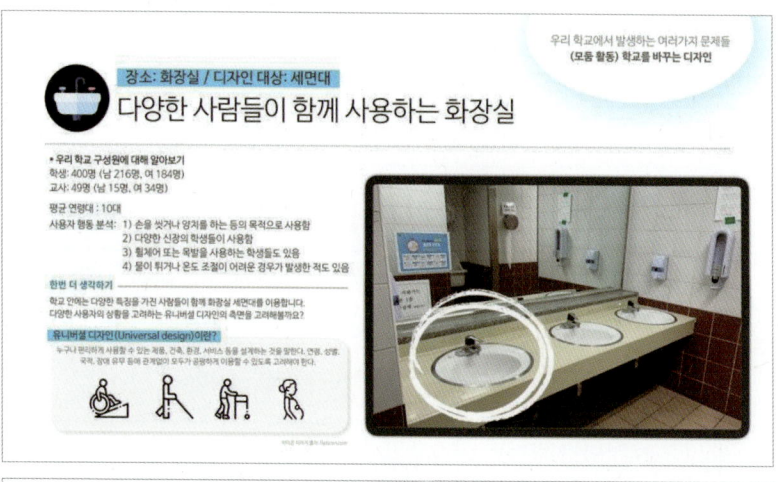

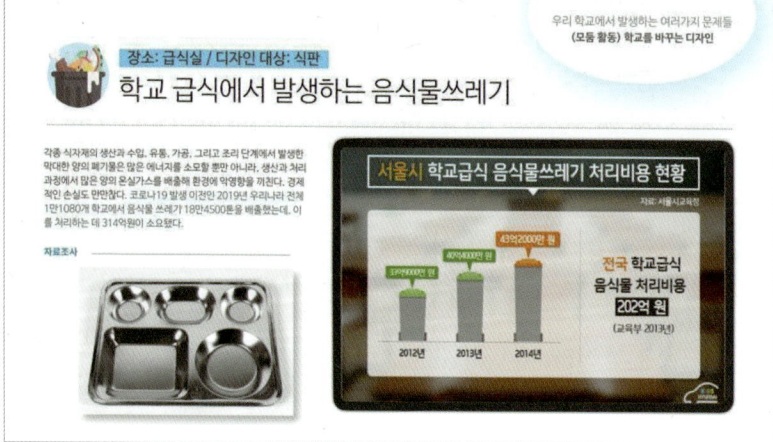

[그림 3-12] 문제지 예시(Type A / B) *QR코드를 찍으면 문제지를 저장할 수 있습니다.

✓ 문제 상황에 공감 및 정의 내리기: 문제지 속 상황에 대해 모둠원과 이야기를 충분히 나누고 원인을 찾아 한 문장으로 정리한다.

✓ 아이디어를 구상하고 스케치하기: 정의 내린 문제를 디자인으로 해결하는 방법에 대한 아이디어를 구상한다. 그리고 그 과정과 결과물을 '피그잼(Figjam)' 앱을 이용해 정리한 뒤 구글 클래스룸에 업로드한다.

✓ 발표하기: 조별로 구상한 아이디어를 발표하고 질문에 답하는 시간을 가진다. 이를 통해 아이디어의 강점과 보완해야 할 점을 알고 피드백을 반영하는 시간을 가진다.

> **아이디어 공유를 위한 추천 앱 '피그잼(Figjam)'**
>
> 피그마(Figma)와 연계되는 화이트보드 협업 툴로, 다중 접속이 가능해 모둠별 활동에서 조원들과 함께 브레인스토밍을 하는데 효율적인 앱이다. 메모 작성, 사진 추가, 드로잉 등 다양한 방식으로 아이디어를 주고받을 수 있으며 타이머와 배경 음악도 설정할 수 있다는 점이 재미있다. 윈도우와 Mac OS 유저 모두 쉽게 접근이 가능하고 완성된 결과물을 구글 클래스룸으로 쉽게 공유도 가능하다.
>
>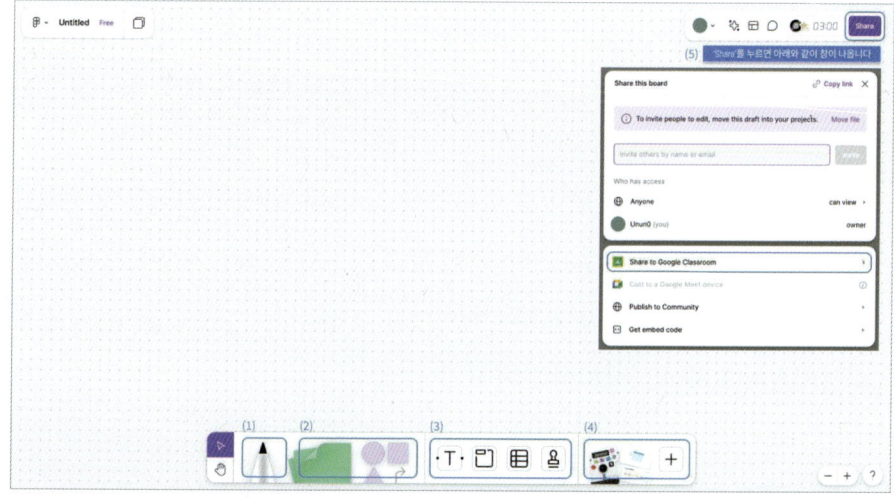
>
> [그림 3-13] 웹사이트 기본 메뉴 화면 설명, Figjam
>
> ① 볼펜, 형광펜, 스티커, 지우개, 오려내기 기능을 수행할 수 있다.
> ② 스티커 메모와 도형, 연결선을 추가할 수 있나.
> ③ 왼쪽부터 텍스트 입력, 섹션 나누기, 표 추가하기, 도장 찍기의 기능을 수행한다.
> ④ 'More': Figjam에서 제공하는 다양한 템플릿을 사용할 수도 있다.
> ⑤ 'Share': 보드를 함께 사용할 팀원을 추가할 수 있고, 구글 클래스룸에 결과물을 공유할 수 있는 창이 나온다.

☐ **2차시: 인공지능과 함께 나를 담는 도자기 컵 구상하기**

브랜드 사례를 분석하며 상품과 서비스의 정체성이 어떻게 형성되는지 탐구하고, 브랜드 로고, 일러스트레이션, 패키지 디자인 등의 이미지를 읽어 보며 디자인에 반영된 브랜드의 특성을 발견해 보는 시간을 가진다. 이러한 학습을 바탕으로 '나'를 하나의 브랜드로 기획해 보고 자신의 정체성을 담은 도자기 컵을 제작한다는 창작 주제를 이해한다. 나만의 특징, 관심사, 또는 가치관을 디자인에 반영하여 다양한 사람들에게 긍정적인 이미지를 전달할 수 있는 방법을 고민해 볼 수 있다.

[전개]

- ✓ 주제 선정하기: 자신의 특징, 관심 분야, 또는 진로 희망 분야 등을 고려하여 퍼스널 브랜딩 기획서를 작성해 본다.
- ✓ 아이디어 스케치하기: 굿 디자인의 조건과 컵의 기능성을 고려해 나만의 도자기 컵을 아이디어 스케치한다. 작품의 주제와 컵의 사용 목적이 조화롭게 어우러지도록 유의해야 한다.
- ✓ 인공지능에 물어보기: 드로잉한 아이디어 스케치에 대한 피드백을 인공지능에서 받아 보는 시간을 가진다. 프롬프트의 작성 방법을 배우고 주어진 양식에 맞추어 학생들이 스스로 인공지능에 피드백을 요청한다.
- ✓ 피드백을 반영하여 아이디어 스케치 완성하기

mini Tip 평가 기준을 함께 세우고 이를 기준으로 피드백을 받을 수 있도록 하자!

이 과정을 통해 굿 디자인의 조건, 유니버설 디자인 등 개념 학습에서 이해한 내용을 바탕으로 학생들이 스스로 평가 기준과 예시를 세울 수 있어요.

[작성 예시] 평가 기준 : 제품 피드백은 아래 7가지 평가 기준에 따라 작성합니다.

- 기능성: 컵으로서의 기본 기능(일정 용량 이상의 액체를 안정적으로 담을 수 있는가, 손에 들고 사용하기 편한가, 안전하게 사용할 수 있는가, 위생 문제는 고려하였는가 등)을 수행할 수 있는가?
- 주제 적합성: 주제(자신의 특성)를 컵의 디자인에 반영하였는가?
- 심미성: 디자인이 시각적으로 아름답고 매력적인가?
- 독창성: 다른 컵과 비교해 독창적이고 차별화된 요소가 있는가?
- 경제성: 최소한의 비용으로 최대의 효과를 끌어낼 수 있는가?
- 포용성(유니버설 디자인): 연령, 성별, 장애 유무에 관계없이 누구나 사용할 수 있는가?
- 친환경성: 친환경적인 재료와 제작 공정을 사용했는가?

[직접 입력해 본다면?]

질문 예시

- 이미지: (이미지 파일을 첨부하기)
- 주제: 모든 친구들과 원만한 관계를 형성할 수 있고 무던한 성격을 양에 비유한 산양 모양의 컵
- 제품 설명: 하얀 얼굴과 갈색 뿔을 유약으로 채색한 산양 모양의 도자기 컵. 500ml 이상의 물을 담을 수 있는 충분한 공간과 산양의 뿔을 곡선을 살려 손잡이를 만들어 컵의 기능성을 강조함.

ChatGPT 답변 중 일부 발췌 (손잡이 개선 사안을 중심으로 발췌함)

1. 평가 기준에 따른 피드백

평가 기준	피드백 내용
기능성	컵은 500ml 이상의 용량을 제공하며, 유약 처리된 도자기 재질로 위생적인 사용이 가능해 보입니다. 그러나 손잡이인 산양의 뿔이 곡선형으로 되어 있어 작은 손에는 잡기 어려울 가능성이 있습니다. 손잡이의 두께와 그립감을 보완하면 더 안전하게 사용할 수 있을 것입니다.
차별성	동물 모티브를 활용한 컵 디자인은 흔하지 않으며, 뿔을 손잡이로 사용하는 독창적인 아이디어는 매우 인상적입니다. 하지만 뿔의 안정성을 보완하거나 다른 기능적 요소를 추가하면 차별성이 더 강화될 수 있습니다.

2. 개선 제안:
- 뿔의 두께 조정: 뿔의 중간 부분을 더 두껍게 하고, 손이 닿는 면에 약간의 평평한 공간을 추가하면 그립감이 더 좋아질 것입니다.
- 미끄럼 방지 처리: 뿔 손잡이의 표면에 미세한 질감을 추가하거나, 무광 유약을 선택해 사용 중 미끄러지는 문제를 방지할 수 있습니다.

★ 한 걸음 더! 개선 사항을 반영해서 이미지를 만들어 달라고 요청하면 어떻게 될까?

[그림 3-14] ChatGPT 생성

☐ 4~9차시: 도자 공예의 이해 및 도자기 컵 창작하기

도자기의 종류, 재료와 용구, 기법, 제작 방법 등을 설명하고 아이디어 스케치한 컵 디자인을 도자기로 창작한다. 아래 제시된 도자기의 제작 과정에 따라 차례대로 진행하여 완성하도록 지도한다.

[그림 3-15] 도자기의 제작 과정, Microsoft Designer 이미지 생성
점토 준비(백자토) → 성형하기 → 건조하기 → 초벌구이 → 유약 바르기 → 재벌구이

☐ 10차시: 작품과 어울리는 전시 공간 구상하기

에베레스트산 정상에 나이키 매장이 오픈한다면 어떨까? 이는 벤저민 베니추(Bengamin Benichou)가 미드저니를 이용해 상상 속의 매장을 사실적으로 시각화한 '불가능한 스토어(Impossible Store)' 시리즈를 통해 볼 수 있다. 작가는 인공지능과 함께 브랜드의 철학을 담아낸 비현실적인 건축물로 독특한 풍경과 디자인을 선보였다. 이와 같이 인공지능이 지닌 독창적인 안목을 더해 자신이 제작한 도자기 컵과 어울리는 전시 공간을 구상해 보도록 한다. 비주얼 머천다이징(Visual Merchandising, VMD)과 연계하여 학습을 진행하고 작품의 주제에 맞추어 어울리는 공간을 만들면서 수업을 마무리한다.

작품 이미지	PP(Point of Sales Presentation) 영역

학생 작품	ChatGPT 이미지 생성

4) 수업 결과물 공유

TIP: 디지털 아카이브(Digital Archive)를 시작하자!

    1년 동안 미술실에서 만들어지는 학생들의 창작물은 셀 수 없이 많고, 모든 학생의 소중한 작품과 활동 과정을 보관하기에는 공간이 턱없이 좁다. 그렇지 않아도 미술 재료와 도구를 보관할 공간도 없는데 작품까지 더해지니 항상 미술실은 혼돈 그 자체다. 과연 우리는 이 문제를 어떻게 해결할 수 있을까?

    이에 대한 해결책으로 작품의 보관 장소를 제약 없이 넓은 디지털 세상으로 넘겨주기 위한 '디지털 아카이브(Digital Archive)'를 제안한다. 이는 미술 수업과 관련된 자료, 활동지, 창작물 등을 디지털화하여 한데 모아 관리하는 것을 말한다. 학습 및 창작 과정에서 발생하는 결과물들을 패들렛(Padlet), 구글 온라인 클래스룸(Google classroom) 등의 온라인 포트폴리오 안에 기록하도록 한다. 이렇게 학생들이 직접 게시한 활동지는 평가와 보관에 용이하며, 이후 과목별 세부 능력 특기 사항 기록 시 참고하기에도 좋다.

    미술실 안 남는 공간을 학생 작품을 촬영하는 스튜디오로 재구조화하는 방법도 어렵지 않다. 쉽게는 암막 커튼을 달고 핸드폰 카메라를 설치할 삼각대, 조명, 폼보드만 있어도 충분하다. 만약 여기서 예산 지원을 받아 촬영 시설을 발전시키고 싶다면 아래 목록을 참고해 볼 수 있다.

* 카메라 외에 필요한 장비 추천 목록 *

검색명		설명
스트로보 플래시 세트		넓고 부드러운 광원을 유지할 수 있는 조명은 필수! '무선 동조기'도 함께 구매하여 카메라와 조명 장치에 신호를 주고 받을 수 있음.
스튜디오 배경지와 스탠드		배경 촬영 거치대로, 이동형 배경지를 설치해 배경을 깔끔하게 정돈하는 것을 추천함. 배경 스크린 스탠드만 구매하여 전지를 걸어 놓아도 충분함.
철제 선반(책장)		공간 여유가 있다면 철제 선반을 함께 설치해 촬영 전 대기 작품을 깔끔하게 정돈할 수 있음.
회화 작품 촬영 도움용	촬영용 테이블 이젤	캔버스를 올려 두고 촬영할 수 있고 작품 전시회용으로도 함께 사용 가능함.
	스튜디오 제도& 디자인 보드	집게에 도화지를 고정한 다음, 후면 장치로 앵글을 조절할 수 있어 회화 작품을 다양한 각도로 깔끔하게 촬영할 수 있음.
입체 작품 촬영 도움용	촬영용 회전 턴테이블	USB 연결을 하면 자동으로 판이 돌아가서 360도 촬영에 편리함.

[그림 3-16] 누원고등학교 미술실 안 디지털 아카이브 공간

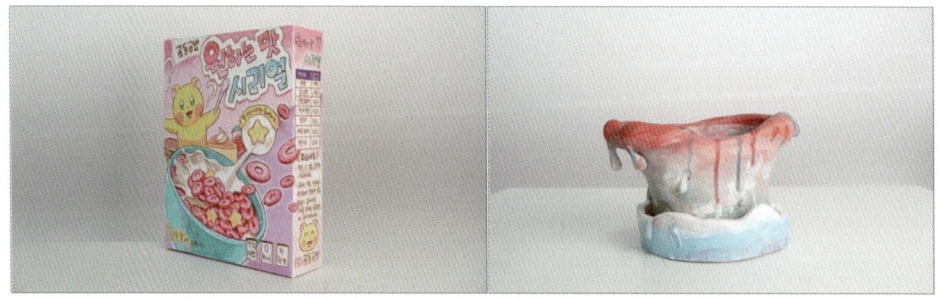

[그림 3-17] 스튜디오에서 촬영한 학생 작품 사진

이렇게 촬영한 작품은 보관 및 관리에도 편리하지만 미술 전시회에서도 활용될 수도 있다. 교내 전시회를 진행할 때 공간 제약으로 인해 우수작을 중심으로 전시하는 경우가 많다. 하지만 이렇게 촬영한 작품 사진을 스탠드형 TV나 모니터에 담아내면 모든 학생의 작품을 전시회에 설치해 줄 수 있다. 실제로 자신의 작품이 나올 때까지 앉아서 기다리다가 친구들에게 자랑하는 모습도 발견할 수 있었다. 이처럼 전시회에서 자신의 작품을 감상할 수 있다는 것 자체가 학생들에게는 동기 유발의 요소가 충분히 될 수 있다.

[그림 3-18] 디지털 아카이브 공간에서 촬영한 사진을 활용한 미술 전시회 풍경

3. 수업에서 인공지능을 찐으로 활용하기 위한 A to Z

→ 프롬프트의 이해 "인공지능을 다루기 위한 첫 시작, 대화하는 법 익히기!"

인공지능과 대화를 나누는 방법의 시작은 '프롬프트'에 원하는 것을 요청하는 것이다. 이때 프롬프트(Prompt)란 인공지능이 기능을 수행할 수 있도록 지시하는 명령어를 의미한다. 인공지능으로부터 원하는 결과물을 얻기 위해 프롬프트를 설계하는 작업을 '프롬프트 엔지니어링(Prompt Engineering)' 또는 '프롬프팅(Prompting)'이라고 말한다. 좋은 프롬프트를 작성하면 인공지능으로부터 원하는 결과물을 얻을 수 있다. 첨단 기술 분야의 발전 속에서 업무의 효율을 높이기 위해 ChatGPT와 같은 언어 모델(LLM)과 대화를 잘 나누고 원하는 응답을 이끌어 내는 기술의 중요도가 점차 커지고 있으며, 이는 주제에 맞는 이미지를 생성하기 위해서도 필요하다. 특히 미술 수업에서 누구나 쉽게 활용할 수 있는 인공지능 모델은 LLM 모델과 생성형 이미지 모델로 앞으로 이 두 가지의 유형을 어떻게 다루고, 프롬프트를 작성하면 좋은지에 대해 다뤄 보고자 한다.

가. GPT와 같은 언어 모델(LLM)의 모든 것

"거대 언어 모델(LLM, Large Language Model)이란 대규모 텍스트 데이터를 학습하여 자연어를 이해하고 생성할 수 있는 모델을 의미한다."라고 정의한다.[23] (코아, 2024) 대량의 텍스트 데이터를 사전에 학습한 뒤 문장 완성부터 번역, 요약 등 다양한 자연어 처리 작업에 활용되며 대표적으로 ChatGPT와 Wrtn 등이 있다. 이들은 쉽고 간편하게 일상 속 문제에 대한 답을 해결하는 데 사용되고 있지만, 알고리즘밖에 모르는 문제에도 답하기 위해 부정확한 정보를 정확하게 보이도록 생성하기도 한다. 그러므로 수업에서 활용할 때 이 부분을 알고 주의해서 사용해야 한다.

---

23) 코아, "인공지능, LLM과 GPT는 어떻게 다를까?",<superb AI>, https://blog-ko.superb-ai.com/artificial-intelligence-llm-vs-gpt-whats-the-difference/,2024

1) 프로그램 안내

가) 챗GPT(ChatGPT) (https://chatgpt.com)

OpenAI에서 개발되어 가장 널리 사용되는 대표적인 LLM 서비스로, 인터넷에서 수집한 방대한 데이터를 기반으로 인간과 유사하게 대화를 나눌 수 있는 인공지능이다. 질문 답변부터 글쓰기, 이미지 생성, 코딩 등 다양한 작업에 유용하게 활용되고 있으며 접근성과 효율성이 높아 많은 사람에게 사랑받고 있다.

[사용 범위]

만 18세 이상 가능, 만 13세 이상~만 18세 미만 부모 또는 법정 보호자의 동의 하에 이용 가능하다.

[사용법]

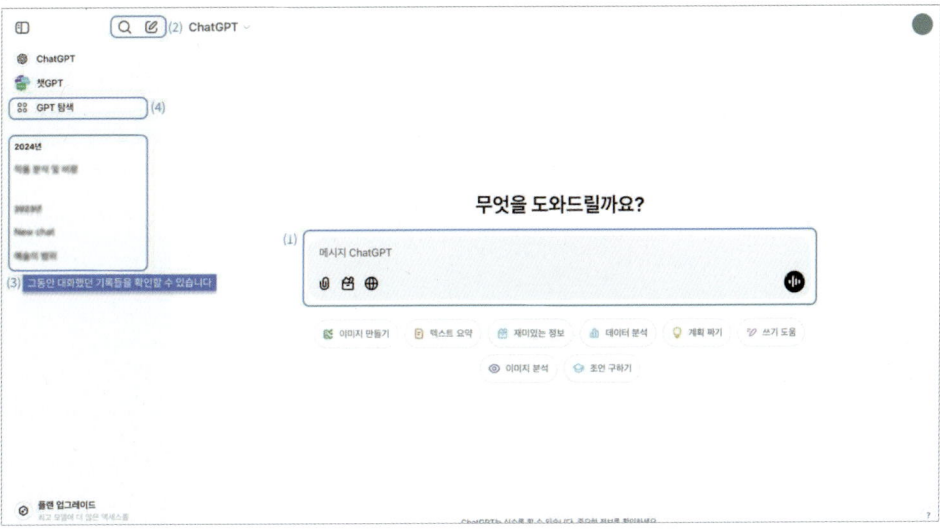

[그림 3-19] 기본 화면 및 메뉴 설명 (ChatGPT 캡처)

① 프롬프트를 입력하는 창으로 원하는 질문을 작성하면 된다. 이때 하단의 아이콘은 순서대로 '파일 첨부', '도구', '검색'을 의미하며 질문을 할 때 함께 활용할 수 있다.

② 왼쪽 상단에 '새 채팅'을 눌러 프롬프트를 새롭게 시작할 수 있다. '채팅 검색'을 누르면 그동안 나누었던 채팅 중에 필요한 내용을 빠르게 찾을 수 있다.

③ 그동안 나누었던 채팅 대화들이 보관되어 있는 메뉴로 지나간 대화를 확인해 볼 수 있다.

④ 'GPT 탐색': 목적에 맞춤형 버전들이 있는 메뉴로 글쓰기부터 연구 및 분석, 프로그래밍 등이 있다. 이때 'Plus 또는 Pro(유료 버전)'를 사용하면 실시간 정보나 최신 데이터에 기반한 응답을 빠르게 받을 수 있다. 예를 들어, 여행지의 정보를 분석해 계획을 세우거나 주식 및 암호화폐의 최신 정보를 분석해 투자 계획을 함께 세워 주기도 한다.

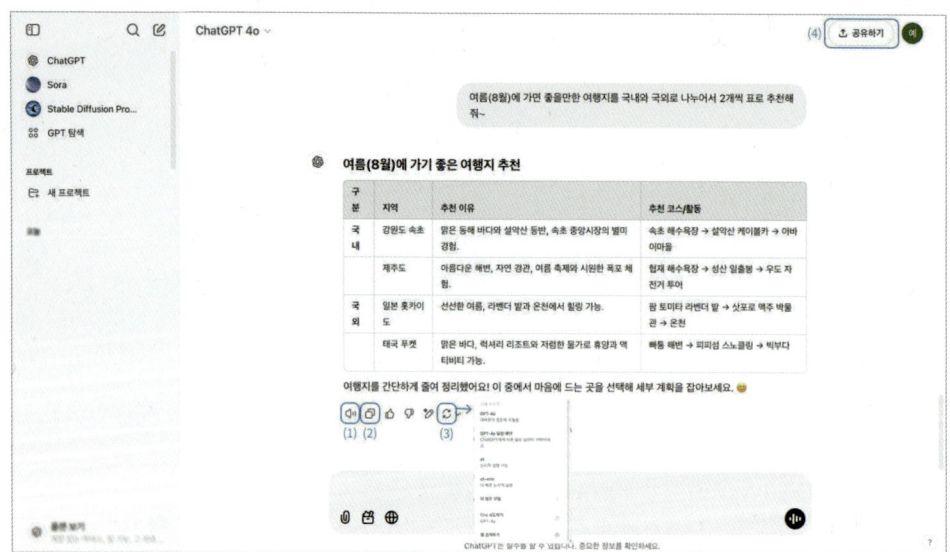

[그림 3-20] 대화 내용 복사 및 공유하기 (ChatGPT 캡처)

① 답변을 음성으로 읽어 주는 기능이다.

② 대화 내용을 복사할 수 있고, 답변에 대한 평가도 할 수 있다.

③ 모델 바꾸기: GPT-4o, mini, o1, o1-mini 등 모델을 바꾸어 새롭게 답변을 받을 수도 있다. (구독 정보에 따라 사용 가능한 모델의 차이가 있음)

④ 대화 내용 공유하기: 대화를 링크 형태로 바꾸어 공유할 수 있고 복사된 링크를 통해 누구든 대화를 볼 수 있다.

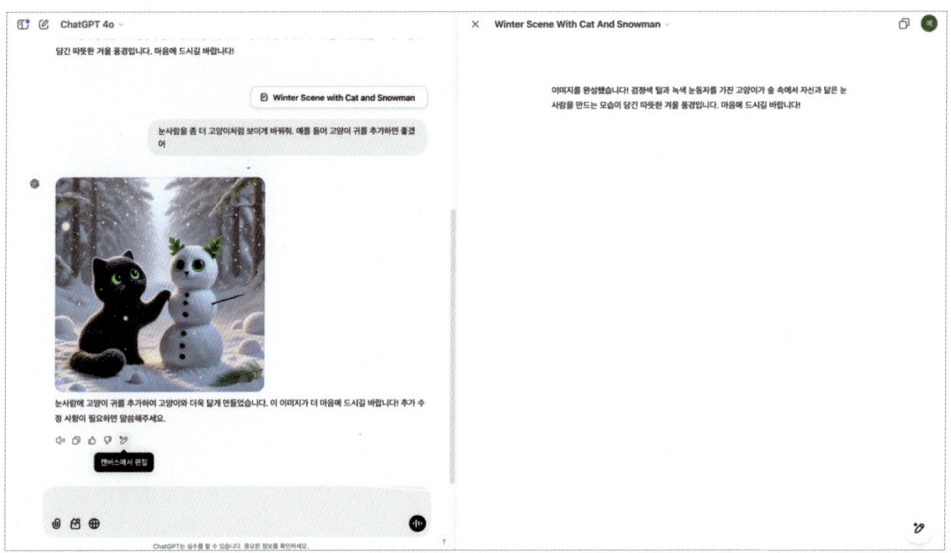

[그림 3-21] '캔버스에서 편집' 기능을 이용해 이미지를 수정한 예시 (ChatGPT 캡처)

DALL-E 3을 기반으로 한 이미지 생성도 가능하다. 사용 도구에서 '그림'을 누른 후 텍스트를 입력하면 된다. 생성된 이미지 하단에 '캔버스에서 편집'을 눌러 수정 사항을 입력하면서 이미지를 보완할 수도 있다.

나) 뤼튼(Wrtn) (https://www.wrtn.ai)

한국 기업에서 개발되어 서비스를 제공하고 있기에 한국어를 잘 인식하며, 만 14세 이상 사용 가능하기에 교육 현장에서의 활용도가 높다. 질문을 통해 원하는 결과물을 간편하게 얻을 수 있고 더 나아가 무료로 이미지 생성까지 가능하다.

[사용 범위]

만 14세 이상 사용 가능, 만 14세 미만의 청소년은 보호자의 동의하에 서비스 이용 가능하다.

[사용법]

[그림 3-22] 기본 화면 및 메뉴 설명 (wrtn 캡처)

① 주요 기능인 'AI 검색', 'AI 이미지', 'AI 과제와 업무' 중 원하는 목적을 클릭한 뒤 검색창에 명령문을 입력하면 된다.

② 자주 사용하는 프롬프트는 '즐겨찾기'를 해 두고 간편하게 사용할 수 있다.

③ 하단에는 '자동 완성' 기능이 있어 원하는 결과물 유형에 맞추어 쉽고 간편하게 이용할 수 있다.

④ '완벽 요약': YOUTUBE, 웹사이트, 문서, 텍스트를 입력하면 요약해 주는 기능이다.

⑤ '탐지 방어': 인공지능이 서술한 글 중 어색한 부분을 자연스럽게 다듬어 준다.

⑥ '최근 기록': 그동안 나눈 대화들을 확인해 볼 수 있다.

3. 수업에서 인공지능을 찐으로 활용하기 위한 A to Z

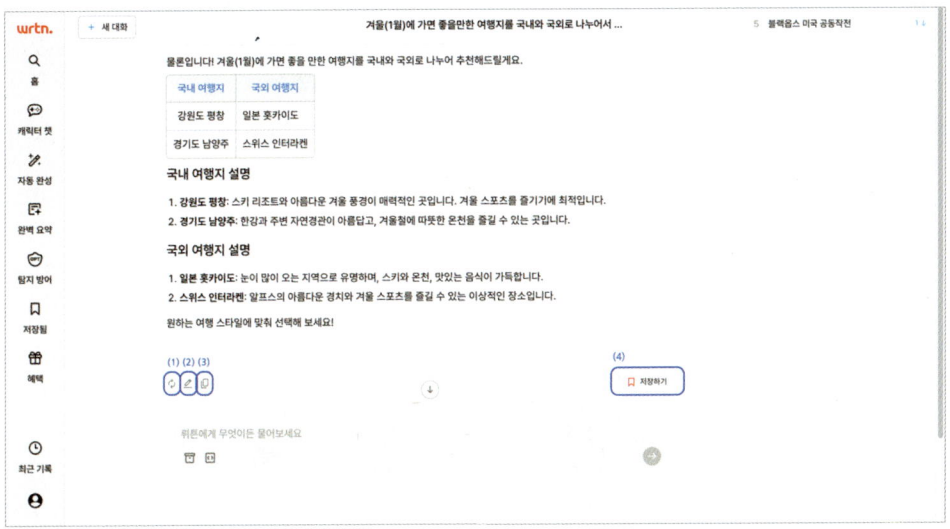

[그림 3-23] 대화 내용과 답변 활용하기 (wrtn 캡처)

① 답변이 마음에 들지 않는다면 '다시 생성'을 눌러 새롭게 생성할 수 있다.

② '문장 다듬기': 요약하거나 늘리기, 서식 적용 등을 할 수 있다.

③ 답변을 복사하여 활용 및 공유할 수 있다.

④ 마음에 드는 답변을 저장하여 언제든 쉽게 확인할 수 있다.

2) 대화를 통해 원하는 답을 얻기 위한 프롬프트 작성 요령

인공지능을 활용해 원하는 결과물을 만들기 위해서는 지시하는 텍스트를 정교하고 창의적으로 설계 및 입력하는 과정이 중요하다. 좋은 명령문을 넣어야 좋은 답변을 받을 수 있는 것처럼 완성도 높은 문구를 작성하는 주체의 능력과 결과물은 이어진다. 좋은 명령문을 입력하는 구조는 크게 '역할 지정', '과제 제시', '결과물의 형식'으로 나누어 볼 수 있다.

[명령문 입력의 기본 구조]

질문 구조	설명 및 예시
역할 지정	역할 놀이를 하듯이 인공지능에 말을 걸어 맞춤식 대화를 시작하자. (예: '너는 뛰어난 광고 기획자야', '너는 경력이 많은 개발자야' 등)
과제 제시	원하는 목적을 분명하게 밝히자
	특정한 주제에 대한 명확한 답변 형식, 문서 작성(보고서, 에세이, 기획안, 설명서, 소설, 시 등), 이미지, 표 및 데이터 정리, 코드 또는 프로그램 로직 등 어떤 목적으로 대화를 시작하는지 서술하자.
결과물의 형식	글(소셜미디어 게시용, 블로그, 공문서 양식 등 필요한 글의 양식을 구체적으로 지정해도 됨), 표 형식, 이미지, pdf 등 원하는 결과물의 유형을 입력하자.

여기서 더 나아가 좀 더 완성도 높은 프롬프트를 작성해 보고 싶다면 아래 3가지 팁을 반영해 만들면 좋다.

가) 원하는 결과물을 그려 보고, 질문의 핵심을 생각하자!

ChatGPT와 대화를 나누는 방식은 크게 두 가지로 나누어 볼 수 있다. 첫 번째는 '멀티 턴(Multi Turn)'으로 대화를 이어 나가면서 점차 내용을 수정 및 발전시켜 나가는 방법을 말한다. 두 번째는 '싱글 턴(Single Turn)'으로 한 번의 프롬프트만으로 원하는 결과물을 이끌어 내는 것을 말한다. 인공지능과 대화를 나눌수록 결과물이 발전한다고 생각할 수 있지만, 인공지능이 처리할 수 있는 양은 제한되어 있기에 오래된 대화는 기억력의 한계에 도달할 수 있다고 한다.[24] 그러므로 원하는 답변을 얻기

---

24) 서승완, 《프롬프트 엔지니어링 교과서》, 애드앤미디어, 2023, p.27

위해서는 질문을 구체적이고 정확하게 해야 한다. 전라북도교육청 미래교육과에서 배포한 교육 자료에는 좋은 질문의 원칙으로 '명확성', '간결성', '구체성', '일관성'을 제시하였다. 이를 통해 질문을 명료하고 핵심 내용을 포함하되 충분한 정보를 담아야 하고, 질문에 일관성을 유지해 전반적인 대화의 흐름과 문맥을 유지해야 한다는 것을 알 수 있다.[25]

> **mini Tip** 답변을 얻는 데 참고하면 좋을 웹사이트 주소나 첨부 파일을 함께 추가해 질문해 보자!
>
> 문서 내용 중 필요한 부분을 정확하게 체크해 표 양식으로 정리해 주는 것을 확인할 수 있다. 이처럼 가지고 있는 자료가 있다면 사전 지식을 직접 알려줌으로써 신뢰할 수 있는 출처를 기반으로 깊이 있는 답변을 받을 수 있다.

나) 마크다운으로 프롬프트를 구조화시키자!

마크다운(Markdown)은 텍스트의 서식이 있는 문서를 작성할 때 사용하는 것으로, 이를 이용하면 질문을 구조적으로 제시할 수 있다. 지시문의 내용이나 중요도 등을 읽기 쉽게 작성한다면 인공지능도 이에 대한 정확한 답변을 해 줄 수 있기에 유용하다. 쉽게 사용할 수 있는 마크다운 목록표를 참고하여 프롬프트의 가독성을 높일 수 있다.

마크다운	이름	입력 예시	프롬프트에 표현되는 형식
#텍스트	제목 1	#제목 1	제목 1
##텍스트	제목 2	##제목 2	제목 2
###텍스트	제목 3	###제목 3	제목 3
텍스트	Bold (굵게)	**미술교육**	**미술교육**
텍스트	Italic(기울임)	*미술교육*	*미술교육*
-, +, *	순서 없는 항목	-항목 1	• 항목 1
1.텍스트	순서 있는 항목	1. 항목 1	1. 항목 1
~~취소선~~	취소선	~~정리하다~~	~~정리하다~~
>	인용	>인용문	>인용문
----------------	수평선	----------------	----------------

> **mini Tip** 줄 바꿈 사용하기
>
> 'Shift+Enter'를 눌러 줄 바꿈을 적극적으로 사용해 보자!

---

25) 《생성형AI, 교사와 함께 수업을 디자인하다》, 전라북도교육청, 2023, p.39

다) 지시문의 양식을 명료하게 정리하자!

보기 좋게 정리된 지시문의 양식은 가독성이 좋고 인공지능의 이해를 높이는 데 도움이 된다. 프롬프트에는 핵심 질문, 답변자의 역할, 정보, 예시, 답변의 양식, 제약 조건 등 담아내야 할 정보들이 많다. 그러므로 이들을 깔끔한 양식으로 정돈하여 제시하면 보다 더 정확한 답변을 얻을 수 있지 않을까?

프롬프트에 담아낼 좋은 질문의 형식은 다양하지만, 일본 Note사의 CXO, 후카츠 다카유키가 고안한 프롬프트 기법을 소개하고자 한다. 이는 명령문과 제약 조건을 분명하게 제시하는 것으로, 원하는 핵심 질문을 중심으로 상세한 조건과 출력 형식을 서술한다. 간단하게 작성 양식을 정리해 본다면 아래와 같다.

후카츠식 프롬프트 작성 양식
#명령문:
-당신은 (역할) 입니다.
-아래의 제약 조건, 입력문, 출력문을 바탕으로 최고의 (결과물)을 출력해 주세요.
#제약 조건:
#입력문:
#출력문:

TIP: 제시된 양식을 적용해 생활기록부의 과목별 세부 능력 특기 사항을 작성해 본다면?

 프롬프트 입력 예시

#명령문:
- 당신은 **한국의 고등학교에서 경험이 풍부한 '생활기록부 점검 장학사'** 입니다.
- 학생에 대한 **학습 목표**과 **활동 내용**을 말하면 각 학생에 대한 미술 과목의 과목별 세부 능력 특기 사항을 표 형식으로 작성해 주세요.
- 아래의 제약 조건, 입력문, 출력문을 바탕으로 최고의 (과목별 세부 능력 특기 사항) 을 출력해 주세요.

#제약 조건:
- **2022 미술과 교육과정의 핵심 역량과 성취 기준을 연관시켜** 학생의 긍정적인 성

3. 수업에서 인공지능을 찐으로 활용하기 위한 A to Z

취가 잘 드러나도록 자연스럽게 서술해 주세요.
- **2022 미술과 교육과정의 핵심 역량**과 **활동 내용**을 최대한 자연스럽게 연관시켜 글을 작성해 주세요.
- **학습 목표**와 **활동 내용**을 실제로 관찰한 것처럼 구체적이고 풍성한 어휘로 서술해 주세요.
- 위의 내용을 토대로 앞으로 학생의 긍정적인 발전 가능성을 상상해 마지막 문장을 마무리 지어주세요.
- 서술어는 학생 중심의 서술이 아닌 교사가 관찰하여 작성한 것처럼 표현해 주세요.
- '학생 이름', '주어'는 모두 생략해 주세요.
- 문장의 어미는 '~음', '~함', '~임'과 같이 서술해 주세요.
- 파일로 첨부한 '2025 생활기록부 기재 요령'의 작성 양식을 참고해서 서술해 주세요.
- 글자수는 500자 이상으로 서술해 주세요.

#출력문:
- 학생에 대한 **활동 내용**과 **학습 목표**를 말하면 각 학생에 대한 미술 과목의 과목별 세부 능력 특기 사항을 **표 형식**으로 작성해 주세요.
- 항목을 나누지 않고 하나의 내용으로 종합해서 서술해 주세요.
- **활동 내용, 학습 목표**가 입력되지 않은 경우, 입력 요청 메시지를 출력합니다.
- 모든 입력값이 제공된 경우에만 과목별 세부 능력 특기 사항을 출력해 주세요.

[파일 첨부] 2025 생활기록부 기재요령 pdf

입력한 학생 활동의 예시(p.124 활동 내용):

이름	학습 목표	활동 내용
김모네	사물의 특성을 탐구한 후 새로운 매체로 바꾸어 자신만의 설치 작품을 구상할 수 있다.	아이스크림의 차가움과 녹아내리는 속성에 대비되는 털실을 새로운 매체로 선택함. 작품 제목은 'warm(따뜻한)'임. 털실로 제작된 거대한 콘 아이스크림은 관람객이 직접 만져 볼 수 있는 관객 참여형 설치 작품임. 끈적임을 부드러움으로 변환하여 사물에 대한 고정관념을 해체하는 독특한 아이디어가 인상적임.

 ChatGPT의 답변: [표 00] ChatGPT에서 생성(2025.1.10.)
사물의 특성을 탐구하며 아이스크림의 차가움과 녹아내리는 속성을 털실이라는 대조적 매체로 전환하여 독창적인 설치 작품을 제작함. 작품 제목 'warm(따뜻한)'을 통해 차가움과 따뜻함의 상반된 감각을 촉각적으로 표현하며 주제를 효과적으로 전달했음.

> 거대한 콘 아이스크림 형태의 작품은 관람객이 직접 만질 수 있도록 기획하여 예술적 소통과 몰입감을 높였음. 끈적임을 부드러움으로 재해석한 창의적 발상은 고정관념을 깨는 독특함이 돋보였으며, 매체 활용과 표현 능력에서 뛰어난 발전 가능성을 보임. 앞으로도 예술적 사고와 표현을 지속적으로 확장할 것으로 기대됨.

mini Tip 질문을 주고받으며 인공지능에게 계속 말을 걸자!
- ✓ 더 좋은 답을 내도록 다그치기: "그게 최선이야?" "더 나은 답변 없어?"
- ✓ 구체적으로 한 번 더 질문하기: 내용을 요약하거나 정돈하기 "여기서 학생의 우수함이 잘 드러나는 문장을 중심으로, 위의 내용을 500byte 정도로 줄여 줘"

나. 이미지 생성형 인공지능의 모든 것

이미지 생성형 인공지능은 시각 디자인, 산업 디자인, 영상 디자인, 웹툰 시장 등 다양한 분야에서 활용되고 있다. 텍스트를 입력하면 짧은 시간 안에 이미지를 생성해 주는 'text to image', 첨부한 이미지를 기반으로 다양한 스타일로 변환시켜 주는 'image to image', 그리고 더 나아가 텍스트를 입력하면 동영상을 생성해 주는 'text to video'까지 개발되어 서비스가 제공되고 있다. 달리(DALL-E3), 미드저니(MidJourney), 스테이블 디퓨전(Stable Diffusion) 등 다양한 생성 모델이 있지만, 그중 사용법이 간편하고 무료로 사용할 수 있어 학교 현장에서 접근성이 좋은 모델을 중심으로 설명하고자 한다.

1) 프로그램 안내

가) 달리(DALL-E 3)

OpenAI에서 개발한 이미지 생성형 인공지능으로, 텍스트(자연어)를 입력하면 이미지로 구현해 주는 대표적인 프로그램 중 하나이다. 2021년 1월에 처음 출시되어 2023년 9월 기준으로 DALL-E 3까지 업그레이드되었다. ChatGPT 대화창 안에서 쉽고 빠르게 이미지를 생성할 수 있고, Microsoft Copilot 또는 빙(Bing) 이미지 크리에이터 등에서도 무료로 사용할 수 있어 접근성이 좋다. 또한, 미드저니나 스테이블 디퓨전보다 영어 외 다수 언어를 이해가 가능하며, 특히 한글로 작성된 명령어도 잘 이해해 학생들이 쉽게 사용할 수 있어 교육적 활용도가 높다고 알려져 있다.

달리를 학교 현장에서 무료로 쉽게 사용하고 싶다면 다음의 방법도 추천한다.

나) 마이크로소프트 빙 이미지 크리에이터(Microsoft Bing Image creator)/ 마이크로소프트 디자이너 이미지 크리에이터(Microsoft Designer image creator)

DALL·E 3를 기반으로 사용자가 자연어 형식의 프롬프트를 입력하면 인공지능 이미지를 생성하는 서비스이다. Microsoft 계정을 중심으로 무료로 학교 현장에서 사용할 수 있다. 이미지 창작부터 편집까지 다양한 형식을 쉽고 간편하게 이용할 수 있고 한국어도 잘 인식해서 학생들이 프로그램을 사용하는 데 어려움이 없다. 두 프로그램은 연계되어 있어 이미지 제작에 활용되는 토큰(부스트)과 저장물이 함께 공유된다. 이때 'Designer image creator'은 'Bing image creator'보다 다양한 디자인 템플릿을 제공하여 디자인 작업물을 만드는데 효과적이다.

[사용 범위]

만 13세 이상 가능하며, 만 18세 미만 사용자는 Microsoft 계정을 만들거나 서비스를 이용하기 위해 부모나 보호자의 동의가 필요하다.

[Microsoft Bing Image Creator 사용법]

[그림 3-24] 기본 화면 및 메뉴 설명, https://www.bing.com/images/create

① 프롬프트 작성하는 곳으로 텍스트를 입력하고 '만들기'를 누르면 이미지가 생성된다. ('무작위 보기'를 누르면 랜덤으로 프롬프트가 생성된다.)

② 잔여 부스트를 확인할 수 있으며, 이미지 1개를 생성할 때마다 1개씩 소모된다. 매일 15개의 부스트가 재생성된다.

③ '내 창작물': 그동안 생성한 이미지들이 보관되어 있고 90일 동안 저장된다.

[그림 3-25] 이미지 저장하기, https://www.bing.com/images/create

① 생성된 이미지 중 마음에 드는 것을 클릭하면 위와 같은 창이 나온다. 작성한 프롬프트와 크기, 생성 날짜가 표시된다.

② URL 형식부터 전자메일, SNS 등 다양한 곳으로 생성한 이미지를 공유할 수 있다.

③ JPEG 형식으로 다운로드할 수 있다.

④ 생성된 이미지의 크기를 변경할 수 있으며, 마음에 들지 않으면 '원본 이미지'를 눌러 되돌릴 수 있다.

[Microsoft Designer Image Creator 사용법]

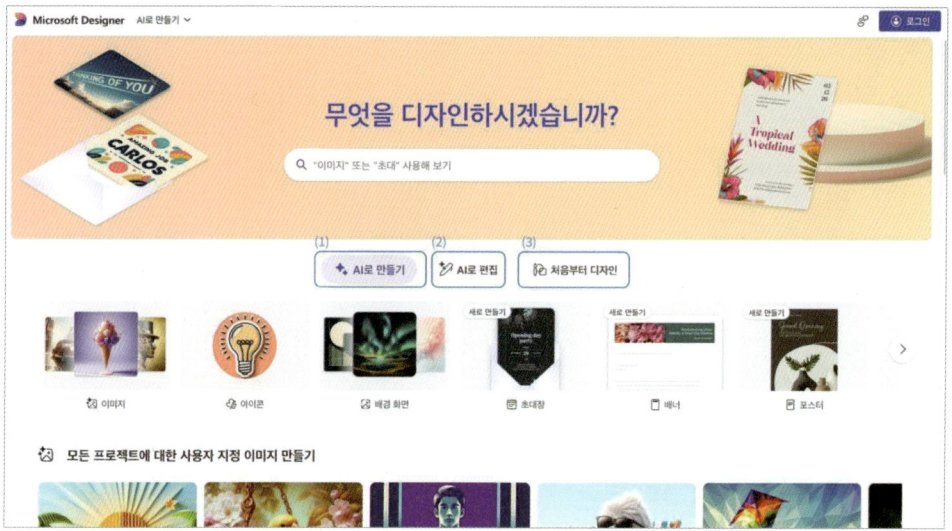

[그림 3-26] 기본 화면 및 메뉴 설명, https://designer.microsoft.com/

① 'AI로 만들기': 텍스트를 입력하면 원하는 이미지, 아이콘, 배경 화면, 포스터 등 다양한 형식의 그림을 만들 수 있다.

② 'AI로 편집': 이미지를 업로드한 뒤 이를 기반으로 편집, 배경 제거, 스타일 변경, 프레임 적용 등을 할 수 있다.

③ '처음부터 디자인': 인쇄용지, 사진, 소셜미디어, 문서 양식의 기본 빈 종이 위에 자유롭게 그림과 글을 넣어 디자인할 수 있다.

[그림 3-27] 이미지 만들기, https://designer.microsoft.com/

① 원하는 이미지에 대한 프롬프트를 '설명' 칸에 작성하고 '크기'를 지정한 뒤 '생성'을 눌러 이미지를 만들 수 있다. 이때 총 4개의 이미지가 생성된다.

② '아이디어 탐색': 이미지 생성에 참고할 수 있는 예시들로 마음에 드는 이미지가 있다면 눌러 보고, 작성된 프롬프트 양식을 그대로 응용할 수 있다.

③ '내 창작물': 그동안 만들었던 작업물들이 보관된 곳이다.

④ 남아 있는 부스트(토큰)를 확인할 수 있으며 이미지 1개를 생성할 때마다 1개씩 소모된다. 매일 15개의 부스트가 생성된다.

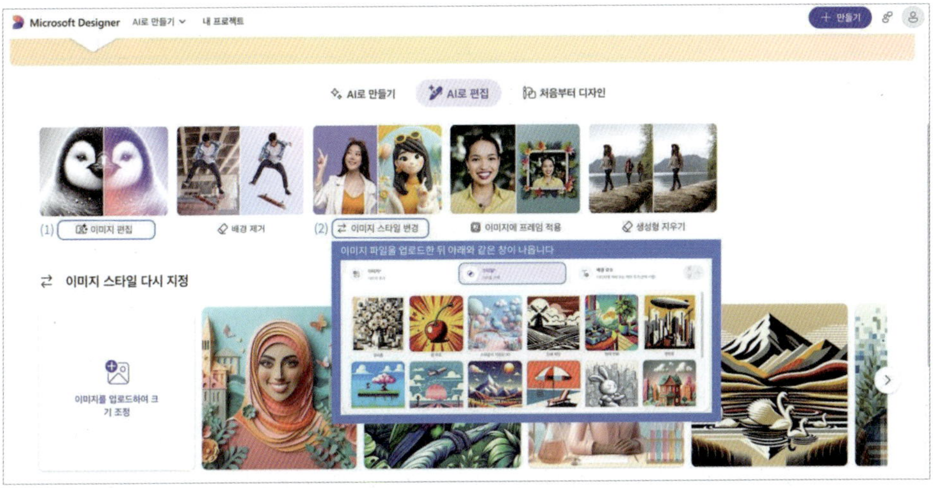

[그림 3-28] 인공지능으로 편집, https://designer.microsoft.com/

① 이미지를 업로드한 뒤 필터 적용, 배경 제거, 배경 초점 흐리기, 텍스트 입력 등의 다양한 편집 기능을 적용시킬 수 있다.

② 이미지 스타일 변경: '이미지' 파일을 업로드한 뒤 원하는 스타일(큐비즘, 팝아트, 애니메이션, 픽셀 아트 등)을 클릭하여 '생성'을 누르면 기존의 이미지가 변경된다.

| 팝아트 | 3D 스타일 | 큐비즘 | 페이퍼아트 스타일 |

[그림 3-29] 고흐의 '별이 빛나는 밤(The Starry Night)'을 다양한 스타일로 변경한 예시, Microsoft Designer AI 생성 (2025.1.10 생성)

다) 레오나르도 AI (Leonardo AI) (https://leonardo.ai/)

스테이블 디퓨전(Stable Diffusion)의 오픈소스 모델을 기반으로 하며, 자체적인 개선을 통해 사용자의 편의성을 높인 모델로 평가받는다. 특히 초보자도 직관적으로 사용할 수 있도록 설계되었으며, ControlNet과 Image Guidance와 같은 고급 기능을 통해 이미지를 보다 정교하게 생성할 수 있다.

[사용 범위]

18세 미만의 경우 부모 또는 보호자의 동의를 받았거나 성인의 관리 감독하에 사용 가능하다.

[사용법]

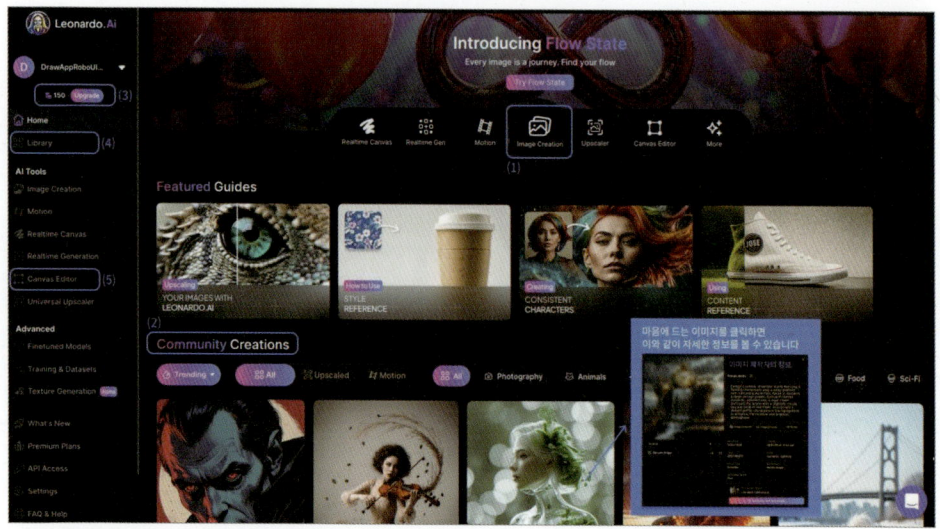

[그림 3-30] 기본 화면 및 메뉴 설명, https://app.leonardo.ai/

① Image creation: 텍스트를 입력해 원하는 이미지를 생성할 수 있다.

② Community Creations: 다른 이용자들이 만들어 놓은 이미지 모음으로, 클릭하면 자세한 정보가 나오며 이를 참고하여 새로운 이미지를 생성할 수 있다.

③ 잔여 코인의 개수를 보여 주며, 매일 무료로 코인 150개가 생성된다.

④ Library: 그동안 생성한 결과물과 참고하기 위해 저장해 둔 작품을 확인할 수 있다.

⑤ Canvas Editor: 생성한 이미지를 아래와 같이 수정할 수 있다.

3. 수업에서 인공지능을 찐으로 활용하기 A to Z

[그림 3-31] Canvas Editor 적용 예시, https://app.leonardo.ai/

편집하고 싶은 부분을 지정한 뒤 프롬프트를 입력하여 바꿀 수 있다. 예를 들어, 위의 이미지 속 커피를 우유로 바꾸고 싶다면 커피잔을 체크한 뒤 아래 프롬프트에 'Change coffee to milk'라고 작성하면 된다.

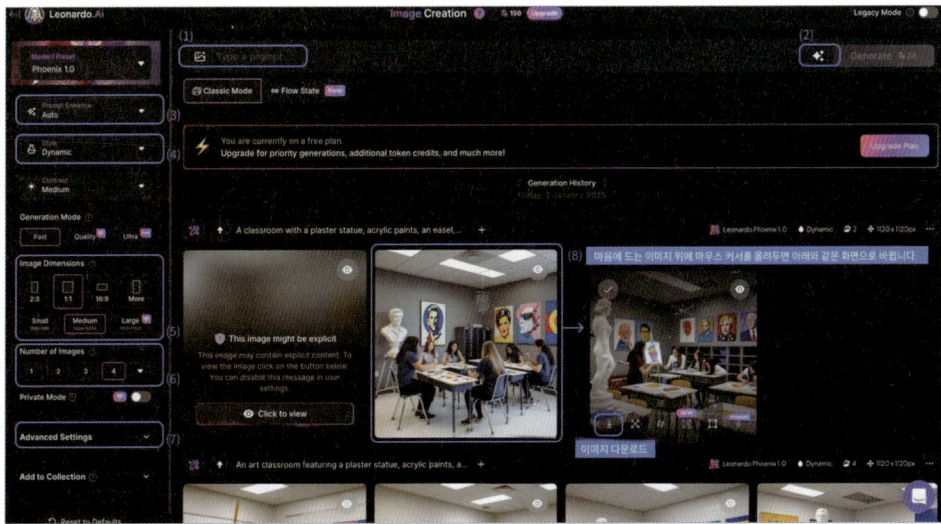

[그림 3-32] Image creation (텍스트를 입력하여 이미지 생성하기), https://app.leonardo.ai/

① 프롬프트를 입력하는 창으로, 텍스트를 입력한 뒤 'Generate'를 누르면 이미지가 생성된다. (이때 좋은 품질의 이미지를 얻기 위해서는 영어로 작성하는 것을 권장한다.)

② '랜덤으로 프롬프트를 입력하기', '작성한 프롬프트 내용 수정하기', '이미지를 업로드하면 이를 묘사하는 글을 작성해 주기'와 같은 기능이 있다.

③ Prompt enhance: 'auto' 또는 'on'을 체크한 뒤 프롬프트를 입력하면 좀 더

구체적이고 상세한 프롬프트로 변환시켜 줌. (예: "sunset beach" → "a stunning sunset beach with golden hues and calm waves.")

④ Style: 3D render, fashion, illustration, portrait, sketch 등 원하는 스타일을 지정하면 그에 해당하는 이미지를 생성할 수 있다.

⑤ 이미지의 크기와 비율을 선택할 수 있다.

⑥ 생성되는 이미지의 개수를 지정할 수 있으며 무료로는 최대 4개까지 가능하다.

⑦ 'Advanced Settings'-'Negative Prompt'를 체크하면 네거티브 프롬프트를 작성할 수 있는 창이 프롬프트 입력창 아래에 생긴다.

⑧ 마음에 드는 이미지를 클릭한 뒤 'Download image'를 눌러 저장할 수 있다. 창을 밑으로 내리면, 그동안 생성했던 이미지들을 시간 순서대로 확인해 볼 수 있다. (메뉴 'Library'에서도 확인이 가능함)

> **mini Tip** 네거티브 프롬프트를 작성해 보자
>
> 네거티브 프롬프트란 이미지를 생성할 때 특정 요소를 배제하고 싶을 때 입력하는 것을 말한다. 필요 없는 개체나 스타일을 제거할 때 주로 사용한다. 예를 들어, 생성된 이미지 안에 café라는 글자가 없었으면 좋겠다면 negative prompt 창에 'text, letters, words, café'와 같이 작성하면 된다. ('No', 'Avoid', 'Exclude', 'Remove' 등을 단어를 사용하는 것보다 배제하려는 요소 자체를 네거티브 프롬프트에 직접 입력하는 것이 더 효과적이다.)

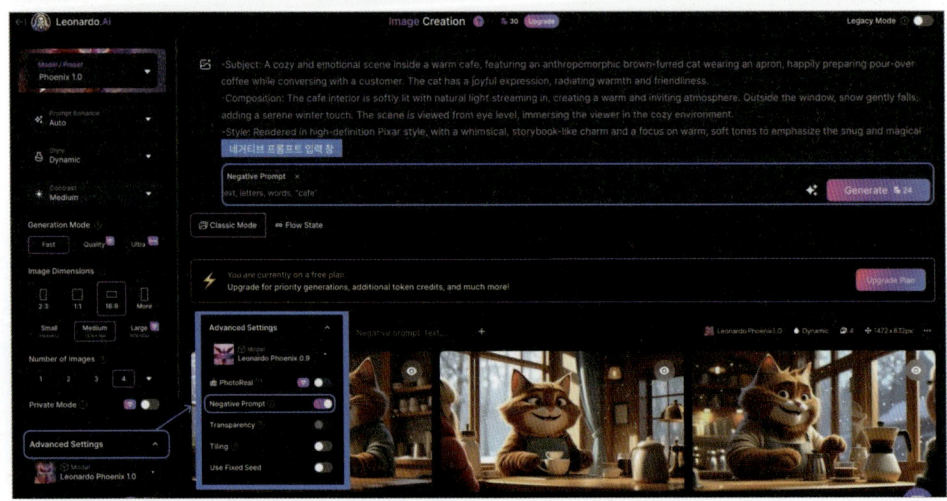

[그림 3-33] 네거티브 프롬프트 작성 방법, https://app.leonardo.ai/

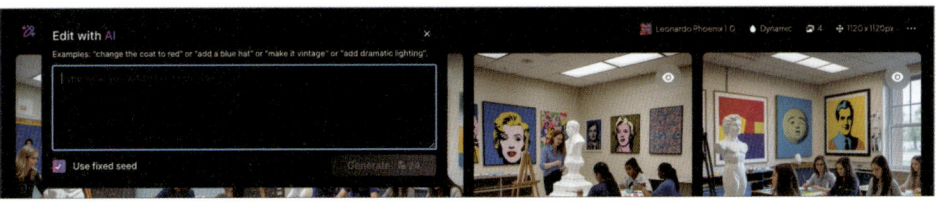

[그림 3-34] Edit with AI, https://app.leonardo.ai/

이미 생성된 이미지를 수정하거나 변화시킬 수 있다. 이를 이용해 수정한 사진은 아래와 같다.

[그림 3-35] 적용 이전, Leonardo AI 생성   [그림 3-36] 적용 이후, Leonardo AI 생성

 [Edit with AI] "Remove the white sculpture completely, and change the wall color to a solid blue."

라) 어도비 파이어플라이(Adobe Firefly) (https://firefly.adobe.com)

Adobe에서 2023년에서 공개한 모델로, Photoshop, Illustrator, Lightroom 등 여러 Adobe 프로그램과 통합되어 사용할 수 있다. Adobe stock과 같이 사용 허가된 콘텐츠와 공용 도메인 콘텐츠의 데이터를 기반으로 학습하였다. 사용자가 입력한 텍스트를 이미지로 생성하는 것부터 기존 이미지의 스타일 변환, 편집, 템플릿 제공 등 활용도가 높고 동영상을 제작해 주는 기능까지 업데이트될 예정이다.

[사용 범위]

만 13세 이상 사용 가능하며, 만 13세 이상~18세 미만은 보호자 동의하에 사용 가능하다.

[사용법]

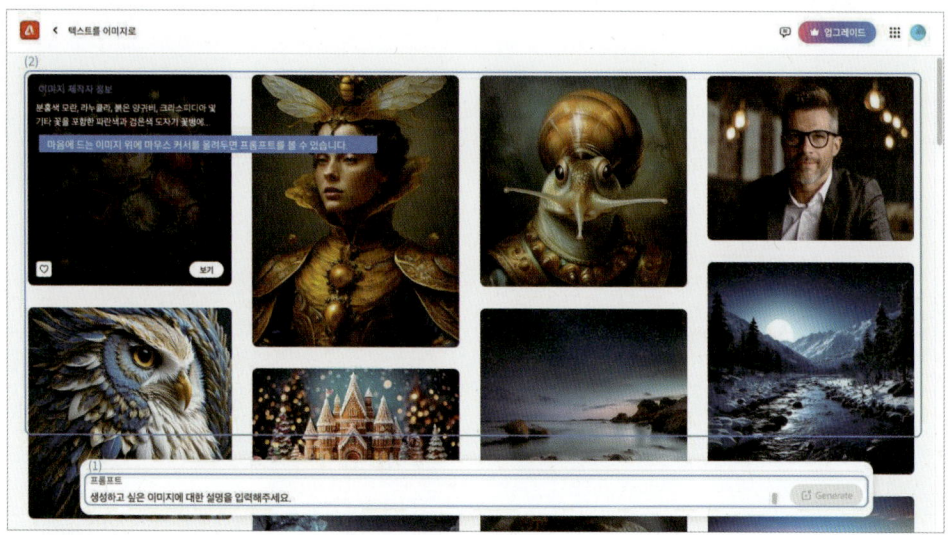

[그림 3-37] 텍스트를 이미지로 생성하기, https://firefly.adobe.com

① 프롬프트를 입력한 뒤 'Generate'를 누르면 이미지가 생성된다. 매월 25개의 생성 크레딧이 무료로 생성되며, 생성 크레딧 소비는 생성된 출력물의 컴퓨팅 비용과 사용된 생성형 인공지능 기능의 가치에 따라 달라진다. (매월 초기화됨)

② 참고 이미지들이 제시된 커뮤니티로, 원하는 그림을 누르면 편집 화면으로 넘어가 프롬프트를 수정하거나 이미지의 효과, 색상, 톤 등을 직접 조정할 수 있다.

[그림 3-38] 이미지 생성하고 편집하기, https://firefly.adobe.com

① 프롬프트를 입력하고 'Generate'를 누르면 나오는 화면으로, 마음에 드는 이미지를 클릭하면 '이미지 저장', '업스케일', '즐겨찾기'를 할 수 있다. 생성된 이미지는 저장 및 공유가 가능하며, 라이브러리에 즐겨찾기로 담아 둘 수도 있다. 무료 버전은 완성된 이미지에 워터마크가 자동으로 적용되나, 상업적 용도로는 활용 가능하다. (유료 버전을 구독하면 워터마크를 제거할 수 있음.)

② 그동안 작업했던 이미지 작업물들이 표시된다.

③ 이미지의 기본 설정을 바꿀 수 있는 작업 칸으로, 이미지의 비율을 조정하거나 콘텐츠의 유형(아트/사진)을 선택할 수 있다. 또한, 구성과 스타일에 참고할 이미지도 직접 업로드할 수 있다. 이외에도 효과, 색상 및 톤, 조명, 카메라 각도까지 섬세하게 지정할 수 있으며 체크한 항목들은 프롬프트 하단에 나열된다.

마) 캔바 드림 랩(Canva Dream LAB) (https://www.canva.com/dream-lab)

간단한 텍스트를 입력하면 다양한 스타일의 이미지를 생성해 주는 모델로, Leonardo AI의 Phoenix 모델을 기반으로 하고 있다. 더 나아가 사진 스타일과 다중 객체 이미지 생성에 더 뛰어난 성능을 보인다고도 알려져 있다. Canva는 사용 범위가 넓고 이용법이 쉬워 이미 학교 현장에서 널리 사용되고 있는 프로그램이기에 접근성이 좋다.

[사용 범위]

13세 이상 사용 가능하다.

[사용법]

[그림 3-39] 이미지 생성하기, https://www.canva.com/dream-lab

① 프롬프트를 입력한 뒤 '만들기'를 누르면 최대 4개의 이미지를 생성한다. 무료 사용자는 Dream Lab을 20회 사용할 수 있고, 교육용으로 인증을 받은 사용자는 최대 500회까지 이용할 수 있다. (횟수는 매월 1일 마다 갱신됨.)

② '이미지 추가': 첨부된 이미지의 스타일을 참조하여 새로운 이미지를 추출한다.

③ '스마트': 시네마틱, 일러스트레이션, 3D 렌더링, 팝아트 등 이미지 스타일을 선택할 수 있다.

④ 이미지의 비율을 지정할 수 있다. (예: 가로-세로 비율 1:1, 16:9, 9:16, 4:3 등)

⑤ 생성된 이미지를 누르면 다운로드를 할 수 있고, '편집'을 클릭하면 이미지의 디자인을 쉽게 바꿀 수 있다.

3. 수업에서 인공지능을 찐으로 활용하기 위한 A to Z

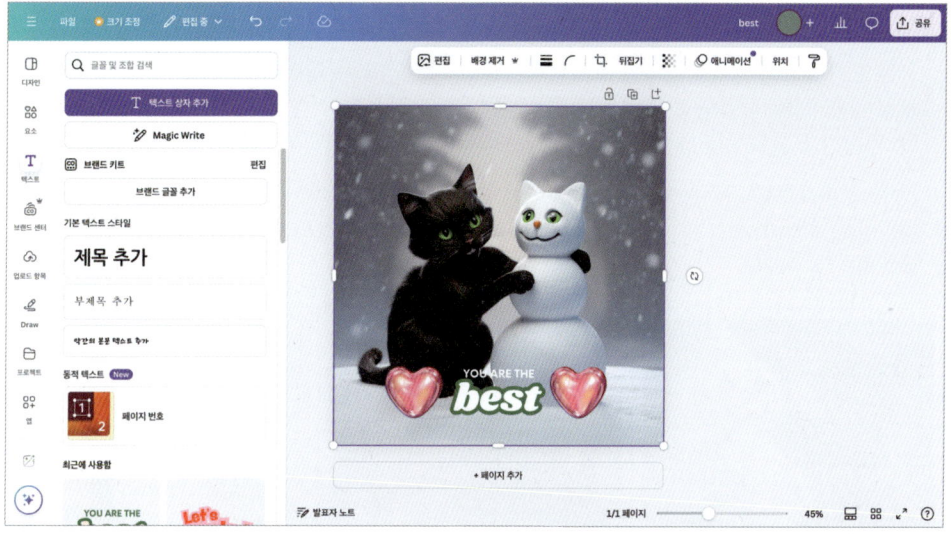

[그림 3-40] 이미지 편집하기, https://www.canva.com/dream-lab

생성된 이미지 위에 텍스트, 도형, 스티커 등의 요소를 넣어 꾸미거나 디자인 작업물을 만들 수 있다. 이미지를 생성한 뒤 바로 Canva의 다양한 편집 기능을 이어서 사용할 수 있다는 점이 다른 모델과의 차별화된 지점이다.

mini Tip 모델별 생성되는 이미지 스타일을 비교 분석해 보자!

같은 프롬프트를 입력하더라도 프로그램별로 각각 생성되는 이미지 스타일이 다르다. 그러므로 수업 전에 각각의 모델들을 직접 사용해 보고 적절한 것을 선택해 보는 것을 권장한다. 동일한 프롬프트를 입력한 뒤 이미지 스타일의 차이는 아래와 같다.

[공통 프롬프트] A 3D-rendered image of a black-furred cat with striking green eyes building a snowman that is shaped like a cat. The snowman has a rounded cat-like he

2) 원하는 그림을 생성하기 위한 프롬프트 작성 요령

앞서 LLM 모델을 활용할 때의 프롬프트 작성 시 좋은 질문은 간결하고 명확하게 전달하는 것이라고 강조했다. 하지만 인공지능으로 이미지를 생성할 때는 풍부한 어휘를 사용하게 구체적으로 지시하는 것이 더 중요하다는 연구 결과가 있다.[26] 간결하고 짧은 지시어와 풍부한 어휘를 활용한 구체적 지시어로 생성한 이미지를 비

---

26) 심수연(Shim Su-yeon). "생성형 AI를 활용한 이미지 향상연구 -ChatGPT와 미드저니 사례를 중심으로-." 커뮤니케이션 디자인학연구 86.- (2024): p.112~129 참조.

교 실험한 결과 풍부하고 구체적인 지시어는 기준에 부합한 분위기, 컬러 등 이미지 생성 결과의 만족도가 높았다고 한다. 이처럼 인공지능을 이용해 완성도 높은 이미지를 추출하기 위해서는 구현하고 싶은 주제를 풍부한 텍스트와 정확한 용어로 서술하는 것이 중요하다.

✓ 이미지 생성을 생성하기 위한 프롬프트의 기본 요소	
내용	이미지로 구현하고 싶은 주제 선정하기
형식	미술 용어를 활용해 주제를 구체적으로 설명하기
배열	중요도에 따라 순서대로 단어들을 배치하기

가) 내용

단순하게 텍스트를 나열해 프롬프트를 입력하면 인공지능이 만들어 낸 이미지에 끌려가기 쉽다. 그러므로 다루고자 하는 주제를 떠올리게 된 제작 의도(배경), 표현하고 싶은 내용, 이미지 스타일 등을 자세하게 글을 써 보는 것을 추천한다. 이야기를 써 내려가듯이 생각을 풀어 쓴 뒤 형식과 배열을 정돈해야 한다.

나) 형식

작품의 주제에 맞추어 내용을 작성했다면, 프롬프트 형식에 맞추어 이미지를 묘사해야 한다. 기본 형식은 '주인공(Subject)', '구도(Composition)', '스타일(Style)'이며, 자세한 구성 요소는 아래 표와 같다. 아래 표에 제시된 구성 요소를 참고해 텍스트를 구체화시킨다면 원하는 주제에 맞는 이미지를 생성할 수 있다. 이때 수업 현장에서 학생들이 스스로 프롬프트를 작성하기 위해서는 미술 용어에 대한 개념을 선수 학습으로 진행하는 것이 필요하다.

형식	구성 요소	구성 요소의 작성 예시
주인공 (Subject)	주제의 특징과 상황	'형용사+동사+명사' 형식으로 구체적으로 서술하기
	감정	행복한, 슬픈, 즐거운, 화난, 무서운, 흥미로운, 실망한, 불안한, 감동적인 등

형식	구성 요소	구성 요소의 작성 예시
구도 (Composition)	장소	도시, 바닷가, 골목, 숲속, 모래사장, 들판, 학교 등
	시간 및 날씨	오전, 오후, 새벽, 맑음, 흐림, 비, 눈, 안개, 뇌우 등
	조명	자연광, 스튜디오 조명(인공광), 역광, 스포트라이트 등
	시점	눈높이 시점, 고각 시점, 저각 시점, 조감도, 웜아이뷰, 오버 더 숄더, 클로즈업, 와이드샷 등
스타일 (Style)	분위기	밝은, 어두운, 로맨틱한, 차분한, 공포스러운, 차가운, 긴장되는, 몽환적인 등
	표현 매체 및 방법	연필, 펜, 목탄, 수채화, 유화, 아크릴, 판화, 디지털화, 모자이크, 판화, graffiti, 3D style 등
	미술사조 양식	이집트 미술, 바로크, 로코코, 신고전주의, 낭만주의, 인상주의, 입체파, 야수파, 초현실주의, 팝아트 등
	작가	모네, 고흐, 고갱, 르누아르, 마티스, 피카소, 뭉크, 마그리트, 달리, 앤디 워홀, 잭슨 폴록 등
	색감 및 톤	색 온도(따뜻한/차가운), 단색조, 유사색, 보색, 뮤트, 비비드, 하이키, 로우키, 중간 톤, 키아로스쿠로 등

다) 배열

마지막 단계는 형식에 맞추어 작성한 프롬프트를 중요도에 따라 순서대로 배열을 조정하는 것이다. 무순위 기계적 혼합 프롬프트와 중요도 순서 프롬프트를 비교 실험한 결과 중요도에 따라 우선순위를 지정하면 생성된 키워드와 프롬프트의 반영 성공률이 높아진다는 연구 결과가 있다.[27] 의도한 주제를 이미지로 정확하게 배열하고 싶다면 중요한 정보를 선별하여 프롬프트의 순서를 배열하도록 하는 것이 좋다.

위의 형식에 맞추어 프롬프트를 작성한다면 아래와 같다.

> **mini Tip** 프롬프트를 발전시켜 나가는 법
>
> - 프롬프트를 처음 작성한다면 자신이 작성한 명령문을 ChatGPT에 한 번 더 점검을 받아보는 것도 도움이 된다. (질문 예시: 입력하는 프롬프트를 Leonardo AI가 더 잘 인식하도록 수정해 줘.)
> - 다른 사람들이 만들어 놓은 결과물과 프롬프트를 찾아보고 자신의 스타일에 맞는 부분을 선택해서 작성에 참고해 보는 것도 좋다. 'Lexica(https://lexica.art/)' 또는 'Promphero(https://prompthero.com/)' 등의 사이트를 방문해 보는 것을 추천한다.

---

27) 심수연(Shim Su-yeon). "생성형 AI를 활용한 이미지 향상 연구 -ChatGPT와 미드저니 사례를 중심으로-." 커뮤니케이션 디자인학 연구 86.- (2024): p.109~123 참조.

TIP: 다양한 프로그램 소개 × 미술 교육 활용 아이디어 제안

프로그램명	✓ '스페이셜(Spatial)' (https://www.spatial.io/ko-KR)
설명	Unity 엔진을 기반으로 사용자가 코드를 입력하지 않아도 간단하게 2D나 3D 이미지, 동영상 등의 콘텐츠를 업로드하여 가상공간을 생성할 수 있다. 무료로 제공되는 템플릿 중 갤러리 형식이 있고, 이곳에 누구나 관람할 수 있는 온라인 전시 공간을 만들 수 있다. 무료 버전을 기준으로 25개 정도의 작품 전시가 가능하며, 작품 이미지를 업로드한 뒤 작품명과 설명문, 작가까지 작성할 수 있다. 더 나아가 기본 가구나 입체물을 배치하여 전시 공간을 꾸밀 수도 있다.
사용 범위	14세 이상 사용 가능함.
수업 활용 방안	✓ 온라인 전시 공간 만들기 [그림 3-41] 온라인 전시 공간 생성 예시, https://www.spatial.io/ko-KR

프로그램명	✓ '스카이박스 AI (Skybox AI)' (https://skybox.blockadelabs.com/)
설명	스테이블 디퓨전을 기반으로 한 프로그램으로, 텍스트를 입력하면 다양한 스타일의 3D 공간을 입체적으로 구현해 준다. 한 달에 15개 정도의 이미지를 무료로 제작할 수 있고 이미지부터 동영상까지 여러가지 형식으로 저장이 가능하다.
사용 범위	18세 이상 사용 가능하며, 18세 미만의 경우 부모 또는 보호자의 동의 필요함.
수업 활용 방안	✓ 멸종 위기 야생 동물을 위한 이상적인 환경 표현하기  [그림 3-42] '산양의 이상적인 서식지 풍경화' 예시, https://skybox.blockadelabs.com/

3장 미술

프로그램명	√ '아트 앤 컬처(Arts & Culture)'의 'Art Transfer 2'
설명	아트 앤 컬처에 사진을 업로드한 뒤 원하는 미술사조 양식을 클릭하면, 이에 맞추어 새로운 이미지를 생성할 수 있다. 완성된 사진 밑에는 스타일 관련 키워드가 나와 미술사조에 관련된 핵심적인 특징과 관련 작품들을 설명해 준다. 인공지능이 생성한 이미지 속에서 미술 양식의 특징을 직접 찾아보며 학습한 개념을 점검하고 발견해 내는 안목을 키울 수 있다.
사용 범위	만 13세 이상 사용 가능하며 13세 미만의 경우 보호자의 동의 하에 생성된 계정을 통해 이용 가능함.
수업 활용 방안	√ 미술사의 눈으로 바라본 주변 풍경 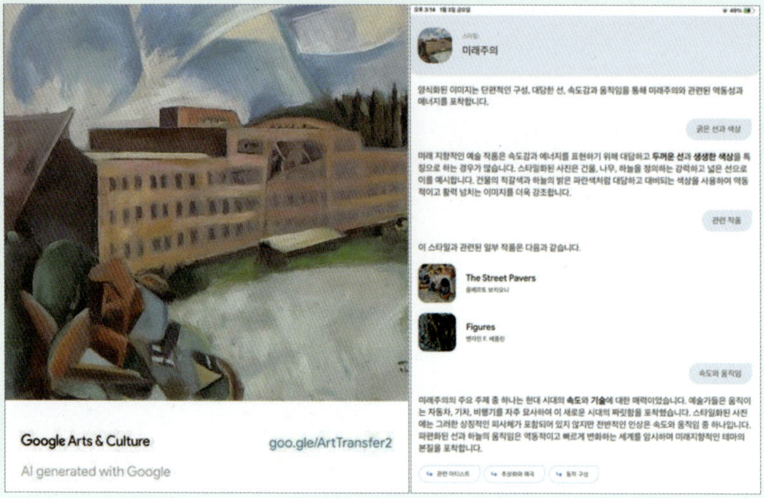 [그림 3-43] 학교 풍경을 미래주의 양식에 적용한 예시, 아트앤컬처 ★ 한 걸음 더! 완성된 이미지를 서로 교환해 감상한 뒤 적용된 미술사조를 발견해 보는 퀴즈를 진행할 수 있다. 정답을 맞추지 못했다면 어떤 부분에서 미술 양식이 사진에 잘 반영되지 않았는지를 피드백해 보고 직접 수정하는 시간을 가져 볼 수도 있다.

프로그램명	✓ '애니메이티드 드로잉(Animated Drawings)' (https://sketch.metademolab.com/canvas)
설명	Meta FAIR에서 개발한 데모로, 2차원 이미지를 업로드하면 움직이는 애니메이션 형태로 변환시켜 주는 프로그램이다. 업로드된 이미지를 분석하여 2D 캐릭터의 주요 골격 구조를 파악한 뒤 AlphaPose와 같은 포즈 추정 알고리즘을 사용해 캐릭터 관절과 움직임을 생성한다. 그리고 움직임에 따라 이미지를 프레임 단위로 매핑하여 움직이는 애니메이션 캐릭터를 제작할 수 있다.
사용 범위	만 18세 이상 사용 가능함.
수업 활용 방안	✓ 움직이는 우리 학교 또는 장소의 마스코트 만들기 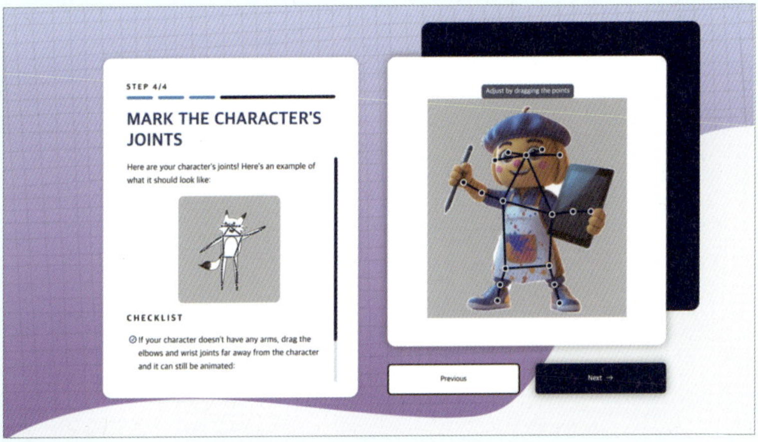 [그림 3-44] 미술실의 마스코트 제작 화면 예시 (이미지 출처: Animated Drawings, https://sketch.metademolab.com/canvas)

체육

1. 인공지능을 왜 체육에?

가. 체육에 인공지능이 왜 필요할까?

인공지능을 활용한 체육 수업을 연구하고 적용하며, 강의를 통해 수업 사례와 방법을 공유하는 과정에서 자주 듣는 질문이 있다. "체육에 인공지능이 왜 필요해? 지금도 충분히 잘 가르치고 있는데?" 사실, 저자 역시 처음 인공지능을 체육 수업에 적용하는 방법을 고민할 때 같은 의문을 가졌다. 그렇다면 왜 체육 수업에 인공지능을 도입해야 하며, 이 책이 어떤 방향성을 가지고 있는지 먼저 소개하고자 한다.

이전에 저자가 근무했던 학교는 한 반에 약 30명의 학생이 있으며, 총 48개 학급이 운영되고 있었다. 이렇게 학생들은 많고, 공간과 시간은 한정된 환경에서 모든 학생에게 개별 피드백을 제공하는 것은 현실적으로 매우 어려운 일이었다. 이 고민을 해결할 방법을 찾던 중 인공지능을 활용하는 방안을 선택하게 되었고, 그 이유는 다음과 같다.

1) 나의 고민과 인공지능의 역할이 맞닿아 있기 때문이다

저자가 인공지능을 활용하는 핵심 목적 중 가장 중요하게 생각하는 것은 인공지능에 특정 기능을 학습시킴으로써 학습 효율성을 증대시키는 것이다. 1장에서도 언급했던 것과 같이 체육 수업은 학생들의 신체 능력, 학습 특성 등에 따라서 개별화된 수업이 필요한 경우가 많다. 이럴 때 학생의 특성을 분석하거나 학생의 특성에 맞는 학습 방법을 제공할 수 있는 인공지능이 있다면, 그리고 학생들에게 맞춤형 학습 환경을 제공할 수 있는 인공지능이 있다면 학습 효율이 매우 향상될 수 있을것이라고 생각했다.

2) 학교 체육도 사회의 발전과 함께 나아갈 수 있다는 확신이 있었기 때문이다.

이미 많은 분야에서 인공지능이 활발히 활용되고 있으며 스포츠 분야 또한 예외가 아니다. 프로 스포츠에서는 자신의 경기력을 분석하여 좀 더 발전된 수행력을 발휘하도록 도움을 제공하는 기술이 적용되고 있다. 그렇다면 학교 체육에서도 이러한 기술을 도입할 수 있지 않을까? 이러한 가능성을 탐구하기 위해 연구를 시작하게 되었고 그 결과 실제 수업에서 인공지능의 도움을 받아 많은 이점을 경험할 수 있었다.

3) 업무의 효율성을 향상시켜 수업에 더욱 집중하고자 하였다.

교사의 업무는 대부분 미리 정해진 계획에 따라 1년 주기의 반복으로 시행된다. 이는 특정 업무를 언제 어떻게 수행할지 예측할 수 있다는 의미이다. 따라서 이러한 예측 가능한 업무를 인공지능의 도움을 받아 처리한다면 업무 효율성이 크게 향상될 것이며, 그만큼 수업에 집중할 수 있는 시간도 더욱 확보될 것으로 기대되었다.

이외에도 다양한 이유가 존재하지만, 가장 중요한 것은 앞으로 인공지능 기술의 발전과 함께 학교 체육도 함께 발전할 것이라는 확신이다. 따라서 이 책을 통해 그 가능성을 널리 알리고 더 많은 교사가 체육 수업에서 인공지능을 효과적으로 활용할 수 있도록 돕고자 한다.

나. 스포츠에 활용되고 있는 인공지능

1) 실제 스포츠 현장에 활용되고 있는 인공지능

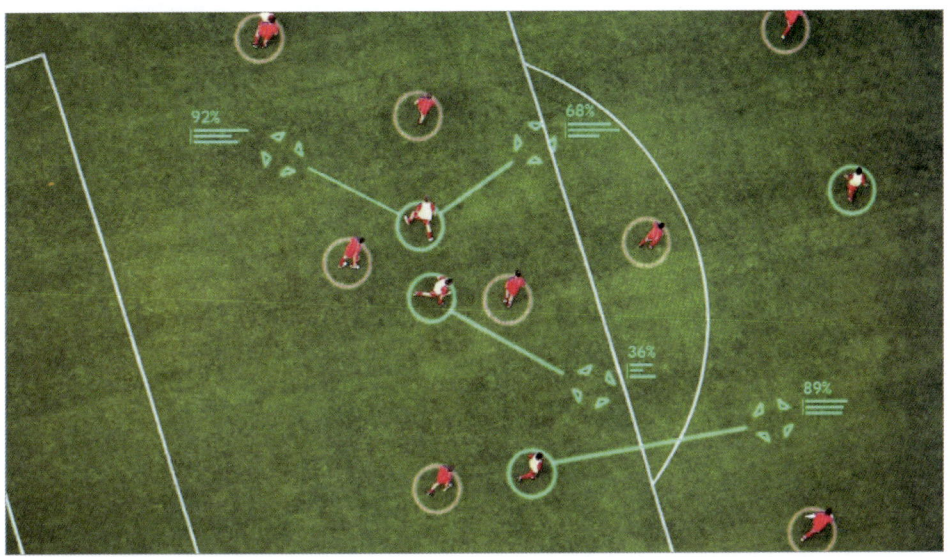

[그림 4-1] 구글 딥마인드와 프리미어리그 리버풀이 공동 개발한 택틱, 출처: 구글 딥마인드

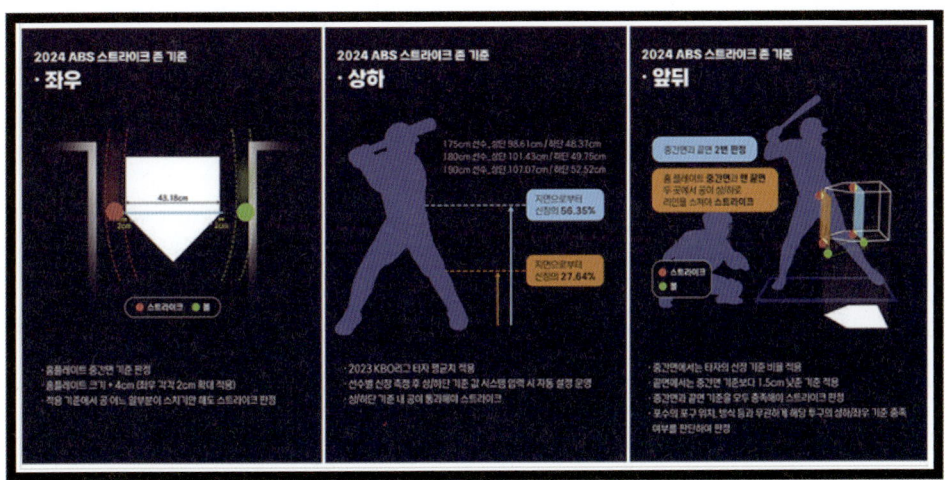

[그림 4-2] KBO에 도입되어 있는 ABS(자동 투구 판정 시스템), 출처: KBO홈페이지

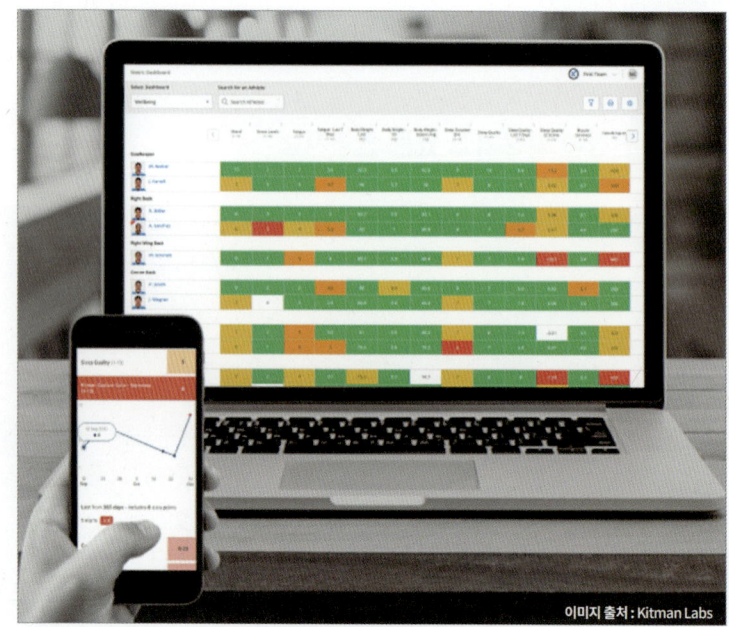

[그림 4-3] 선수의 컨디션 관리 및 부상 예방에 도움을 주는 Kitman Labs, 출처: Kitman Labs

다. 인공지능을 체육 수업에 적용하기 위해서는?

1) 체육 수업에 인공지능을 활용하기 위한 제안

지금의 우리는 인공지능을 다양한 분야에 도입하여 해당 분야의 발전을 모색하는 시대를 살아가고 있다. 교육 현장도 예외가 아니며 맞춤형 학습과 자동화된 평가 및 피드백을 지원하는 디지털 교과서가 도입되는 등 인공지능을 활용하려는 움직임이 활발하다. 그러나 인공지능과 관련된 책을 집필하는 저자로서뿐만 아니라 교육자로서도, 교육의 중심은 여전히 교사이며 인공지능은 교사의 수업과 업무를 보조하여 교육의 효율성과 질을 높이는 데 초점을 맞춰야 한다고 생각한다. 인공지능이 교육적 효과나 판단을 대신하는 것이 아니라, 교사가 더욱 효율적으로 시간과 공간을 활용할 수 있도록 돕는 보조 도구로 활용되어야 함을 분명히 밝히며 체육 수업에 인공지능을 활용하기 위한 방법을 제안하고자 한다.

체육 수업에 인공지능을 적용하는 방법은 너무 다양하지만, 본 책에서는 처음 인공지능을 체육 수업에 적용하고자 하는 교사들이 쉽게 이해하고 실질적으로 활용할 수 있는 방법을 우선적으로 다루고자 한다. 이후 이를 기반으로 보다 발전된 방향을 탐구하는 후속 도서를 집필할 계획이기 때문에 최대한 따라 하기 쉽고 활용도가 높은 방법들을 소개하는 데 초점을 맞췄다. 이에 따라 이미 학교 체육에서 널리 활용되고 있는 종목과 간단한 평가 기준을 수립하고 이를 기반으로 수업과 평가에 효과적으로 적용할 수 있는 방법을 제시하는 것이 본 책을 읽는 교사들의 이해를 돕는 데 가장 적절하다고 판단했다.

다음은 본 책에서 예시로 다룰 평가 종목과 평가 기준표이다.

종목	배구	영역	기록 도전
평가 방법			
배구 언더 핸드 토스	1) 배구 언더 핸드 토스를 정해진 구역에서 실시하여 토스 개수를 측정한다. 2) 정해진 구역을 벗어나거나 공이 바닥, 벽, 천장에 접촉하게 되면 평가가 종료된다. ※ 평가는 2회 실시하여 더 좋은 기록을 점수에 반영한다.			
성취수준	평가기준		점수	
상	30개 이상		30점	
	29개~25개		27점	
중	24개~20개		24점	
	19개~15개		21점	
하	14개~10개		18점	
	10개 미만		15점	
	미참여		0점	

위의 평가 기준 예시는 많은 학교에서 수행평가로 활용되고 있는 배구 언더 핸드 토스 평가를 단순화한 것이다. 다른 종목의 기능을 평가할 때에도 이와 크게 다르지 않은 방식으로 평가 기준을 수립할 수 있을 것으로 생각된다. 따라서 이제 이 평가 기준을 바탕으로 인공지능을 체육 수업에 활용할 수 있는 방법들을 본격적으로 소개하고자 한다.

2. 인공지능 × 체육 교육 찐 활용 가이드

가. ChatGPT와 스프레드시트

1) ChatGPT 활용 기초

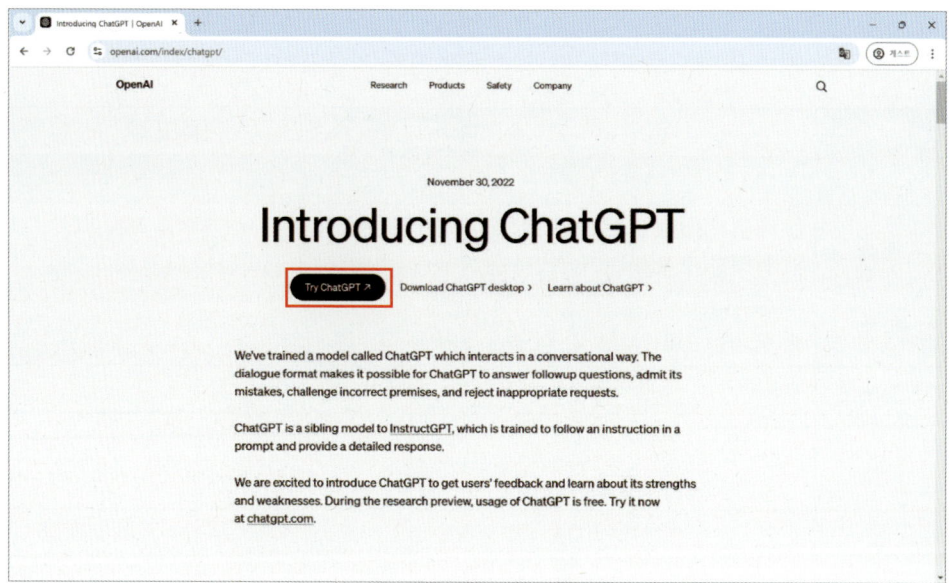

[그림 4-4] ChatGPT 홈페이지

ChatGPT를 활용하기 위해 검색 혹은 사이트 주소(https://openai.com/index/chatgpt/)를 통해 홈페이지에 들어오면 위와 같은 첫 화면을 만날 수 있다.

여기에서 'Try ChatGPT' 버튼을 클릭하면 채팅을 할 수 있는 다음 화면으로 넘어간다.

2. 인공지능 × 체육 교육 찐 활용 가이드

[그림 4-5] ChatGPT 채팅창

이제 로그인 절차를 소개하고자 한다. 로그인을 하지 않아도 ChatGPT와 대화를 진행할 수 있지만, 본 책을 읽으면서 단순하게 따라 하는 것이 아닌 앞으로 매년 기준이 변화하는 수행평가와 매년 진행하는 PAPS에 본 책에서 다루는 인공지능을 활용할 수 있도록 로그인하는 것을 추천한다. 로그인을 하면 자신의 대화 내용이 기록되고, ChatGPT에 내가 원하는 것이 무엇인지 학습하도록 하여 원하는 답변을 보다 빠르고 정확하게 도출할 수 있기 때문이다.

그림 로그인을 위해 위의 그림과 같이 우측 상단에 '로그인'을 선택한다.

4장 체육

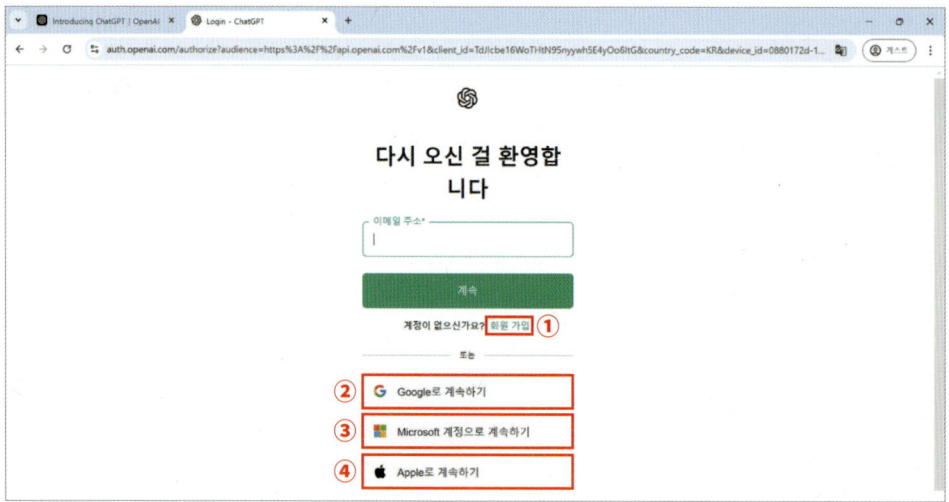

[그림 4-6] ChatGPT 로그인 방법 선택 화면

　　로그인을 클릭하면 위의 그림과 같은 화면을 볼 수 있다. 이 화면에서 기존 회원은 자신의 방식으로 로그인을 하면 되며, 처음 ChatGPT를 활용하는 교사라면 ① 회원 가입 혹은 ② Google로 계속하기, ③ Microsoft 계정으로 계속하기, ④ Apple로 계속하기 중에서 원하는 방법을 클릭한다. 참고로 교육청 혹은 학교에서 발급받은 구글 아이디로 로그인하는 것이 가능하며, 본 책을 보고 실습을 할 독자들은 추후 스프레드시트를 활용해야 하므로 ② Google로 계속하기를 눌러 구글 아이디로 로그인하는 것을 추천한다.

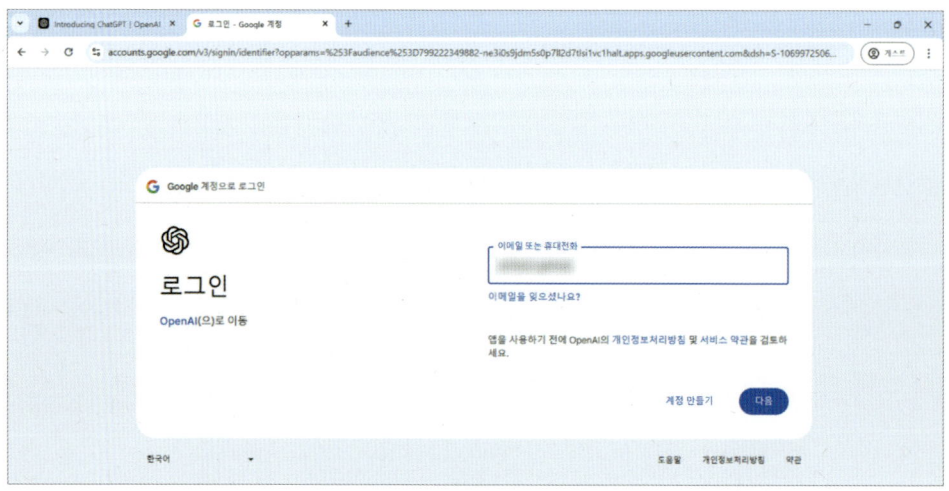

[그림 4-7] ChatGPT 로그인 아이디 입력 화면

2. 인공지능 × 체육 교육 찐 활용 가이드

구글로 계속하기를 선택하면 위와 같은 화면을 볼 수 있다. (다른 방법을 선택해도 크게 다르지 않다.) 이제 자신의 구글 이메일 또는 전화번호(아이디)를 작성하고 다음을 누르면 비밀번호를 입력하는 화면이 나오고 비밀번호를 입력한다.

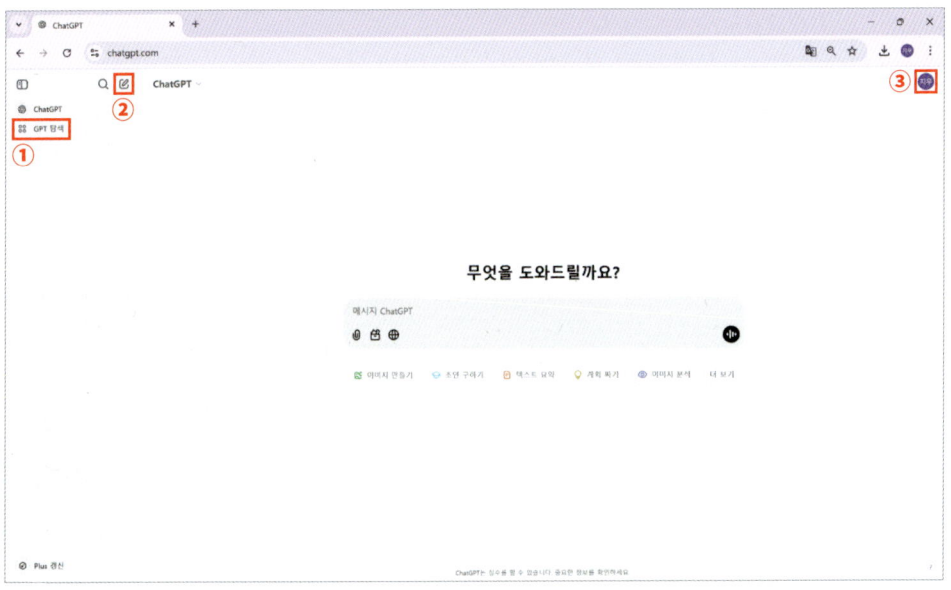

[그림 4-8] ChatGPT 로그인 후 채팅 화면

이제 그림과 같이 로그인된 화면을 볼 수 있다.

처음 ChatGPT를 사용하는 교사를 위해 간단하게 화면을 설명하면 다음과 같다. ①은 지금까지 내가 ChatGPT와 나눴던 채팅의 기록이 저장되는 곳이다. ②를 클릭하면 지금까지 했던 대화가 ①에 저장되고 새 채팅창을 만들 수 있다. ③은 내 ChatGPT를 설정할 수 있으며, 대화 기록이 가득 찼을 때 한 번에 삭제하거나, 유료 플랜을 결제하는 등의 설정을 할 수 있다.

여기까지 준비가 됐으면 내가 원하는 것을 ① 메시지에 요청하여 채팅할 수 있다.

2) ChatGPT로 평가 스프레드시트 수식 만들기

이제 평가 기준에 맞는 스프레드시트를 만드는 작업을 진행할 것이다. 그에 앞서 왜 엑셀이 아닌 스프레드시트로 만들어 활용하려는지 간단히 설명하고자 한다.

우리는 수행평가 및 특기 사항을 효율적으로 작성하기 위해 나이스에서 엑셀 파일을 다운로드하여 작업하는 경우가 많다. 그런데 엑셀이 아닌 스프레드시트를 활용하는 가장 큰 이유는 인터넷이 연결된 환경에서 별도로 파일을 저장하지 않아도 Google 계정으로 로그인하여 바로 입력 및 편집을 할 수 있기 때문이다. 물론 인터넷이 연결되지 않은 상태에서도 작업할 수 있다.

이는 운동장이나 체육관과 같이 장소를 이동하며 수업하는 체육 교사들에게 매우 중요한 요소다. 스프레드시트를 완성해 두면 언제 어디서나 노트북, 태블릿 PC, 스마트폰 등 여러 기기에서 즉시 활용할 수 있기 때문이다. 또한, 수기 작성이 아닌 디지털 기기를 활용할 때 가장 우려되는 데이터 보관 문제에 있어서도 스프레드시트는 자동 저장 기능을 제공하므로 특정 기기가 갑자기 고장 나더라도 다른 기기에서 자유롭게 확인 및 수정이 가능하다.

스프레드시트는 이러한 장점을 가지고 있기 때문에 본 책에서는 엑셀이 아닌 스프레드시트를 활용하고자 한다. 물론 엑셀을 선호하는 교사라면 스프레드시트 대신 엑셀을 활용해도 동일한 방식으로 파일을 생성하고 사용할 수 있다. 결국 중요한 것은 평가를 자신의 필요에 맞게 효율적으로 활용 및 관리하는 것이므로 각자의 환경과 편의에 맞춰 적절한 도구를 선택하면 된다.

그럼 본격적으로 스프레드시트에 적용될 수식을 만들어 보자. ChatGPT와 대화를 하기 위해서는 어떤 말을 어떤 방식으로 입력하는지가 매우 중요하며 이를 '프롬프트를 입력한다'라고 표현한다. 프롬프트에 대한 설명은 많은 연수에서 접했을 것이기 때문에 프롬프트라는 이야기를 들으면 명령어를 조건에 맞게 잘 입력할수록 좋은 답변이 도출된다는 사실도 많이 들었을 것이다. 그러나 본 책에서는 앞에서 이야기했던 것과 같이 효율성을 중시하므로 우리가 이미 가지고 있는 자료를 최대한 활용하고자 한다. (프롬프트로 작성하여 활용하고자 하는 교사는 p.140을 참고하면 된다.)

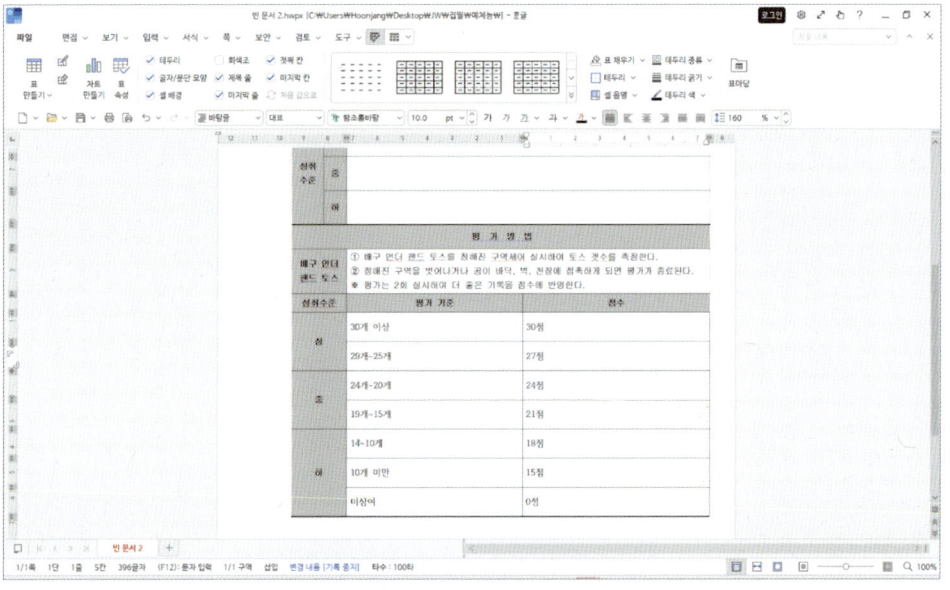

[그림 4-9] 평가 계획 한글 파일

모든 교사는 학기 초에 '그림 4-9와 같이' 평가 기준을 작성해야 한다. 학교마다 양식은 조금씩 다르지만, 그림과 같이 한글 파일로 만들어졌으며, 평가 기준 표가 있다는 점은 공통적이다. 우리가 필요한 부분은 평가 기준과 점수가 있는 표 부분이다. 이 표 부분을 캡처하여 입력하면 우리가 프롬프트를 길게 글로 설명하는 것보다 빠르고 간편하게, 즉 효율적으로 프롬프트를 작성할 수 있다.

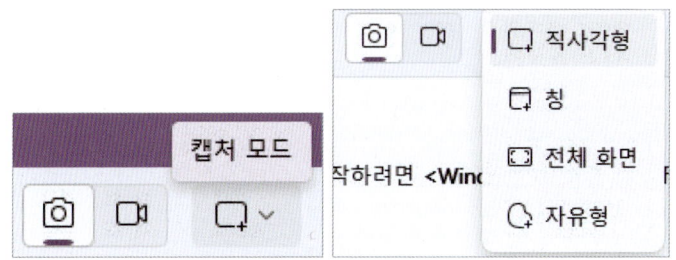

[그림 4-10] 윈도우 중앙 상단 캡처 모드

표 부분을 캡처하는 방법은 컴퓨터에 설치된 프로그램이나 윈도우 버전에 따라 조금씩 다르지만, 대부분 키보드 우측 상단에 Print 혹은 PrtSc 등으로 쓰여 있는 키를 누르면 그림과 같은 캡처 도구가 화면 중앙 상단에 활성화될 것이다. 여기에서 그림과 같이 캡처 모드 버튼을 클릭 후 직사각형을 클릭하면 원하는 부분을 캡처할 수 있다. 이를 활용하여 우리가 필요한 평가 표를 드래그하여 캡처한다. (아래 그림에서 파란색으로 선택된 부분을 드래그 하면 된다.)

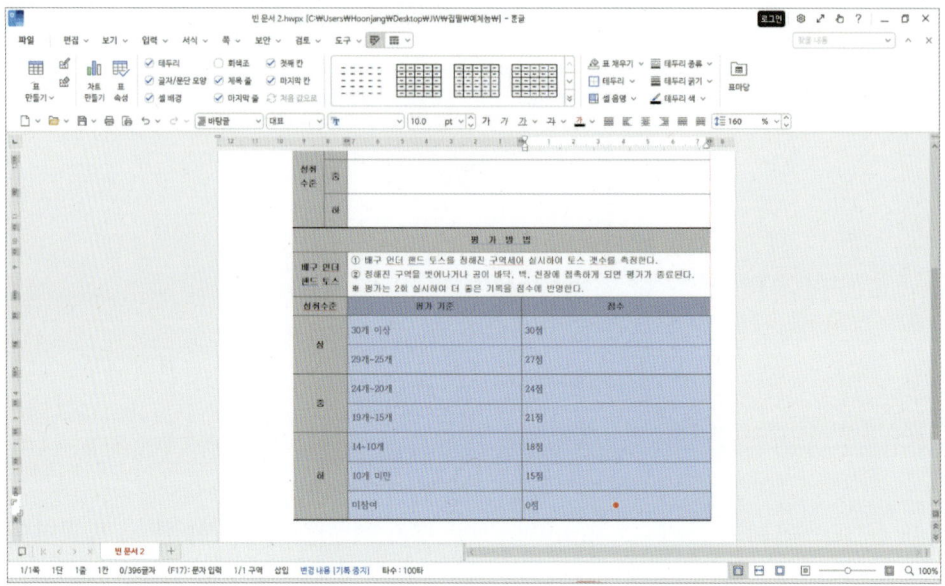

[그림 4-11] 평가 계획 한글 파일 표 부분 선택

직사각형을 선택하면 +모양으로 커서가 바뀌게 되며, 이때 표 구석에 커서를 두고 마우스를 클릭한 채로 표를 드래그한다.

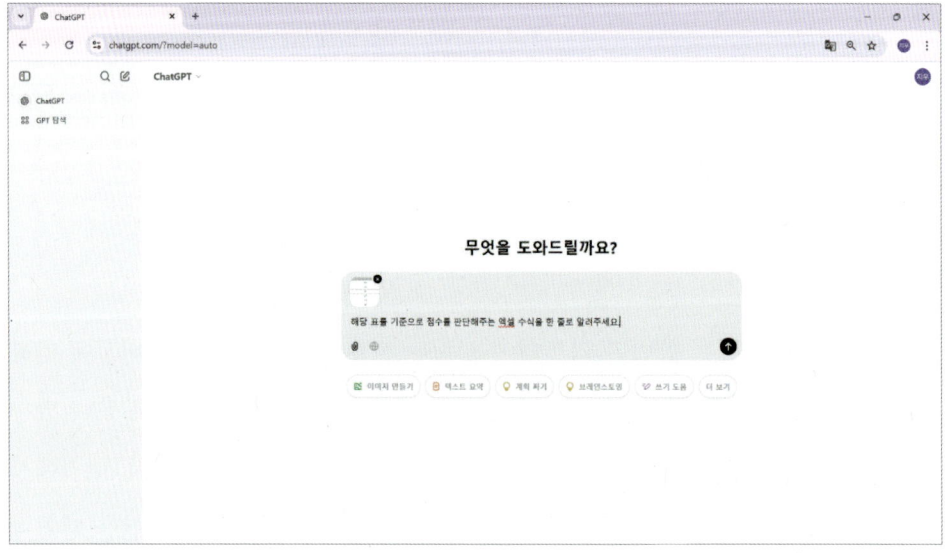

[그림 4-12] ChatGPT에 프롬프트 입력

캡처가 완료되고 채팅창으로 돌아와서 Ctrl+V(붙여넣기)를 하면 아래와 같이 채팅창에 캡처된 이미지가 첨부된다. 이후 우리가 필요한 내용을 요청하는 프롬프트를 작성하면 된다.

우리는 엑셀 수식이 필요하기 때문에 "해당 표를 기준으로 점수를 판단해 주는 엑셀 수식을 한 줄로 알려 주세요."라고 입력했다. 스프레드시트를 사용하지만 '엑셀 수식'이라고 요청하는 이유는 단순히 '엑셀'이라는 단어가 '스프레드시트'라는 단어보다 글자 수가 적어 입력이 간편하기 때문이다.

프롬프트는 이와 같이 유사한 단어나 방식으로 작성하면 되지만, 수식을 요청할 때에는 "한 줄로 알려 달라"고 요청하는 것이 중요하다. 그렇지 않으면 여러 줄로 된 수식을 제공받을 수 있으며, 이 경우 수식을 복사하여 사용할 때 오류가 발생할 가능성이 있다.

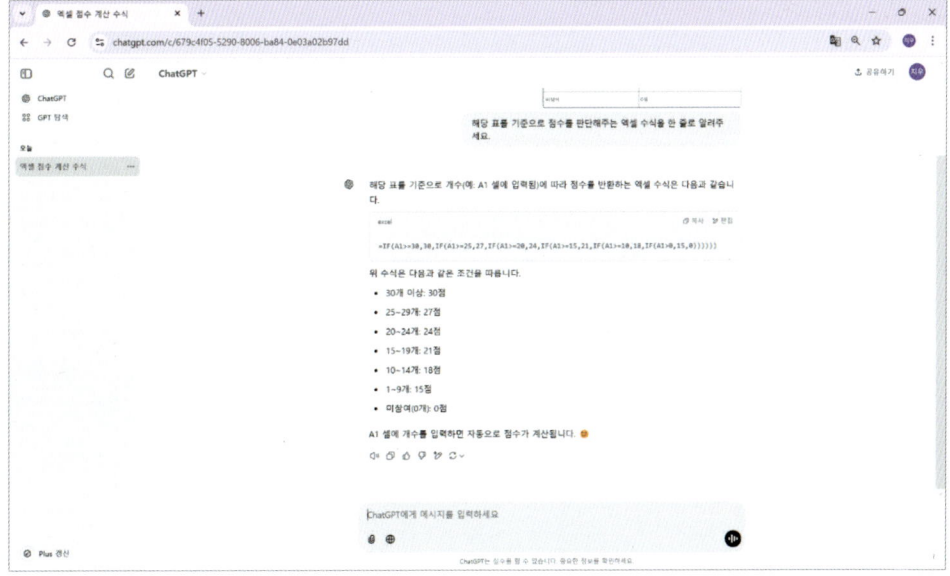

[그림 4-13] ChatGPT에 입력한 프롬프트에 대한 답변

프롬프트를 작성하고 엔터를 누르면 아래와 같이 수식을 알려 준다. (엔터를 눌렀는데 프롬프트가 영어로 바뀐다면 확장 프로그램이 적용되어 그런 것이다. 당황하지 말고 그대로 ↑화살표 모양을 클릭하면 영어로 채팅이 된 후 다시 한글로 번역되어 답변을 준다.)

채팅을 하면 반드시 그림과 같은 답변을 주지는 않는다. 하지만 결과는 올바르게 작동하는 수식을 알려 줄 것이니 그림과 똑같이 답변을 받지 못했다고 해도 수식과 함께 비슷한 내용의 답변을 받았다면 걱정하지 않아도 된다.

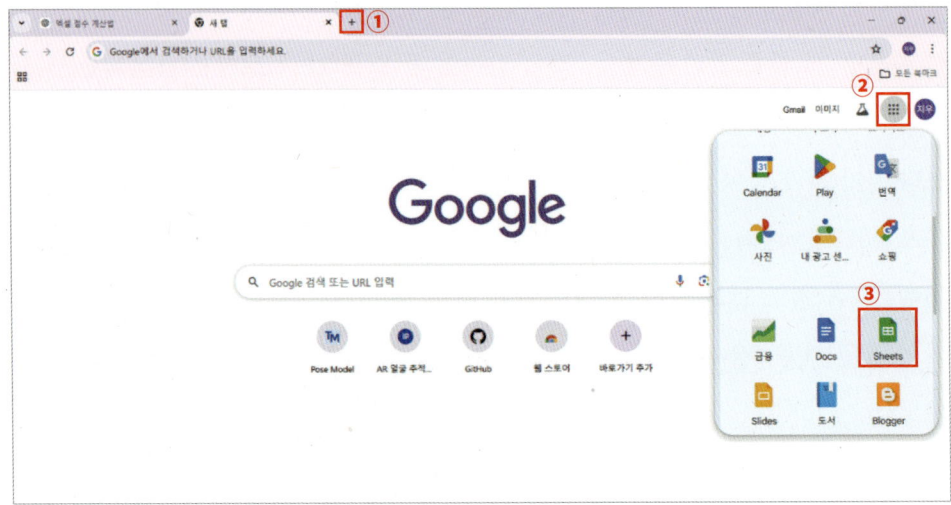

[그림 4-14] Goolge 홈페이지 Sheets 선택

수식을 알았으니 스프레드시트를 생성해 보도록 하자. Chrome을 기준으로 인터넷 창 상단 부분에 ① +를 클릭하면 그림과 같은 새 창이 나올 것이다. 여기에서 ② ▦를 클릭하고 ③ Sheets를 찾아서 클릭한다.

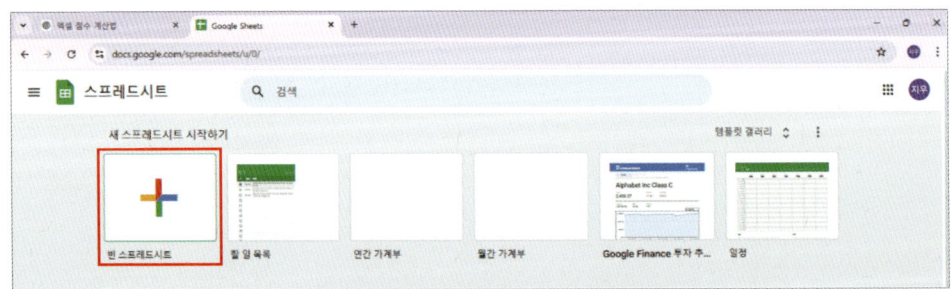

[그림 4-15] 스프레드시트 생성 화면

Sheets를 클릭하면 그림과 같은 화면이 나오는데 여기에서 ① 빈 스프레드시트를 클릭한다.

2. 인공지능 × 체육 교육 찐 활용 가이드

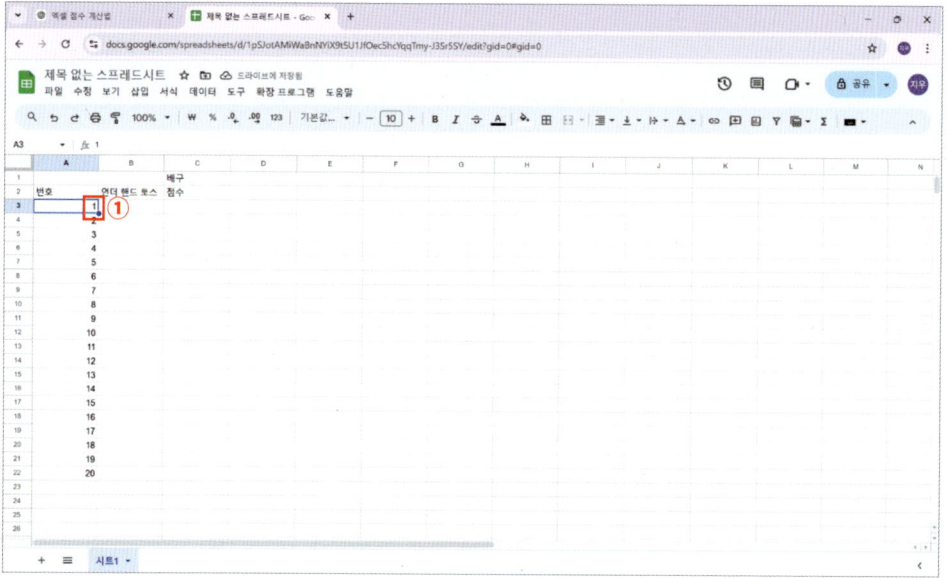

[그림 4-16] 스프레드시트 제작(번호 및 기본 정보 입력)

빈 스프레드시트를 열고, 아래 그림과 같이 번호, 평가 항목, 점수, 종목 등을 먼저 작성한다. (이름, 성별 등은 교사의 필요에 따라 추가하거나 삭제할 수 있다.)

이때 출석 번호처럼 연속된 숫자를 빠르게 작성하려면 먼저 숫자를 입력한 후, 셀의 우측 하단 모서리[① 부분]에 마우스 커서를 올리면 '+' 모양으로 변경된다. 이 상태에서 Ctrl을 누른 채 아래 방향으로 드래그하면 연속된 숫자가 자동으로 채워진다. (Ctrl을 누르지 않으면 같은 숫자가 반복 입력되므로 주의해야 한다.)

4장 체육

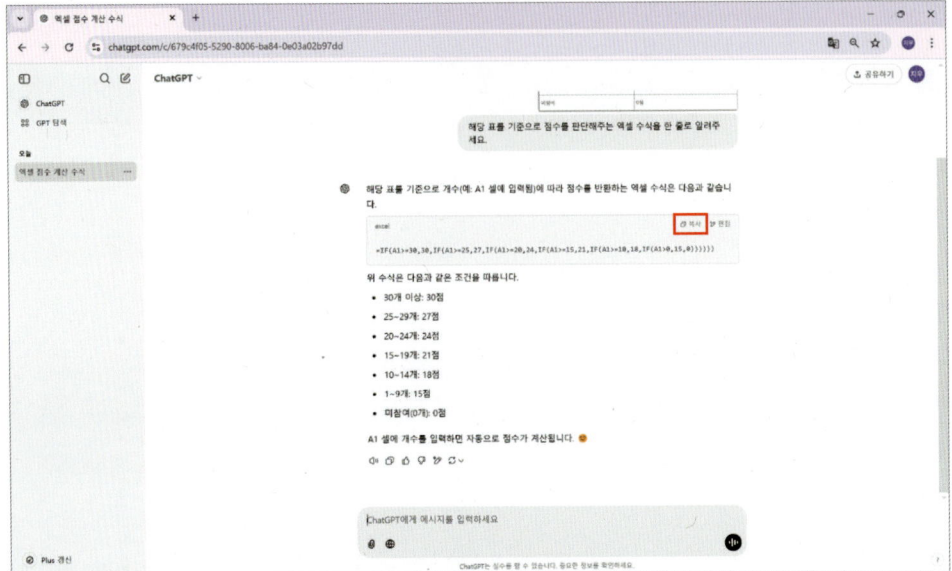

[그림 4-17] 이전 ChatGPT에 입력한 프롬프트에 대한 답변

다시 ChatGPT화면으로 돌아와 '복사'를 클릭하여 수식을 복사한다.

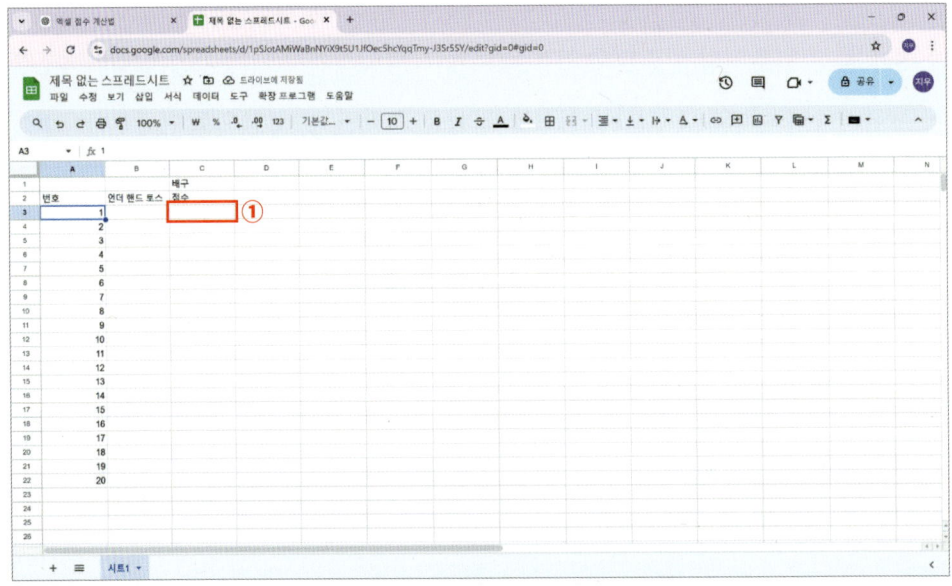

[그림 4-18] 스프레드시트 제작(번호 및 기본 정보 입력된 상태)

스프레드시트 화면으로 돌아와 점수가 작성돼야 하는 셀, 즉 ① C3 셀을 클릭하고 Ctrl+V(붙여넣기)를 눌러 수식을 입력한다.

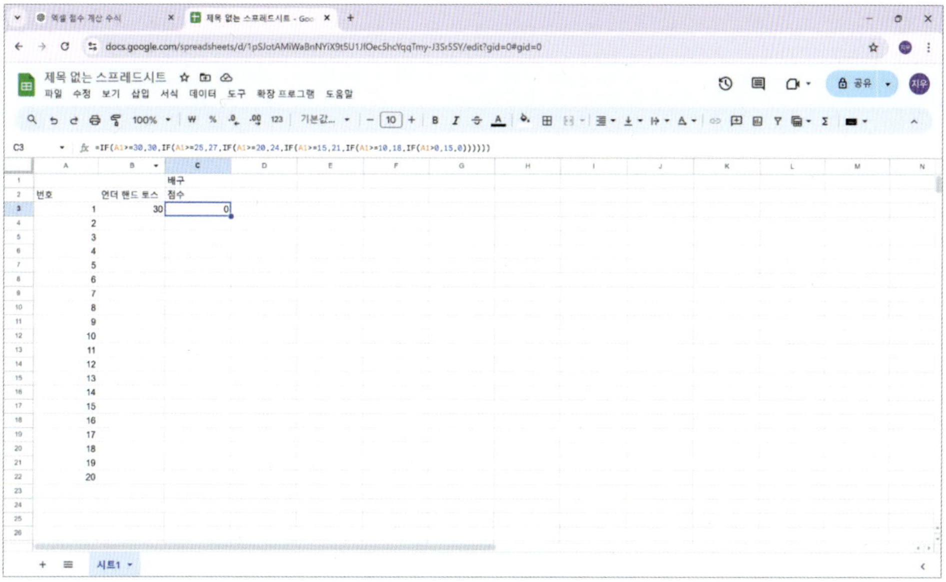

[그림 4-19] 스프레드시트 C3셀에 수식 입력

수식을 붙여 넣은 후 언더 핸드 토스를 30개 성공했다고 가정하고 B3 셀에 30을 입력하면 C3 셀의 점수가 자동으로 변경되어야 한다. 하지만 점수에 변화가 없을 것이다.

이는 ChatGPT가 수식을 작성할 때 점수 계산의 기준을 A1 셀로 지정했기 때문이다. 따라서 이 기준을 B2 셀로 변경하면 정상적으로 작동될 것이다. (처음부터 ChatGPT에 "기준 셀을 B2로 지정해 달라"는 방식으로 프롬프트를 작성할 수도 있다. 하지만 본 책에서는 보다 자세한 설명을 위해 위의 방식을 사용했으며, 실제로 내가 프롬프트를 작성할 때는 시간 효율성을 위해 기준 셀까지 지정하여 작성하는 편이다.)

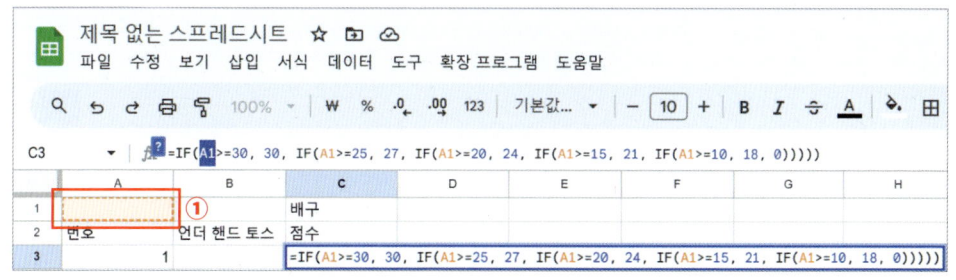

[그림 4-20] 스프레드시트 C3셀에 수식 수정

기준 셀을 변경하는 방법은 그림의 ① 부분, 즉 수식에서 A1이라고 작성된 부분들을 평가 항목이 작성될 셀, 즉 B3으로 모두 바꿔 주면 된다. (A1이라는 글자를 B3으로 바꿔 쓰면 된다.)

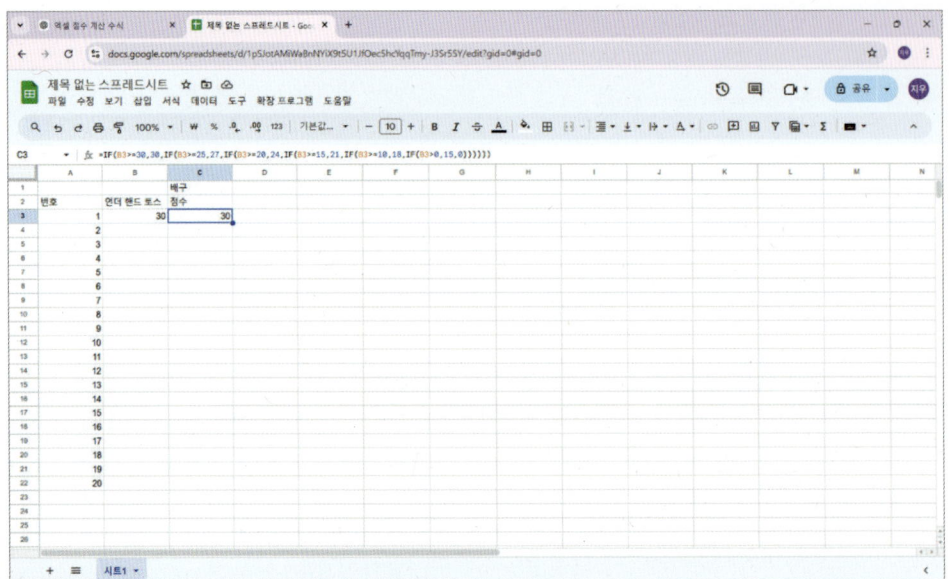

[그림 4-21] 스프레드시트 C3셀에 수식 완료

수식을 변경하면 그림 같이 정상적으로 작동하여 C3 셀에 30점이 자동으로 기록된다.

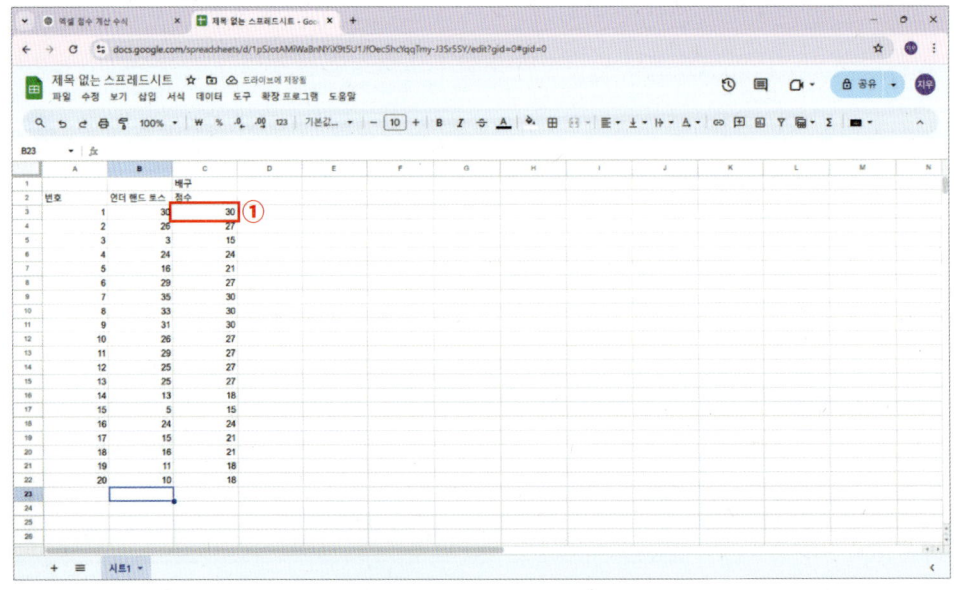

[그림 4-22] 스프레드시트 셀 확장

정상적인 수식을 완성했으면 모든 셀에 수식을 적용하기 위해 C3 셀의 우측 모서리 ① 부분에 커서를 두고 커서가 +모양으로 바뀌면 이번에는 그대로 아래 방향으로 필요한 만큼 드래그한다. 그럼 그림과 같이 수식이 자동으로 입력 및 적용되며 테스트를 위한 숫자를 입력했을 때 정상적으로 작동된다.

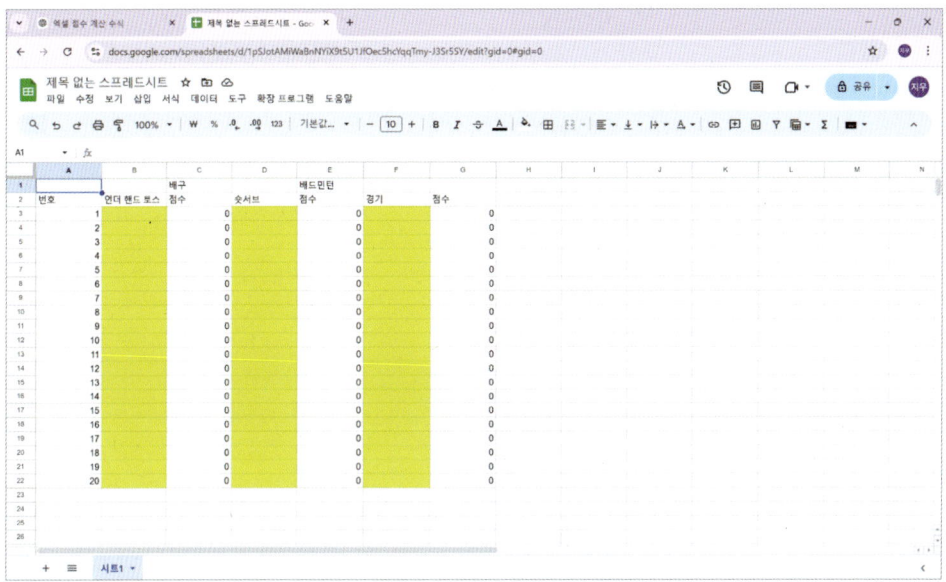

[그림 4-23] 스프레드시트 점수 입력 셀 색상 변경

수식이 모두 완성되었으므로 그림과 같이 같은 방식으로 이번 학기에 평가할 모든 종목의 수식을 만들어 활용하면 된다.

또한, 그림과 같이 학생들의 기록 입력 셀을 노란색으로 변경한 이유는 기록을 입력해야 하는 부분을 한눈에 알아보기 쉽게 하기 위해서이다. 실제로 몇 년간 평가 파일을 활용하면서 입력해야 할 셀에 색상을 지정하니 작성이 더욱 편리해졌다. 따라서 보다 효율적인 활용을 위해 동일한 방식으로 색상을 적용하는 것을 추천한다.

4장 체육

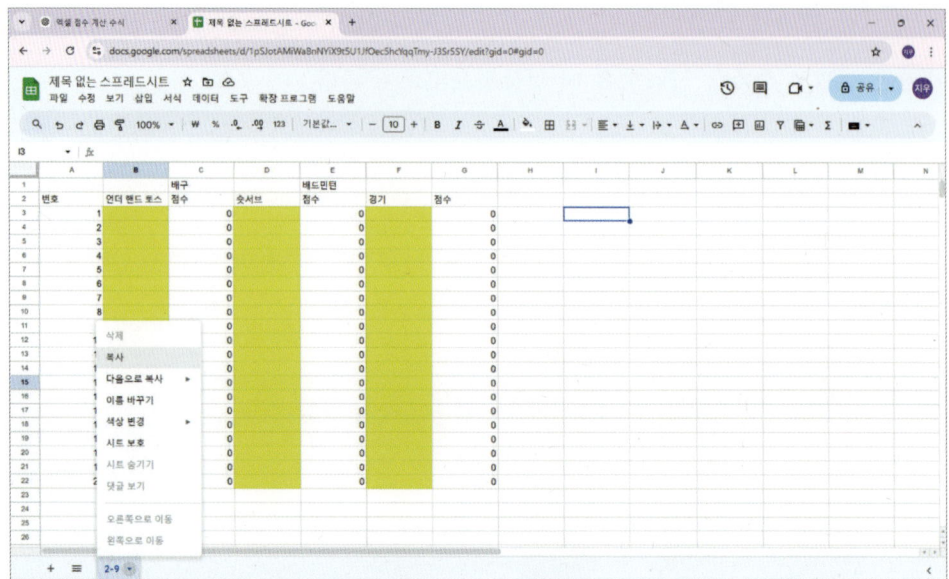

[그림 4-24] 스프레드시트 복사

이제 마지막 단계로 그림과 같이 시트를 복사하여 반별 시트를 만들어 준다.

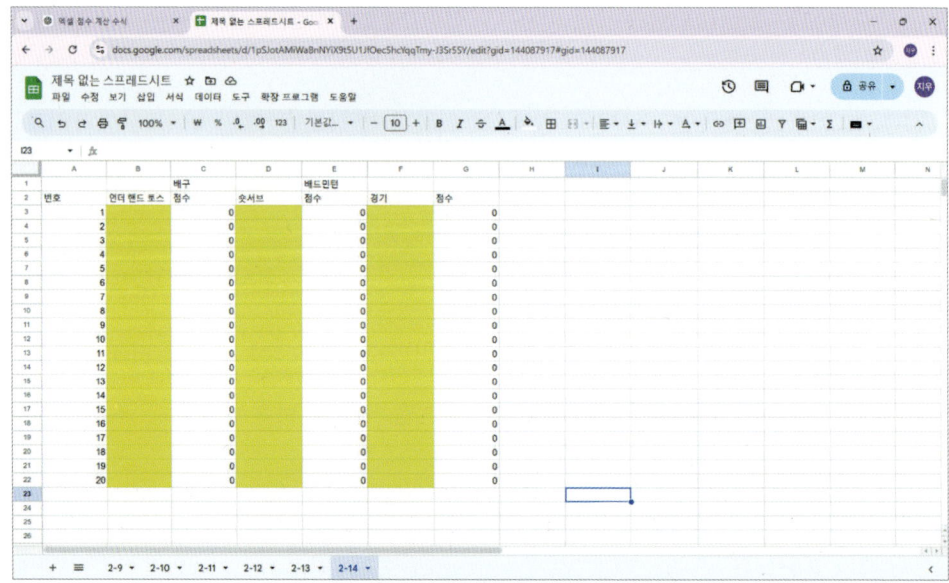

[그림 4-25] 스프레드시트 복사 후 이름 변경

복사된 시트를 더블클릭 혹은 이름 바꾸기를 통해 시트 이름을 반별로 변경해 주면 평가 스프레드시트를 활용할 준비가 완료된다.

나. 티처블 머신(Teachable Machine)을 활용한 체육 수업

1) Teachable Machine을 활용하는 이유

Teachable Machine은 구글이 개발한 웹 기반 머신러닝 도구로 간단하고 직관적으로 인공지능 모델을 훈련하고 활용할 수 있도록 설계되었다. 이를 체육 수업에 활용하는 이유는 다음 세 가지로 정리할 수 있다.

가) 인공지능 모델을 쉽게 학습시킬 수 있다

Teachable Machine은 이미지, 오디오, 포즈 데이터를 입력하면 간단한 학습 과정을 거쳐 즉시 결과를 확인할 수 있다. 이렇게 학습된 모델을 학생들에게 배포하면 학생들은 수행 즉시 피드백을 받을 수 있도록 수업을 설계할 수 있다.

나) 복잡한 코드 작업을 거치지 않고 인공지능을 활용할 수 있다

인공지능을 보다 심도 있게 활용하려면 코딩 능력이 필요하지만 본 책에서는 인공지능이 익숙하지 않은 교사들도 쉽게 따라 할 수 있도록 하는 데 초점을 맞추고 있다. 따라서 별도의 코딩 없이도 활용할 수 있는 Teachable Machine을 적극적으로 소개하게 되었다.

다) 학습시킨 인공지능 모델은 프로그래밍을 통해 응용하기 용이하다

Teachable Machine은 이미 코딩을 활용할 줄 아는 교사뿐만 아니라 인공지능에 관심을 갖고 더 깊이 활용하고자 하는 교사들에게도 확장성이 뛰어난 도구이다. 또한, 본 책을 통해 체육 수업에 인공지능을 활용하는 기초를 익힌 후 더 심화된 내용에 관심을 가지게 된다면 Teachable Machine을 활용한 프로그램 제작 방법을 다룬 후속 도서를 발간할 계획이기 때문에 Teachable Machine을 활용하게 되었다.

이와 같은 이유로 Teachable Machine을 활용한 수업 방식을 소개하고자 하며 이전 장에서 다룬 '언더 핸드 토스' 평가를 기준으로 학습 모델을 훈련하고 이를 학생들에게 제공하는 방법을 설명할 것이다. 이를 통해 학생들이 언더핸드 토스의 기초 동작을 학습할 수 있도록 돕고, 나아가 이를 활용한 평가 프로그램의 예시까지 제공할 예정이다.

2) Teachable Machine을 활용한 모델 만들기

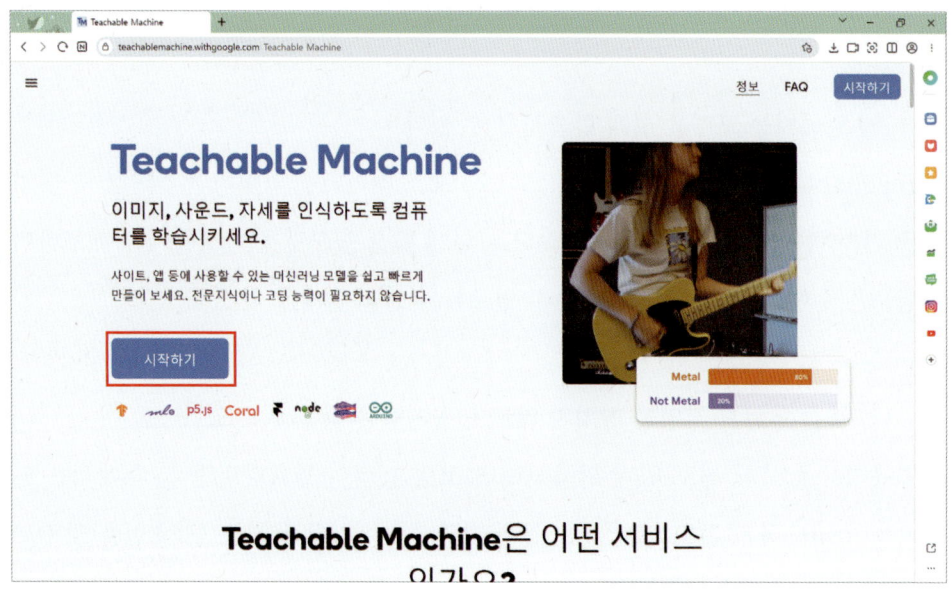

[그림 4-26] Teachable Machine 홈페이지

먼저 Teachable Machine을 활용하기 위해 필요한 준비물이 있다. 바로 노트북과 무선 마우스이다. 동작을 학습시키기 위해 그리고 몸을 움직이며 클릭을 하기 위해 노트북과 무선 마우스가 필요하다. 이렇게 두 가지의 준비물이 준비가 됐다면 사용하는 인터넷 사이트에서 Teachable Machine 검색 혹은 사이트 주소 (https://teachablemachine.withgoogle.com) 입력을 통해 Teachable Machine 홈페이지에서 시작하기를 클릭한다.

2. 인공지능 × 체육 교육 찐 활용 가이드

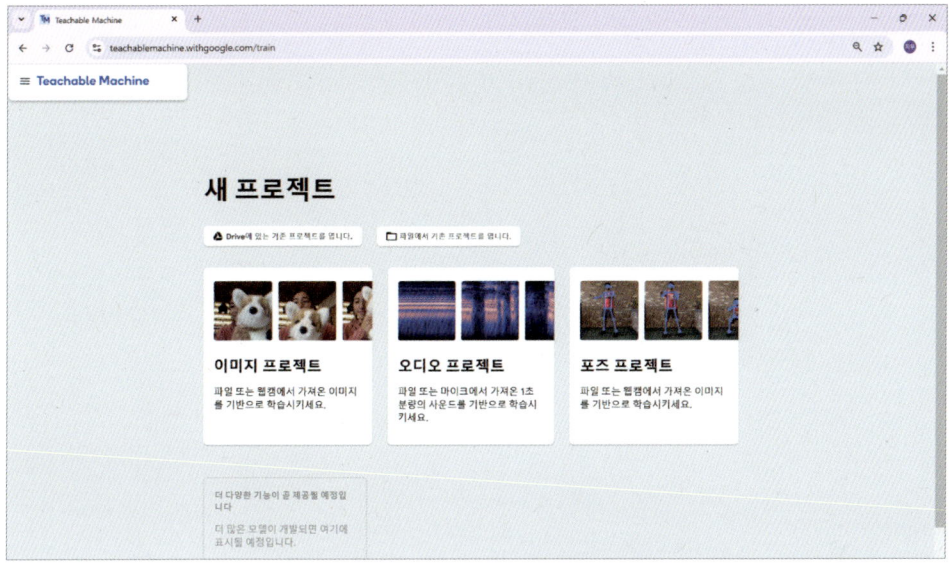

[그림 4-27] Teachable Machine 프로젝트 선택 화면

Teachable Machine은 앞서 설명한 것처럼 이미지, 오디오, 포즈 프로젝트 중에서 교사가 필요한 데이터를 선택하고 학습시켜 즉시 결과를 확인할 수 있는 도구이다.

따라서 그림과 같은 화면에서 사용할 데이터를 선택해야 한다. 대부분의 체육 수업에서는 포즈 데이터를 활용하는 경우가 많지만, 만약 훌륭한 이미지 데이터가 있다면 이미지 방식도 선택할 수 있다.

본 책에서는 대부분의 교사가 익숙한 방식을 활용하기 위해 언더 핸드 토스 동작을 직접 학생들에게 지도하는 방식과 같이 Teachable Machine이 해당 동작을 학습하도록 하여 체육 수업에 활용할 것이므로 '포즈 프로젝트'를 클릭한다. (추후 이미지를 활용할 때에는 '이미지 프로젝트'를 선택하면 된다.)

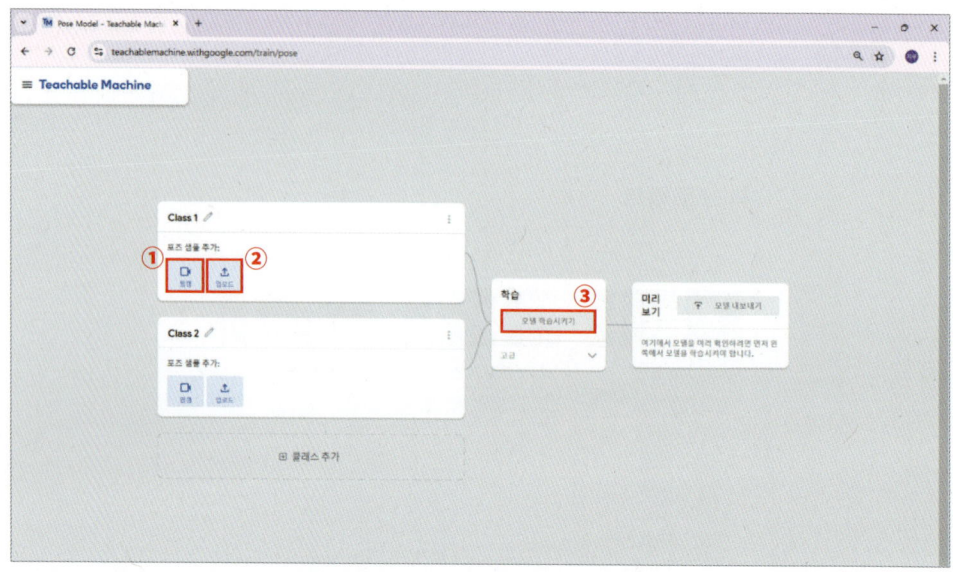

[그림 4-28] 포즈 프로젝트 데이터 입력 준비

포즈 프로젝트를 클릭하면 그림과 같은 화면이 나타난다. 이를 간단히 설명하면 다음과 같다.

① 웹캠은 자신의 동작이나 모델의 동작을 직접 촬영하여 학습할 수 있다.

② 업로드는 훌륭한 포즈 이미지가 이미 준비되어 있을 경우 이를 활용하여 학습할 수 있도록 한다.

③ 모델 학습시키기는 웹캠 혹은 업로드를 통해 데이터를 입력 후 모델 학습시키기를 클릭하면 인공지능이 입력된 데이터를 학습한 후 학습자의 동작이 학습된 동작과 얼마나 일치하는지를 분석하여 보여 준다.

이제 우리가 활용할 ① 웹캠을 활용하여 모델을 제작하는 방법을 알아 보자. 그림과 같은 화면에서 ① 웹캠을 클릭한다.

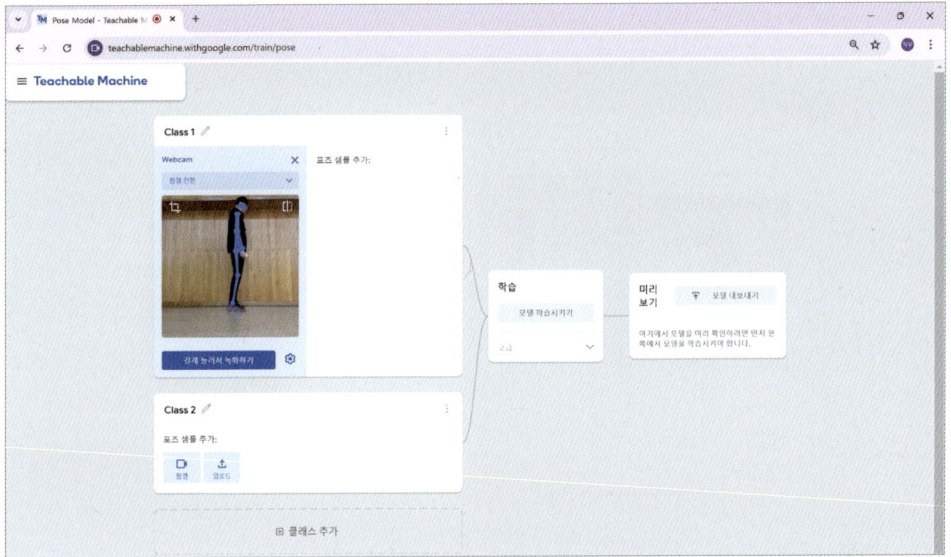

[그림 4-29] 포즈 프로젝트 웹캠 데이터 입력 준비

웹캠 버튼을 클릭하면 그림과 같이 본인의 모습이 화면에 나타난다. 여기에서 학습시키고자 하는 포즈를 웹캠을 통해 촬영하게 된다.

포즈를 촬영하기 전에 해당 종목에서 어떤 부분에 중점을 두고 모델을 만들 것인지 정해야 한다. 이때 막연히 해당 종목에서 중요한 부분이 무엇인지 고민하기보다는 해당 종목을 지도할 때 학생들에게 반복적으로 피드백했던 부분이나 대표적으로 중요한 부분을 떠올리는 것이 효과적이다.

본 책에서는 언더 핸드 토스 동작을 학습시키는 것을 목표로 하고 있기 때문에

(1) 토스를 하기 전 중심을 낮춘 상태에서 팔꿈치를 펴고 준비

(2) 토스 순간과 이어서 팔꿈치가 펴져 있는지 여부

이 두 가지 부분를 기준으로 모델을 제작하여 학생들에게 배포하는 함으로써 언더 핸드 토스 동작 수행 여부를 판단하고 피드백을 제공할 수 있도록 할 것이다.

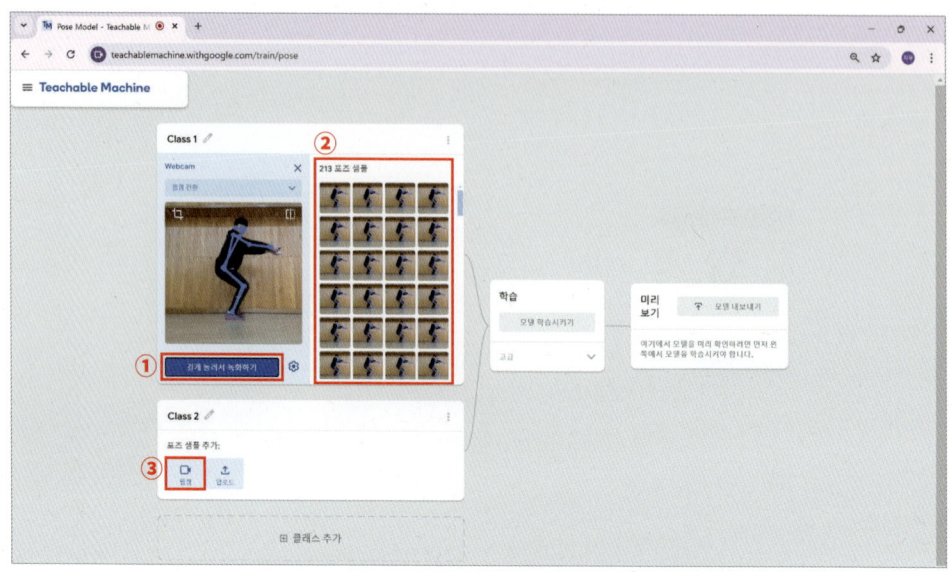

[그림 4-30] 포즈 프로젝트 웹캠 데이터 입력

웹캠을 클릭하여 포즈를 촬영할 준비가 되었다면 먼저 마우스 커서를 ① '길게 눌러 녹화하기' 버튼에 둔다. 이후 한 손에 마우스를 들고 학습시키고자 하는 첫 번째 포즈를 취한다. (그림과 같이 전신이 나오도록 해야 한다.)

본 책에서는 팔을 펴고 무게 중심을 낮춘 자세가 이에 해당한다. 포즈가 준비되었다면 해당 자세를 유지한 상태로 마우스를 7~8초간 클릭을 유지한다.

이렇게 7~8초간 클릭을 유지하는 이유는 신뢰도 높은 모델을 제작하기 위해서는 100~200개의 샘플 데이터가 필요하기 때문이다. ② 부분을 보면 213개의 포즈가 기록된 것을 확인할 수 있다.

Teachable Machine은 이론적으로 1초당 30개의 포즈 샘플을 기록하도록 설계되어 있다. 그러나 컴퓨터 사양에 따라 다소 차이가 있을 수 있어, 보통 7~8초간 클릭하면 100~200개의 포즈 샘플이 저장된다.

이렇게 포즈 샘플이 촬영되었다면 다음으로 두 번째 동작을 촬영하기 위해 ③ 웹캠 버튼을 클릭한다.

2. 인공지능 × 체육 교육 찐 활용 가이드

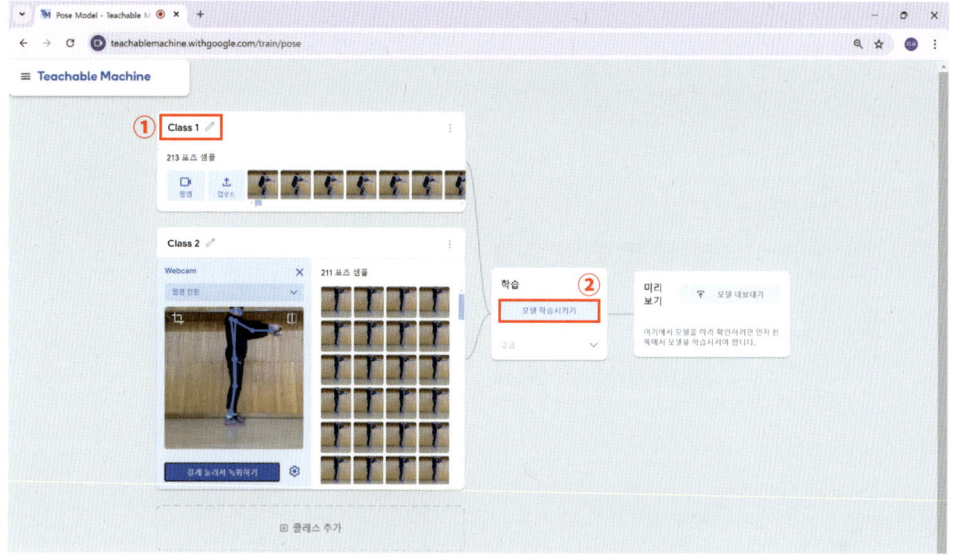

[그림 4-31] 포즈 프로젝트 웹캠 두 번째 포즈 데이터 입력

두 번째 동작도 첫 번째 동작과 같은 방식으로 촬영한다.

두 번째 포즈를 길게 눌러 학습이 완료되면 ① Class 1 부분을 더블클릭하거나 그 옆 연필 모양 아이콘을 눌러 이름을 변경한다. 이때 변경한 이름은 한글로 설정할 수도 있지만, 추후 학습된 모델을 활용해 프로그램을 만들거나 다양한 방식으로 응용할 계획이라면 영어로 변경하는 것이 좋다.

동작들의 이름을 변경한 후 ② 모델 학습시키기를 클릭한다. 버튼을 클릭하면 '학습 중'으로 표시되며, '탭을 전환하지 마세요'라는 문구가 나타난다.

이제 학습이 완료될 때까지 기다리면 된다.

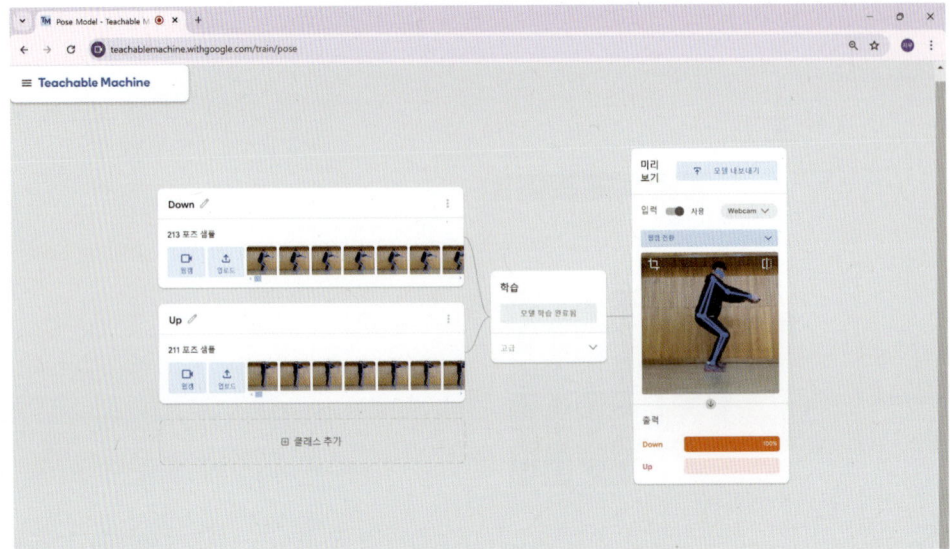

[그림 4-32] 포즈 프로젝트 모델 초기 학습 화면

학습이 완료되면 그림과 같이 학습한 동작을 취했을 때 Up, Down 동작을 구분하는 것을 확인할 수 있다.

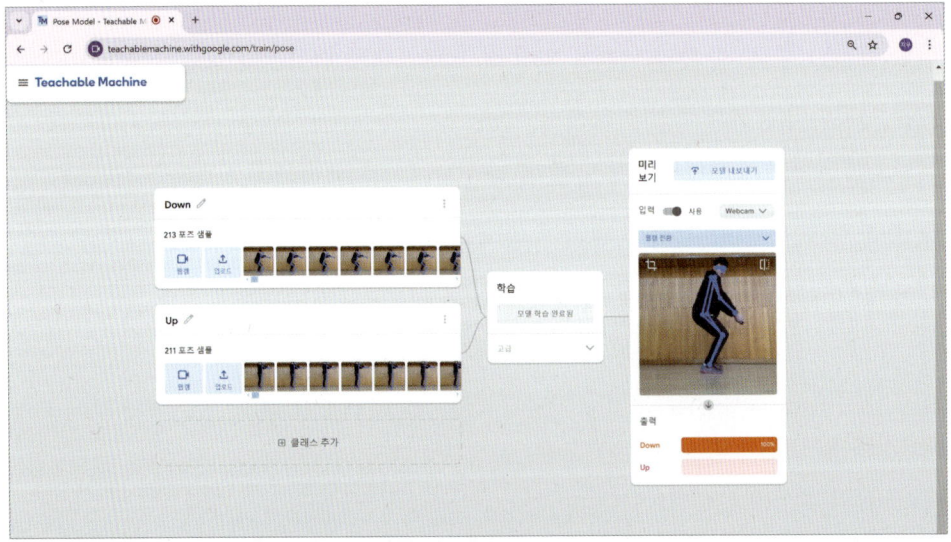

[그림 4-33] 포즈 프로젝트 모델 초기 모델 확인

이렇게 제작한 모델을 실제 수업에 활용하려면 잘못된 동작과도 구분할 수 있어야 한다.

실제로 학습 후 아래 그림과 같이 팔을 내리고 무게 중심을 높인 잘못된 자세에서도 두 동작 중 하나를 100% 수행한 것으로 판단하는 경우가 발생할 수 있다. 그 이유는 현재 학습된 모델이 'Up'과 'Down' 두 가지 상태만 구분할 수 있기 때문이다. 즉 모델이 두 가지 중 더 유사한 동작에 반응하는 상태이며 이러한 상황에서는 학생들에게 정확한 피드백을 제공하기 어렵다.

따라서 학생들이 자주 실수하는 동작도 같은 방식으로 추가 학습시켜야 한다.

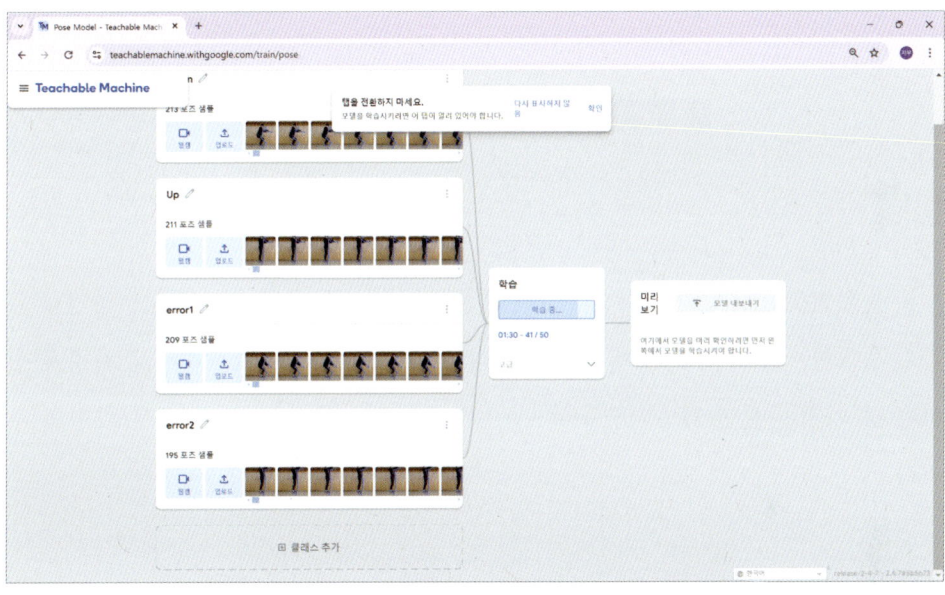

[그림 4-34] 포즈 프로젝트 모델 추가 포즈 데이터 입력

여기에서는 예시로 학생들이 자주 실수하는 두 가지 잘못된 동작을 학습시켰다.

error 1 동작은 팔이 아래로 내리고 무게 중심을 높인 상태로 토스를 준비하고 있는 자세이며, error 2는 공을 토스한 후 토스한 방향으로 팔을 위로 들어올리는 자세이다.

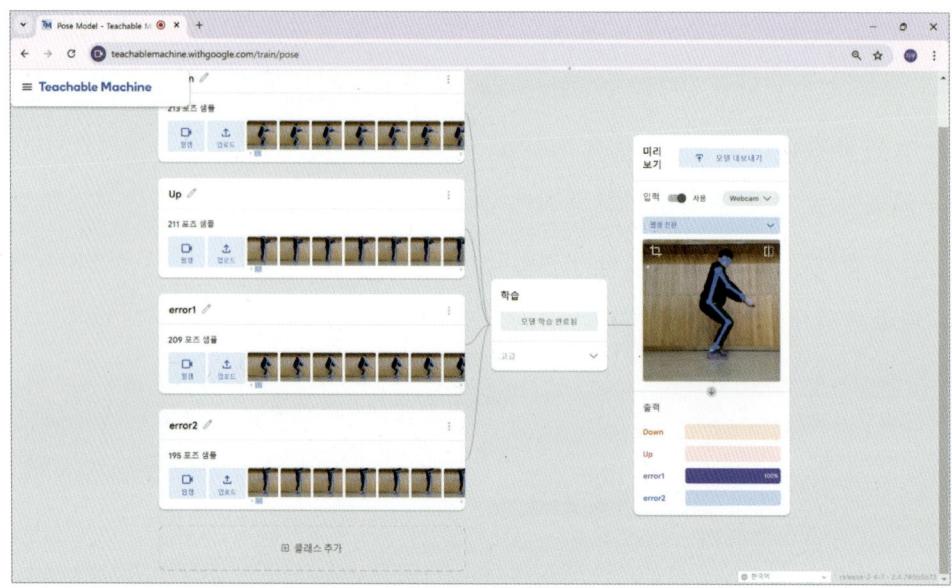

[그림 4-35] 포즈 프로젝트 오류 데이터 추가 모델 학습

 이렇게 잘못된 동작까지 학습시키면 그림들과 같이 학생들이 자주 실수하거나 교정이 필요한 자세를 구분하여 인식하고 피드백할 수 있으며, 대표적으로 자주 실수하는 네 가지 동작만 학습시켰음에도 여러 동작을 구분할 수 있는 것을 확인할 수 있다.

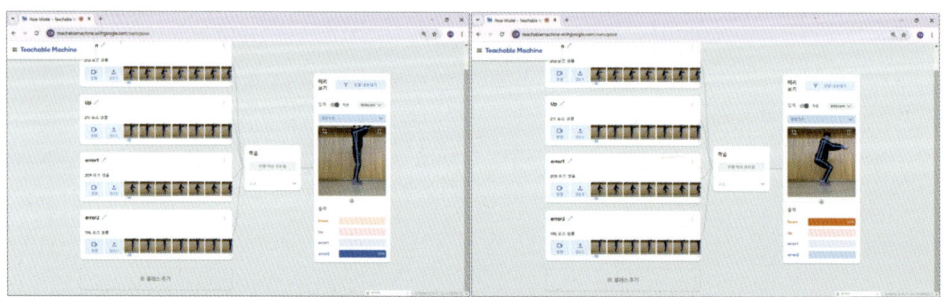

[그림 4-36] 포즈 프로젝트 모델 테스트

 특히 배구 언더 핸드 토스를 처음 배우거나 혹은 초기 연습 시 자주 실수하는 동작을 판별할 수 있다는 점에서 큰 의미가 있다.

3) 내가 만든 Teachable Machine 모델 배포하기

모델을 만들었다면 이제 학생들이 이를 활용할 수 있도록 배포해야 한다. 배포하는 방법은 크게 세 가지가 있다.

가) 링크로 배포하는 방법

(1) 인터넷만 연결되어 있다면, 링크를 가진 누구나 쉽게 모델을 사용할 수 있다.

(2) 가장 간편하게 배포할 수 있다는 장점이 있다.

나) 모델 파일을 다운로드하여 배포하는 방법

(1) 모델 자체를 파일로 제공하는 방식으로 인터넷 연결 없이도 활용할 수 있다.

(2) 주로 모델을 활용해 코딩하거나 다른 환경에서 응용할 때 유용하다.

(3) 인터넷 사용이 어려운 환경이라면 미리 모델 파일을 다운로드하여 활용할 수도 있다.

다) 웹사이트나 애플리케이션으로 제작하여 배포하는 방법

(1) 학생들이 가장 편리하고 안정적으로 학습 모델을 활용할 수 있는 방법이다.

(2) 단순히 시각적 피드백을 받는 것을 넘어 청각 피드백, 기록 등의 기능을 추가하여 더욱 심층적인 피드백을 제공할 수 있다.

(3) 다만 코딩이 필요하다는 점에서 활용의 진입 장벽이 있다.

본 책에서는 첫 번째(링크 공유)와 두 번째(파일 다운로드) 방법을 중심으로 설명하고 세 번째 방법은 마지막 장에서 ChatGPT를 활용한 프로그램 제작 방법을 간단하게 소개하고 본 책을 읽는 교사들을 위해 직접 경험할 수 있도록 프로그램을 제공하고자 한다.

이제 첫 번째 방법인 링크를 활용한 배포 방법을 살펴보자.

4장 체육

가) 링크로 배포하는 방법

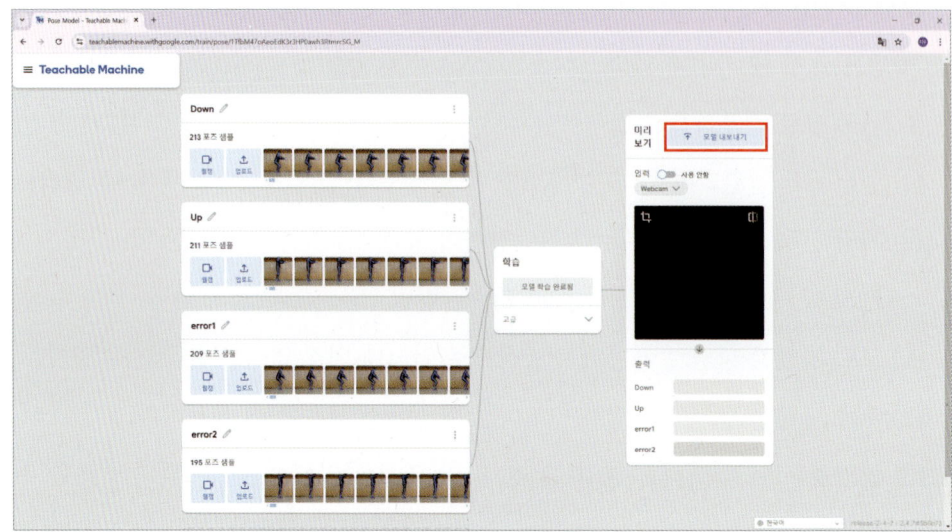

[그림 4-37] 모델 내보내기

Teachable Machine화면으로 돌아와 '모델 내보내기'를 클릭한다.

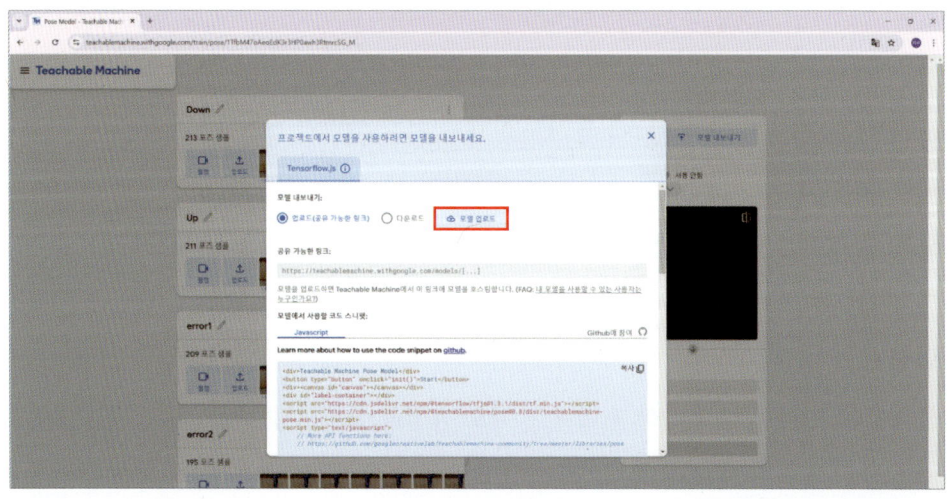

[그림 4-38] 모델 업로드

'모델 내보내기'를 클릭하면 그림과 같은 화면이 나타난다. 처음 보면 여러 코드가 나오기 때문에 다소 복잡해 보일 수 있지만, 모델을 링크로 공유하는 방법은 코드를 활용하지 않으므로 걱정하지 않아도 된다.

내가 만든 모델의 링크를 공유하려면 '모델 업로드' 버튼을 클릭해야 한다. 이 작업은 모델을 구글 서버에 업로드하여 링크를 생성하는 과정으로 업로드가 완료되면 누구나 해당 링크를 통해 모델을 사용할 수 있게 된다.

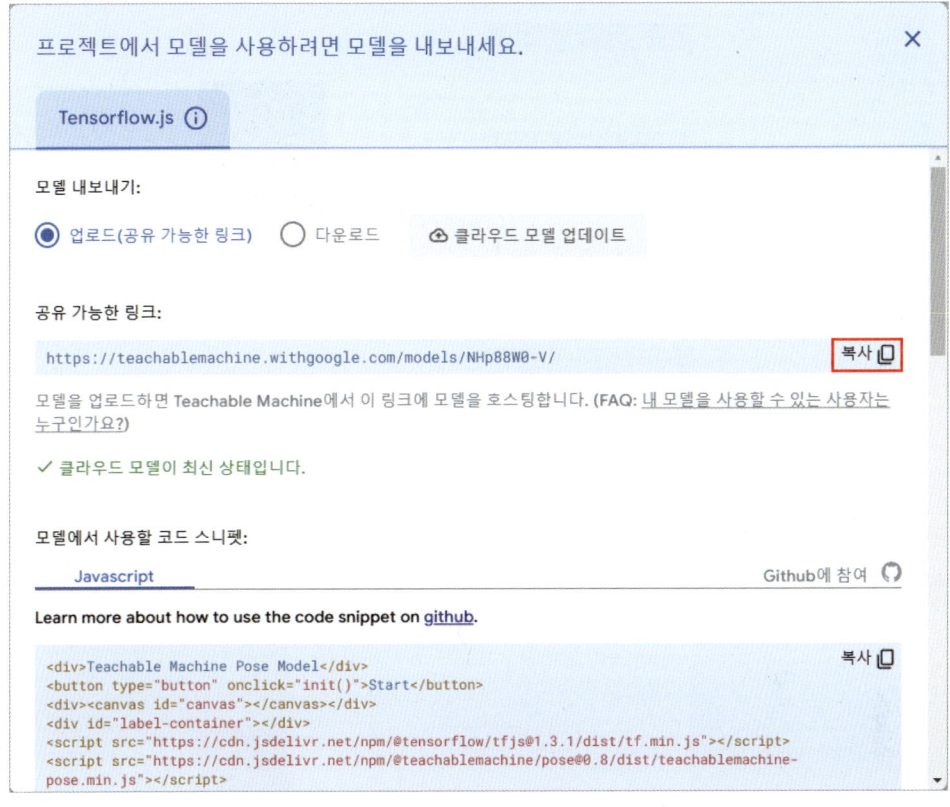

[그림 4-39] 모델 온라인 배포

모델 업로드를 클릭하면 버튼이 업로드 중으로 변경되고, 업로드가 완료되면 그림과 같이 공유 가능한 링크가 활성화된다. 이제 '복사' 버튼을 눌러 이 링크를 구글 클래스룸, QR코드, 채팅방 등 교사의 선택에 따라 다양한 방법으로 학생들에게 배포해 주면 된다.

4장 체육

나) 모델 파일을 다운로드하여 배포하는 방법

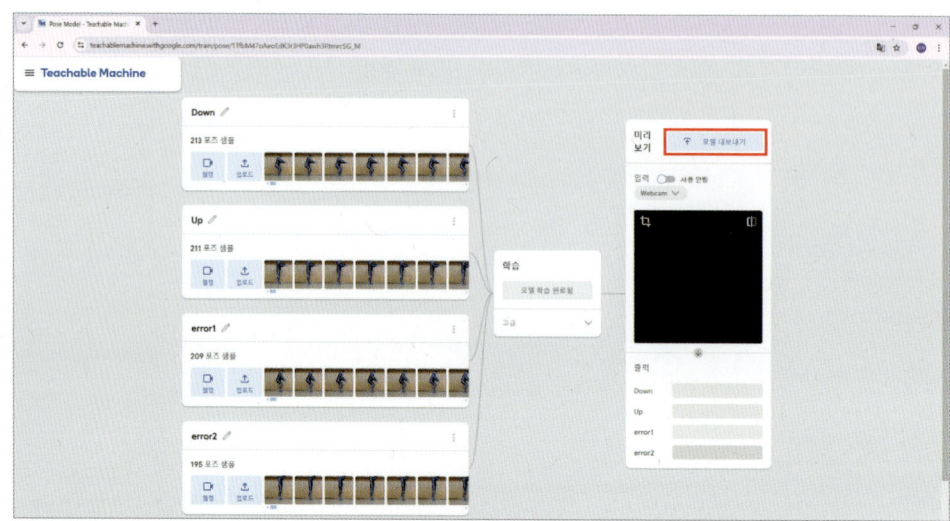

[그림 4-40] 모델 내보내기

링크로 배포하는 방법과 같이 '모델 내보내기'를 클릭한다.

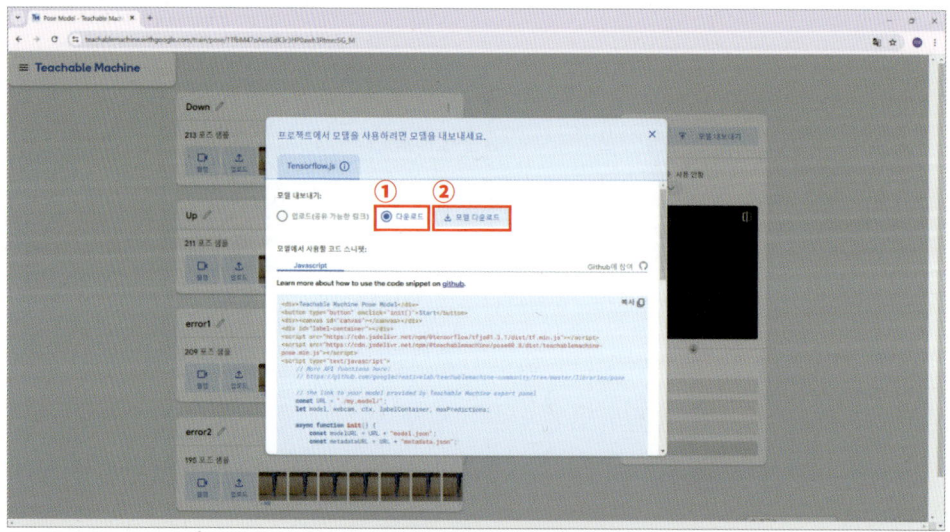

[그림 4-41] 모델 다운로드 배포

① '다운로드'를 체크하고 ② '모델 다운로드'를 클릭하여 모델을 다운로드한 다음, 다운로드한 파일을 구글 클래스룸, 구글 드라이브, 채팅방 등을 활용하여 학생들에게 배포하면 된다.

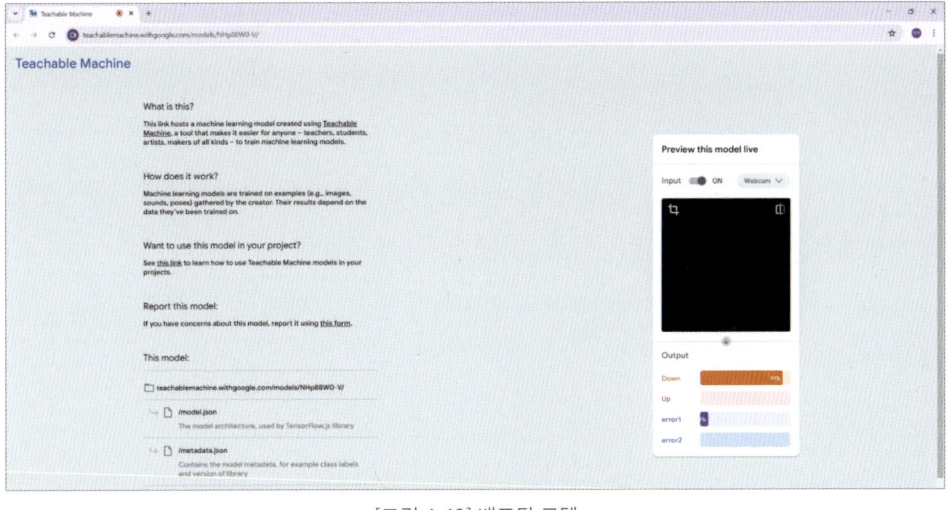

[그림 4-42] 배포된 모델

두 가지 방법 중 편한 방법을 활용하여 배포하게 되면 학생들은 그림과 같은 화면을 볼 수 있다. 이렇게 준비가 되었다면 이제 수업 준비가 완료됐다. (화면이 검은색인 이유는 캡처를 위해 가렸기 때문이다.)

4) Teachable Machine을 활용한 수업 설계

지금까지 Teachable Machine을 활용하여 학습 모델을 만드는 방법을 살펴보았다. 이제 이를 실제 수업에 적용할 수 있는 방법을 소개하고자 한다.

체육 수업에서는 특정 동작을 수행하고, 이를 활용하여 특정 목표를 달성하도록 하는 경우가 많다. 예를 들어,

(1) 농구 수업에서는 패스, 슛, 드리블을 활용해 경기에서 더 많은 득점을 올리는 방법을 학습한다.

(2) 배드민턴 수업에서는 스텝과 스트로크 활용해 셔틀콕을 받아치는 기술과 상대가 치기 어려운 방향으로 보내는 방법을 학습한다.

(3) 치어리딩 수업에서는 정해진 동작을 박자에 맞춰 수행하며 심미성, 통일성, 예술성을 표현하는 방법을 학습한다.

이처럼 대부분의 체육 수업은 스포츠 종목을 지정하고 특정 목표를 달성하기 위한

방법을 학습한다. 따라서 본 책에서는 인공지능을 체육 수업에서 활용함으로써 수업의 효율성을 높일 수 있는 몇 가지 아이디어를 제안하고자 하며 앞에서도 언급했듯이 수업의 중심은 인공지능이 아니라 교사가 되어야 한다. 따라서 인공지능은 교사의 수업을 보조하는 도구로 활용하며 교사는 이를 통해 학생들에게 보다 높은 수준의 피드백을 제공하고, 더 많은 상호 작용을 이끌어 낼 수 있어야 한다.

이러한 관점을 바탕으로 제안하는 인공지능을 활용한 체육 수업의 가능성을 고민해 보길 바란다.

가) 기본 동작의 학습

본 책에서는 Teachable Machine을 활용하여 교사가 올바른 모델을 만들어 학생들이 기본 동작을 정확하게 모방할 수 있도록 하는 방법을 다루고 있다.

다시 말해 Teachable Machine은 학생들이 처음 배우는 기본 동작을 효과적으로 학습하는 데 유용한 도구이다. 따라서 평가 기준에 맞는 기본 동작을 학습할 때 이를 활용하면 학생들이 받을 수 있는 절대적인 피드백의 양이 증가하기 때문에 올바른 동작을 익히는 데 큰 도움이 될 수 있다.

예를 들어, 다음과 같은 수업 계획이 있을 수 있다.

차시	주제	학습 내용	비고
1	스트로크와 스텝	배드민턴 스텝&스트로크 익히기	
2	스트로크와 임팩트	스트로크 임팩트 스트로크 동작으로 셔틀콕 넘기기	
3	스텝과 임팩트	스텝 임팩트 스텝을 활용하여 셔틀콕 넘기기	
4	스트로크,스텝,임팩트	하이클리어 동작 익히기	
...			

처음 배드민턴을 배우는 학생들에게 기본기를 효과적으로 지도하기 위해 기초 스텝과 스트로크를 Teachable Machine에 학습시킨다.

□ 1차시:

(1) 학생들에게 올바른 자세로 스텝과 스트로크 동작을 교사가 지도한다.

(2) 이후 셔틀콕 없이 Teachable Machine을 활용하여 동작을 반복 학습하는 과정을 진행한다.

(3) 이를 통해 본인의 자세에서 어떤 오류가 있는지 확인하고, 올바른 동작을 익힐 수 있도록 한다.

□ 2~4차시:

(1) 배드민턴은 1:1 지도가 효과적인 종목이므로 보편적으로 교사가 1:1로 셔틀콕을 보내며 스트로크와 스텝, 임팩트에 대한 개별 피드백을 제공한다.

(2) 교사의 개별 피드백 전후로 학생들은 Teachable Machine을 활용하여 반복 학습을 진행하도록 한다.

1:1 수업은 효과가 높지만 모든 학생과 셔틀콕을 주고받아야 하는 교사는 한 명이기 때문에 한 차시에 학생이 피드백을 받을 수 있는 시간이 한정적이다. 따라서 교사와 개별 수행 시간 이외에는 친구가 던져 준 셔틀콕을 올바른 동작으로 스트로크 했는지 Teachable Machine으로 확인하면서 기초적인 피드백을 받을 수 있는 기회를 제공하는 방식으로 피드백 양을 늘리며 종목의 기본 동작을 학습하도록 할 수 있다.

나) 잘못된 세부 동작의 수정

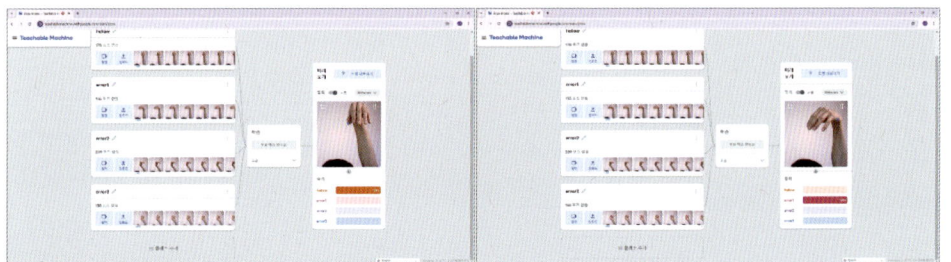

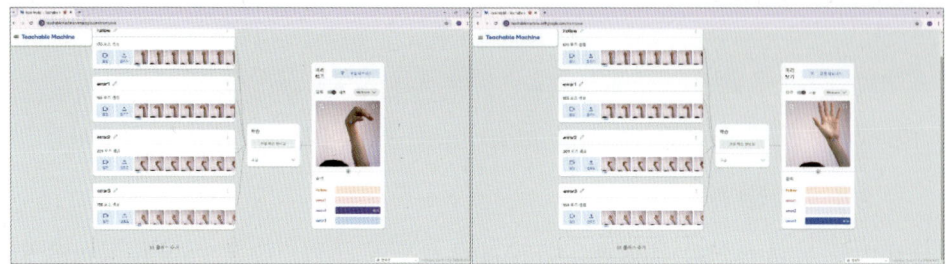

[그림 4-43] 농구 슛 팔로우스루 학습 모델

 Teachable Machine을 활용하면 특정 동작을 학습시킨 후 학생들의 수행 동작과 비교하여 학습을 돕는 것이 가능하다. 이를 통해 학생들이 자주 실수하는 부분을 반복 학습하고 즉각적인 피드백을 받을 수 있다.

 앞서 언더 핸드 토스를 예로 들어 Teachable Machine 모델을 만드는 방법을 살펴보았지만, 이는 다양한 스포츠 동작에도 적용할 수 있다. 예를 들어, 농구의 원 핸드 슛에서는 팔로우 손의 방향과 손목 사용 여부를 학습시켜 그림과 같이 슛을 한 후 팔의 방향, 손목 사용 여부, 손의 방향 등을 확인할 수 있다. 이러한 방법은 학생들이 자신의 슛 동작을 스스로 점검하고 잘못된 자세를 효과적으로 수정할 수 있도록 도와준다.

다) 표현 활동에서 활용

 치어리딩, 체조 등과 같은 표현 활동에서는 추구하는 가치를 위해 손끝과 발끝의 디테일이나 팔의 각도와 어깨의 방향 등 보다 정확한 동작을 요구할 때가 많다. 그러므로 Teachable Machine을 활용하여 정확한 동작을 제시해 주고 올바른 동작으로 반복 학습할 수 있도록 한다면 표현 활동에서 추구하는 동작을 학습하는 데 도움이 된다.

3. 수업에서 인공지능을 찐으로 활용하기 위한 A to Z

가. 내가 만든 스프레드시트를 평가에 활용하기

수업 준비 단계에서 ChatGPT를 활용해 만든 스프레드시트를 실제 수행평가 및 다양한 행정 업무에 효과적으로 활용하는 방법을 소개하고자 한다.

스프레드시트가 완성되면 교사가 필요에 맞게 수정하여 사용할 수 있지만, 보다 편리하게 활용할 수 있는 팁이나 응용법을 알고 있다면 업무의 효율성을 더욱 높일 수 있다. 따라서 이번 장에서는 이러한 활용법을 중심으로 설명하고자 한다.

1) 평가 시간에 활용하는 방법

우리는 학생들의 수행평가를 효율적으로 진행하기 위한 목적으로 스프레드시트를 제작했다.

한번 제작한 스프레드시트는 노트북, 태블릿, 스마트폰 등 기기에서 로그인하여 바로 활용할 수 있다. 또한, 이를 활용하면 학생들의 수행 결과를 즉시 확인하고 평가 점수를 빠르게 나이스에 업로드할 수 있어 업무 효율성이 크게 향상된다.

이제 우리가 만든 스프레드시트를 활용하고 나이스에 업로드하는 방법을 알아보자.

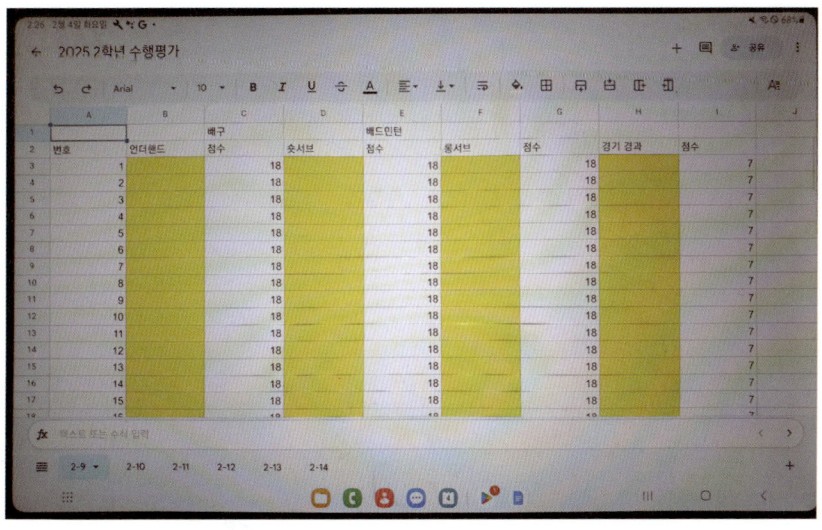

[그림 4-44] 실제 사용하는 태블릿 화면 사용 점수 입력 전

먼저 평가에 활용하고자 하는 기기에서 Google 계정을 로그인한 후 미리 제작한 스프레드시트를 연다. 학교에서 지급된 노트북, 태블릿, 디벗 등 다양한 기기에서 활용 가능하다.

그림과 같이 평가 시간에 기기를 활용하여 노란색 셀에 평가 기록을 입력하면 교사가 직접 점수를 계산할 필요 없이 자동으로 점수가 산출되어 즉시 확인할 수 있다.

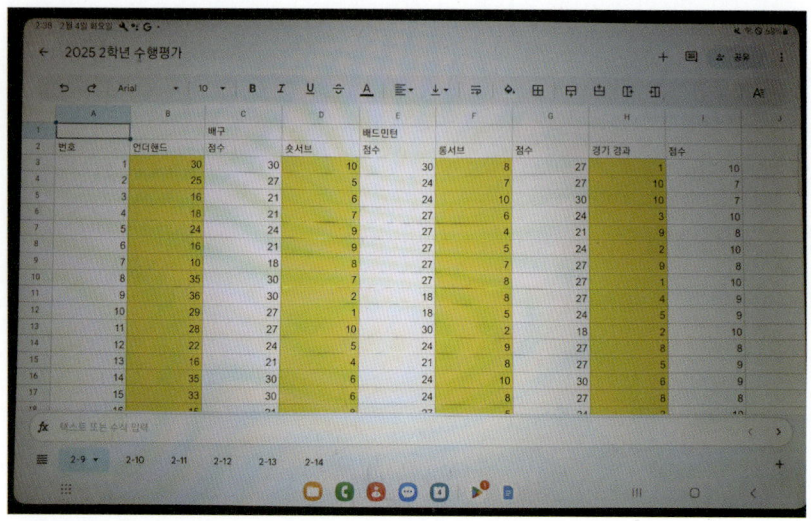

[그림 4-45] 실제 태블릿 점수 입력 후

또한, 학생들이 자신의 점수를 직접 입력하여 즉시 확인할 수 있도록 하려면 크게 세 가지 방법이 있다.

가) 구글 클래스룸을 활용하여 스프레드시트를 공유하는 방법

장점: 학생들에게 쉽게 공유할 수 있음.

단점: 모든 학생에게 입력 및 수정 권한을 부여할 경우 개인정보 유출 및 수식 변경의 위험이 있음.

나) 스프레드시트 또는 엑셀 파일을 개별 제공하는 방법

장점: 개인정보 유출 및 수식 변경 위험이 적음.

단점: 학생들이 파일을 다운로드하고 실행하는 과정에 특정 애플리케이션이나 인터넷 환경이 필요하는 등 불편함이 있을 수 있음.

다) 수업 시간에 교사가 태블릿 등을 비치하여 학생들이 직접 입력하도록 하는 방법

장점: 개인정보 유출 및 수식 변경 위험이 적음.

단점: 기기의 충전 상태 및 사용 환경을 관리해야 함.

위의 3가지 방법 이외에도 다양한 방법이 있으며 교사의 수업 환경과 필요에 따라 적절한 방법을 선택하여 활용하면 된다.

2) 나이스에 업로드

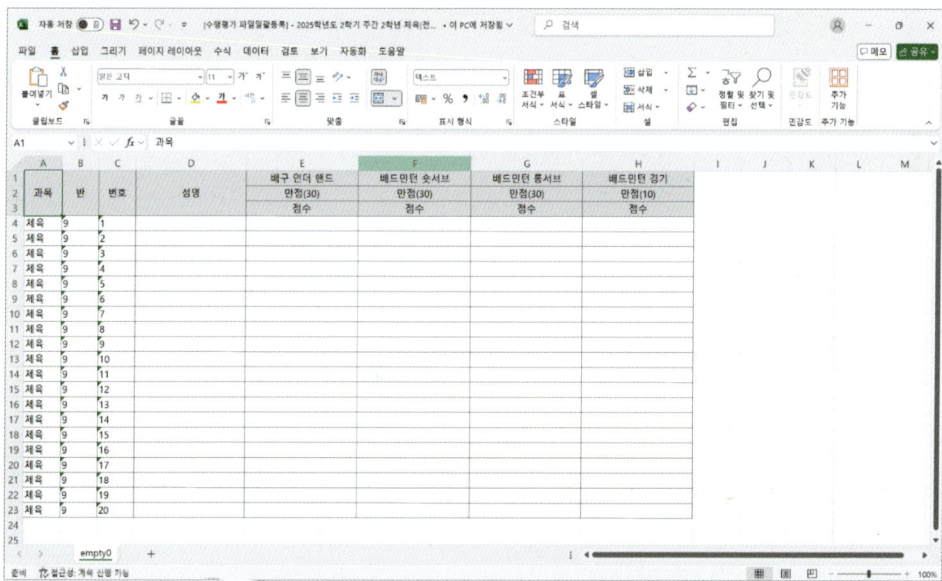

[그림 4-46] 나이스에서 다운로느한 수행평가 파일

나이스에 평가 점수 업로드하기 위해 먼저 나이스에 접속하여 평가 엑셀을 다운로드한다. 다운로드한 파일을 열면 그림과 같은 엑셀 파일을 확인할 수 있다. (학생들의 개인정보를 위해 성명 부분은 삭제하였다.)

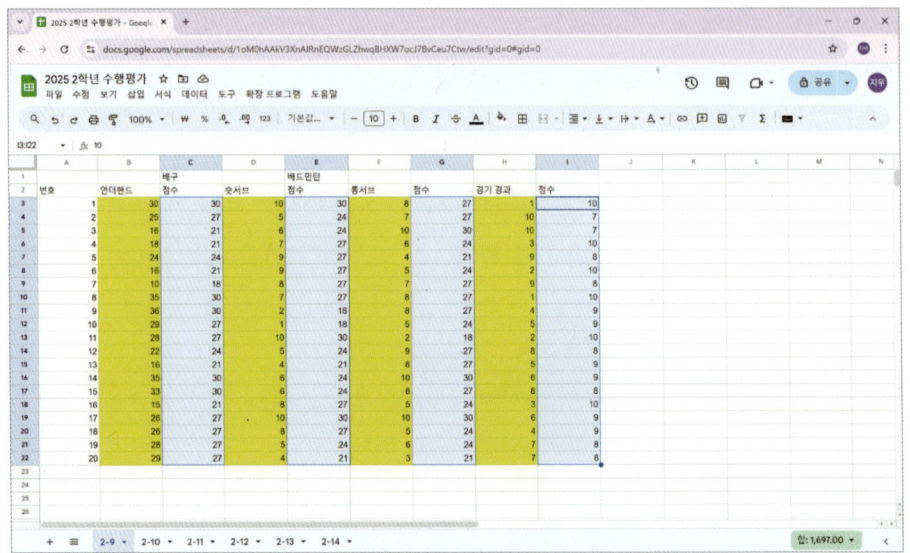

[그림 4-47] 복사를 위한 수행평가 점수 선택

스프레드시트 화면으로 돌아와 점수 부분을 복사하여 엑셀 파일에 붙여넣기 한다.

이때 더 효율적으로 점수를 복사하기 위해 그림과 같은 방법을 사용할 수 있다. Ctrl 키를 누른 상태에서 원하는 셀을 드래그하거나 클릭하면 필요한 점수 부분만 한 번에 선택할 수 있다.

원하는 점수 셀이 모두 선택되었으면 Ctrl+C를 눌러 복사한다.

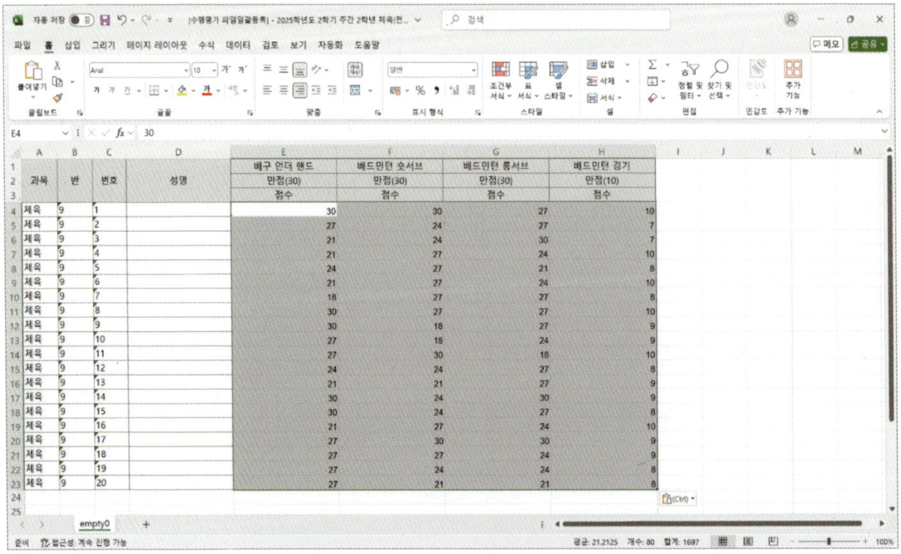

[그림 4-48] 복사한 수행평가 붙여넣기

엑셀로 돌아가 성명 옆, 첫 번째 점수가 입력될 셀을 클릭한 후 Ctrl+V를 눌러 붙여넣기를 하면, 그림과 같이 점수를 한 번에 입력할 수 있다.

입력이 완료되었으면 파일을 저장한 후 나이스에 업로드하면 된다.

간혹 붙여넣기를 했을 때, 셀의 좌측 상단에 초록색 삼각형이 나타나며 나이스에 오류가 발생하는 경우가 있다. 이는 값이 숫자로 인식되지 않아 발생하는 문제이며, 간단하게 해결할 수 있다.

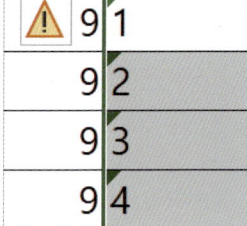

[그림 4-49] 자주 발생하는 데이터 관련 오류

문제가 되는 셀들을 모두 드래그하여 선택하면 선택한 셀의 가장 좌측 상단 셀에 그림과 같은 느낌표 표시가 보일 것이다.

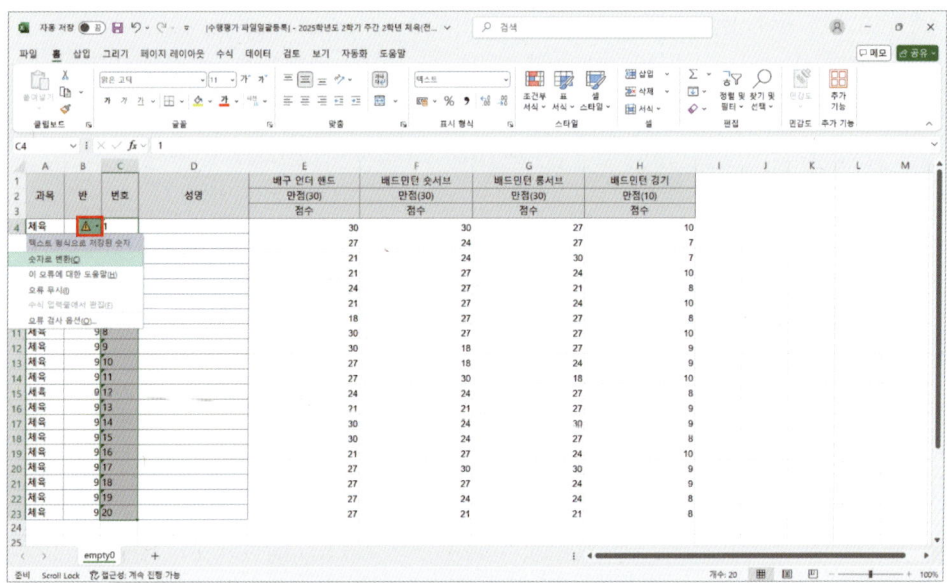

[그림 4-50] 자주 발생하는 데이터 관련 오류 해결하기

느낌표 표시를 클릭하면 그림과 같은 메뉴가 나타난다. 여기서 '숫자로 변환' 또는 버전에 따라 '값으로 변환' 옵션을 클릭하면 된다. 이후 이전 단계와 같이 저장 후 나이스에 업로드하면 된다.

나. 티처블 머신(Teachable Machine)을 활용하여 프로그램 제작하기

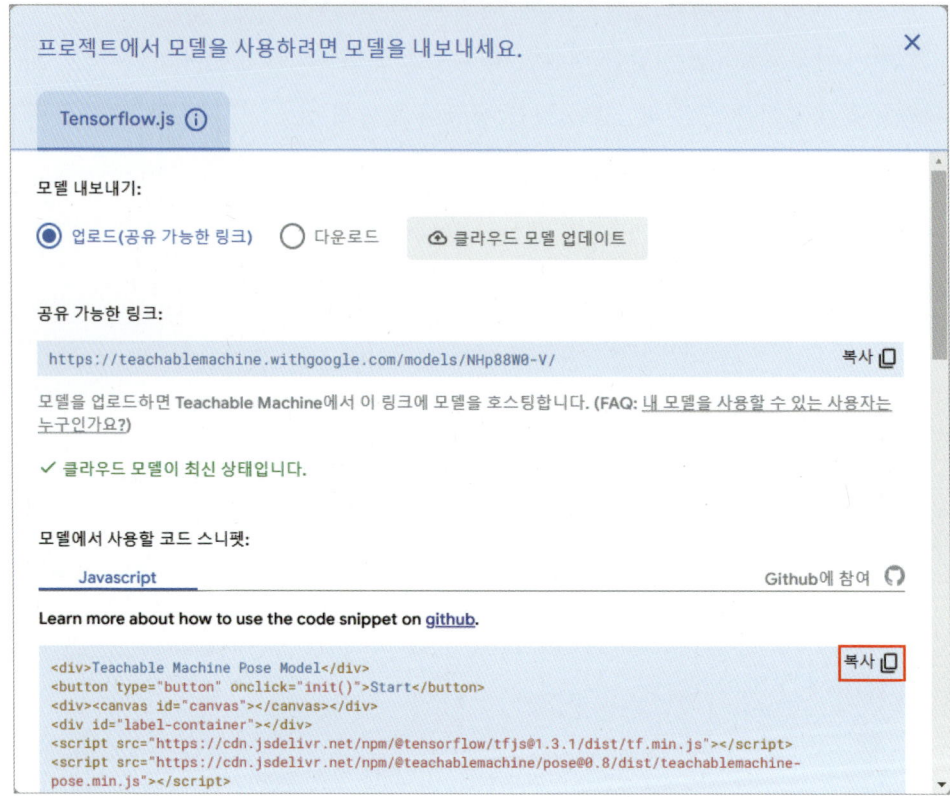

[그림 4-51] 프로그램 제작을 위해 업로드된 모델

이번엔 코딩과 ChatGPT에 입문한 교사들이 인공지능을 활용한 체육 수업에 대한 관심을 더 높일 수 있도록 앞에서 다룬 ChatGPT와 Teachable Machine 모델을 활용하여 평가 프로그램을 만드는 방법을 소개하고자 한다. 이번 프로그램 제작하기 파트의 내용은 코딩이 들어가기 때문에 복잡하고 어렵다고 생각할 수 있다. 이런 교사들을 위해 이번 파트 마지막 부분에서 본 책을 집필하며 제작한 프로그램을 체험해 볼 수 있는 QR코드를 안내할 예정이다. 아직 코드까지 다루는 것이 부담스러운 교사들은 QR코드를 통해 제작한 프로그램을 체험해 보며 이런 방식으로 활용이 가능하다는 점을 알게 되는 것만으로도 충분히 유익할 것이다.

그럼 기존의 Teachable Machine 모델에서 '내보내기'를 클릭하면 그림과 같은 화면이 나온다. 여기에서 학습된 모델을 코딩에 활용하기 위해 '복사' 버튼을 누른다.

복사한 모델을 활용하기 위해 ChatGPT로 접속하여 사용자의 편의에 따라 프롬프트를 입력하면 된다. 다음은 실제 프로그램을 만들 때 사용했던 프롬프트이다. (티처블 머신 학습 모델: 부분은 앞부분에서 학습시킨 모델의 코드를 복사해 온 것이다.)

 배구 언더 핸드 토스 개수를 측정해 주는 웹 앱을 만들어 보자.
주제: 배구 언더핸드 토스 개수 측정과 피드백
목적: 카메라를 통해 사용자가 언더 핸드 토스를 수행하는 개수를 측정해 주는 앱
기능:
1. 프로그램이 시작되면 닉네임을 입력하는 화면이 나오고 닉네임을 입력 시 시작 버튼 활성화
2. 시작 버튼을 클릭하면 3초 카운터가 나온 후 시작
3. 티처블머신 코드에서 학습한 언더 핸드 토스 Up, Down 동작을 순서대로 정확하게 한 번 반복할 때 1개로 개수를 측정
4. error1, error2 동작은 개수로 측정하지 않음.
5. Up, Down 동작을 3초 이상 반복하지 않을 시 프로그램 종료
6. 프로그램이 종료되면 Up, Down 반복 개수와 error 동작의 개수를 표시
디자인: 수행 개수를 가시적으로 볼 수 있는, 10대 학생들이 좋아할만한 디자인
티처블 머신 학습 모델:
<div>Teachable Machine Pose Model</div>
<button type="button" onclick="init()">Start</button>
<div><canvas id="canvas"></canvas></div>
<div id="label-container"></div>
<script src="https://cdn.jsdelivr.net/npm/@tensorflow/tfjs@1.3.1/dist/tf.min.js"></script>
<script src="https://cdn.jsdelivr.net/npm/@teachablemachine/pose@0.8/dist/teachablemachine-pose.min.js"></script>
<script type="text/javascript">
// More API functions here:
// https://github.com/googlecreativelab/teachablemachine-community/tree/master/libraries/pose

// the link to your model provided by Teachable Machine export panel
const URL = "https://teachablemachine.withgoogle.com/models/

4장 체육

NHp88W0-V/";
let model, webcam, ctx, labelContainer, maxPredictions;
………. (중략)

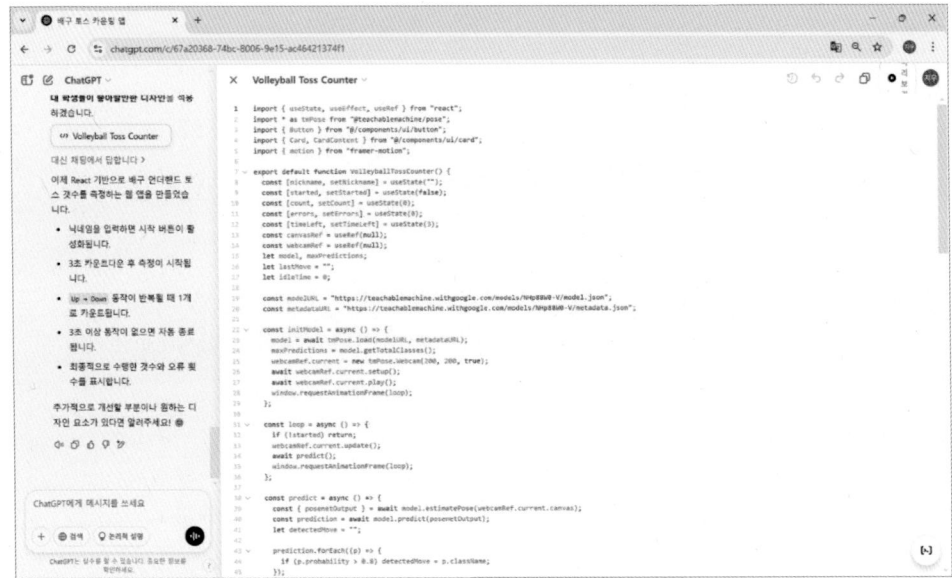

[그림 4-52] 프롬프트 입력 후 ChatGPT 채팅

프롬프트를 입력하면 그림과 비슷한 내용으로 대화가 이어질 것이다. ChatGPT는 최근 업데이트되어 ChatGPT 자체에서 코드 편집이 편리해졌다. 하지만 배포가 용이하게 HTML과 JAVA를 이용하여 웹용 페이지로 제작할 예정이기 때문에 기존에 사용하던 프로그램을 활용하여 작업하는 방식이 더욱 효율적이었으며 VSCode를 활용해 제작하였다. 웹용 페이지로 제작하는 이유는 QR코드나 링크를 통해 학생들에게 간편하게 배포하기에 용이하고 가벼운 프로그램으로 제작해야 학생들의 기기에서 무리 없이 작동되기 때문이다.

3. 수업에서 인공지능을 찐으로 활용하기 위한 A to Z

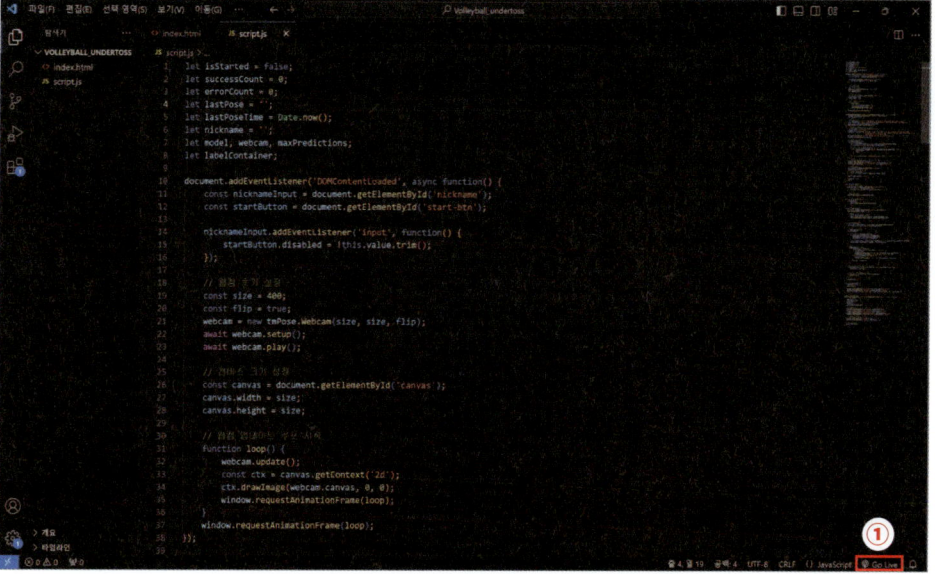

[그림 4-53] VSCode에 ChatGPT에서 제시한 코드 입력

　ChatGPT에서 알려 준 코드를 실행해 보기 위해 VSCode에 그림과 같이 복사한 코드를 붙여 넣었고 실행했다. HTML 코드를 실행하기 위해서는 VSCode에서 우측 하단에 ① Go Live를 클릭하면 된다. (다른 방법도 있지만 제작한 페이지를 실시간으로 업데이트하고 확인하기 위해서는 이 방법이 편리하다.)

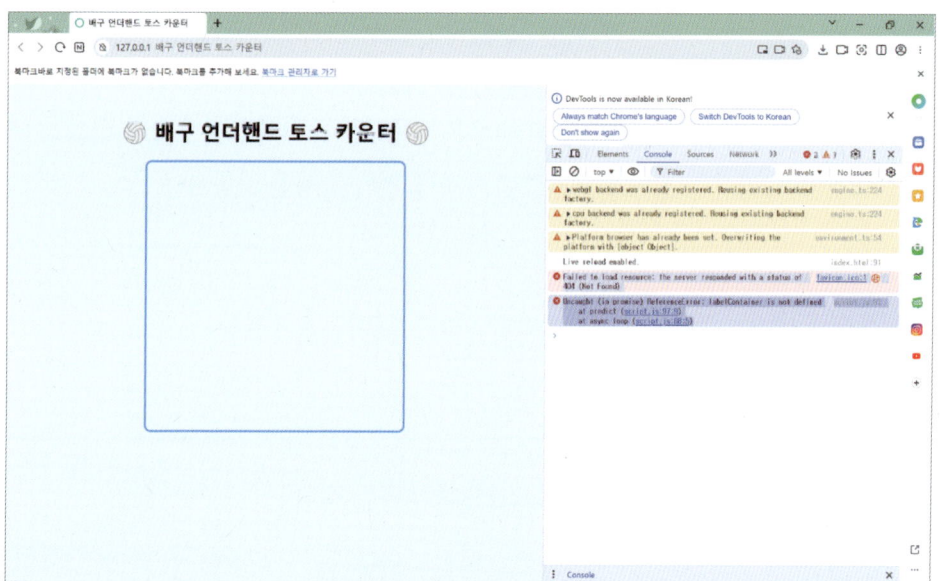

[그림 4-54] 초기 제작 프로그램

217

처음 프로그램을 실행할 때는 대부분 원하는 대로 작동하지 않을 수 있다. 이를 수정하기 위해서는 오류가 발생한 부분을 찾아야 한다. 웹 페이지에서 프로그램이 작동하지 않거나 문제가 발생하면 페이지에서 F12를 눌러 콘솔에서 오류 메시지를 확인할 수 있다. 이 오류 메시지를 ChatGPT에 제공하면 빠르고 정확하게 코드를 수정할 수 있다.

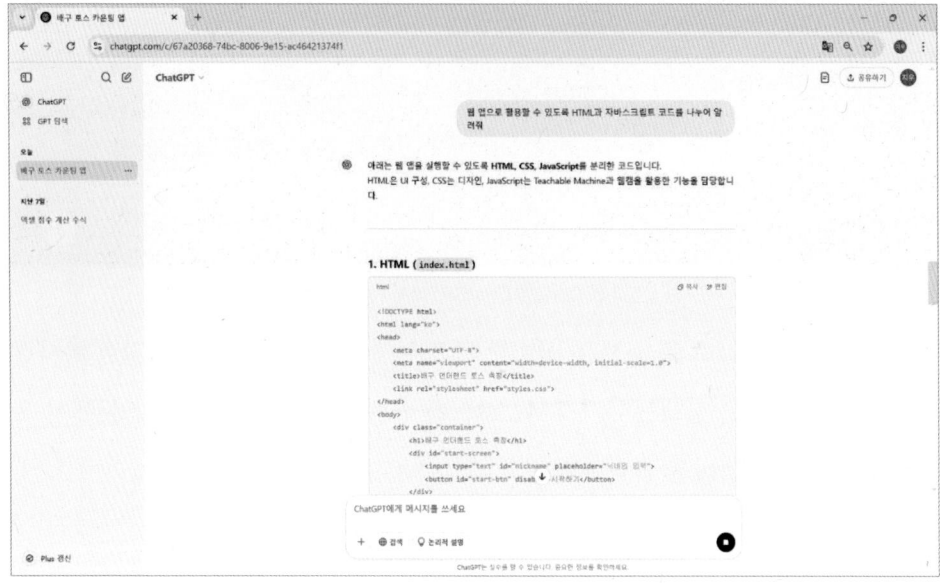

[그림 4-55] ChatGPT에 코드 수정 요청

오류 사항을 확인하여 요청함과 같이 프로그램에서 추가하거나 수정하고 싶은 내용을 요청한다. 다음은 실제로 프로그램 제작에 추가 요청한 사항이다.

추가한 프롬프트 내용

1. 웹 프로그램으로 제작하기 위해 HTML과 자바 스크립트 코드로 요청.
2. 프로그램 종료 시간을 5초로 변경.
3. 프로그램 시작 전 간단한 안내 사항 추가.

3. 수업에서 인공지능을 찐으로 활용하기 위한 A to Z

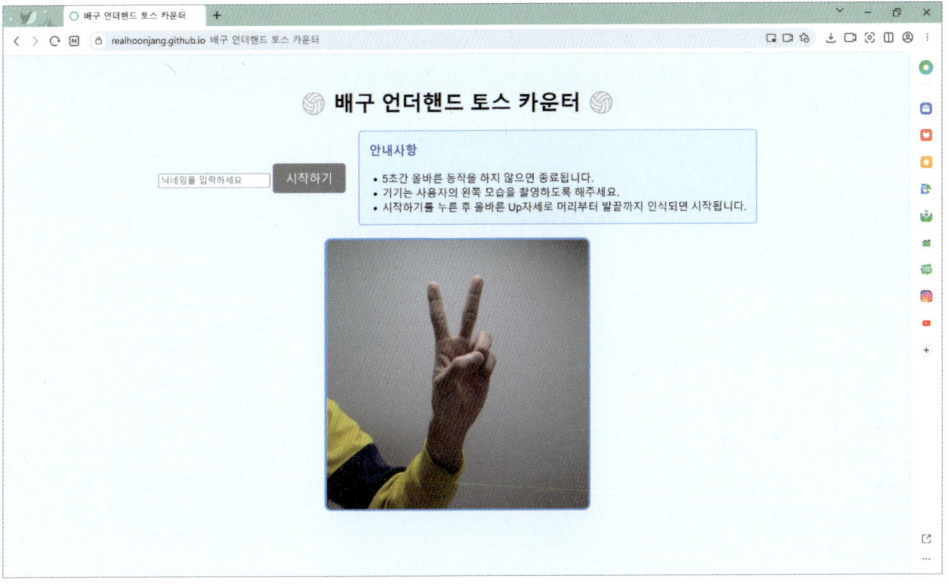

[그림 4-56] 완성된 프로그램

    그림과 같이 웹 프로그램을 완성했다면 학생들에게 공유하기 위해 배포 링크를 생성해야 한다. 배포 링크는 깃허브라는 사이트를 활용하고자 한다. 그 이유는 URL을 고정하여 사용할 수 있고, 추후 다른 사람들과 코드를 공유하여 공동 작업하기 편리하기 때문이다.

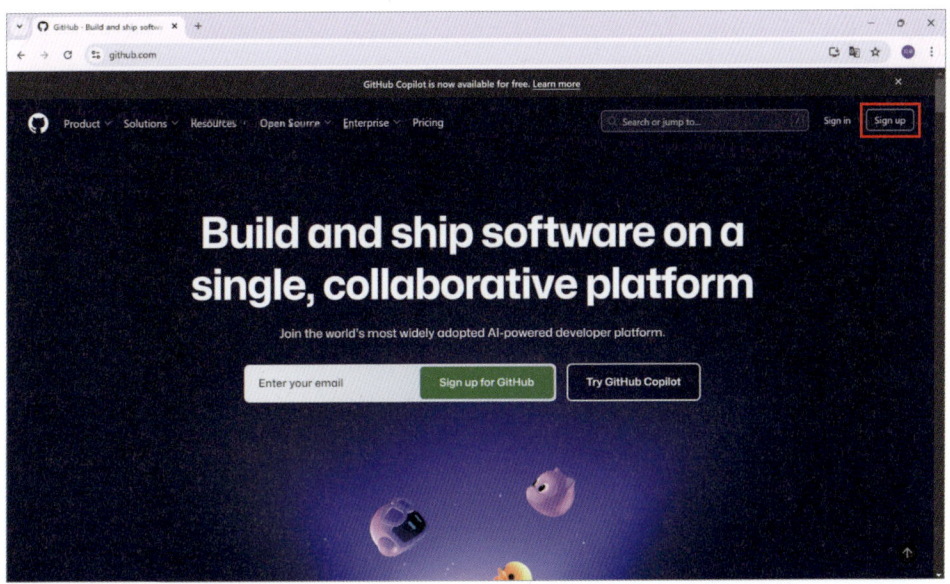

[그림 4-57] 깃허브 홈페이지

깃허브 사이트(https://github.com/)에 접속하면 그림과 같은 홈페이지가 나온다. 여기에서 우측 상단에 'Sign up'을 클릭하여 회원 가입을 하고 로그인을 한다. (기존의 아이디가 있는 교사는 Sign in을 눌러 로그인을 한다.)

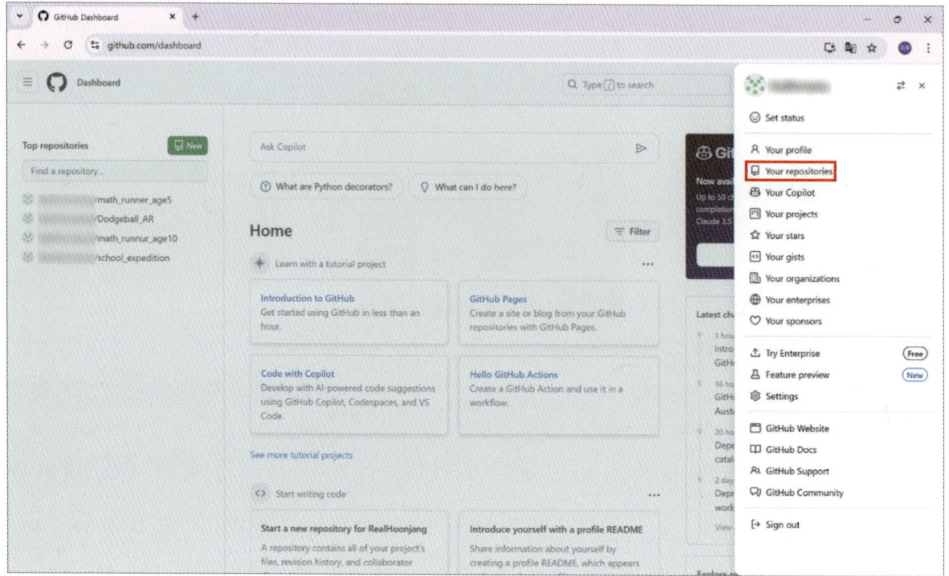

[그림 4-58] 깃허브 마이 메뉴

로그인을 하고 우측 상단 구석에 있는 원형의 이미지를 클릭하면 그림과 같은 메뉴가 보일 것이다. 여기에서 'Your repositories'를 클릭한다.

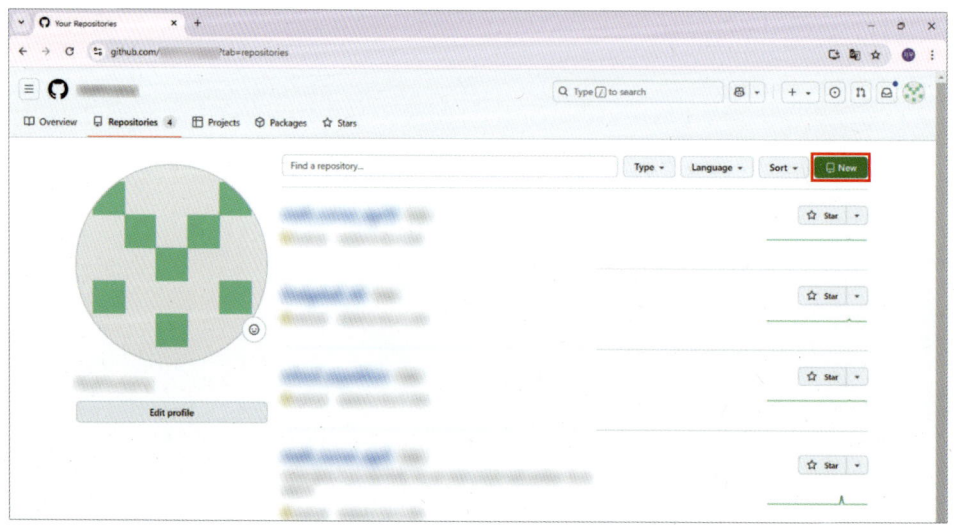

[그림 4-59] 깃허브 개인 프로젝트

그림에는 실제로 내가 사용하고 있는 아이디 중 하나이기 때문에 이미 만들어 놓은 코드들이 올라가 있다. 이와 관련 없이 'New'를 클릭한다.

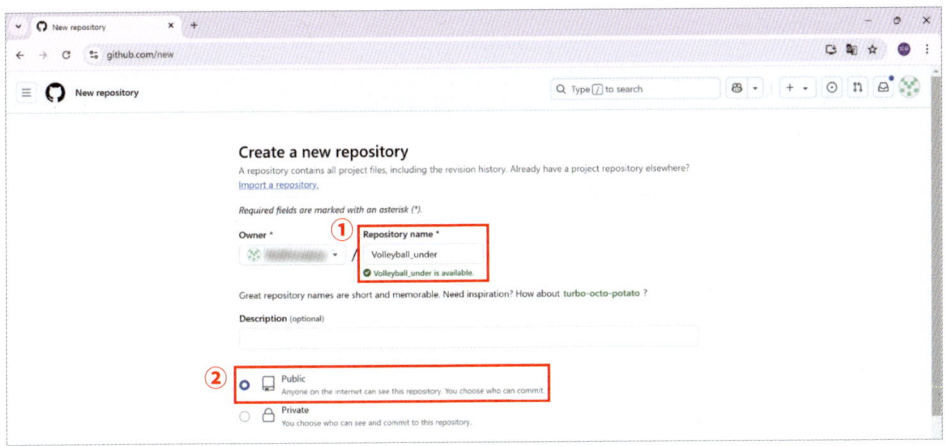

[그림 4-60] 깃허브 프로젝트 설정하기

① Repository name에 원하는 프로젝트 이름을 설정하면 되는데 여기에서 지정한 이름이 추후 URL에 기본 주소로 사용된다. 주소는 변경할 수 있지만, 그래도 직관적으로 바로 알아볼 수 있도록 지정하는 것을 추천한다. 이름을 작성했으면 ② Public에 체크한다.

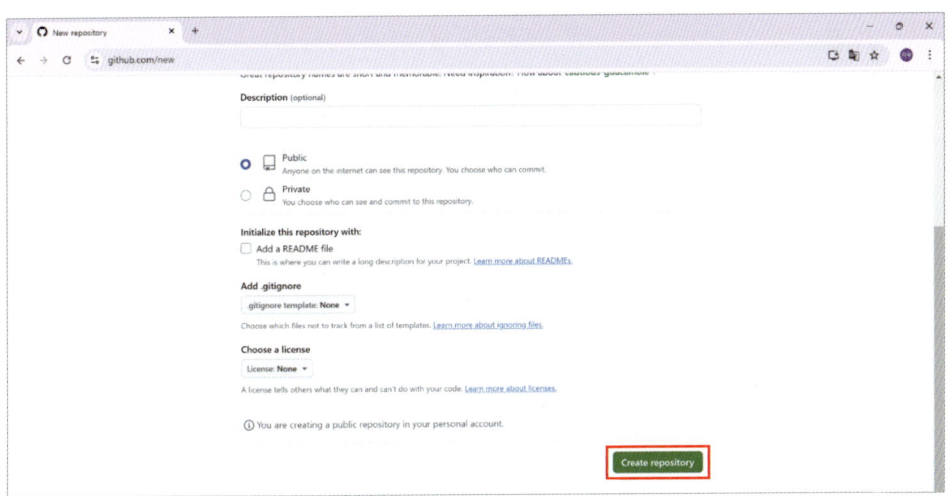

[그림 4-61] 깃허브 프로젝트 생성하기

이제 이를 생성하기 위해 스크롤을 내려 'Create repository'를 클릭한다.

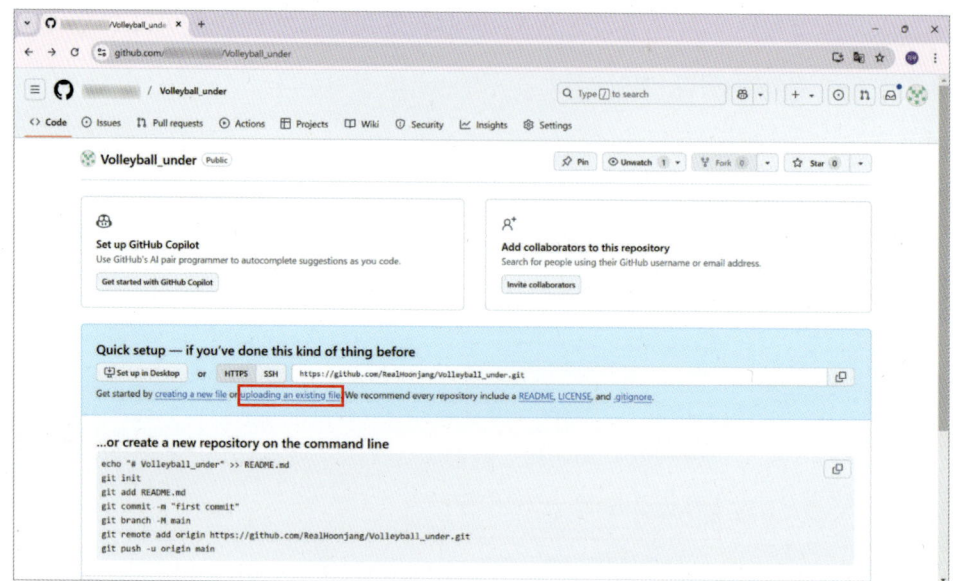

[그림 4-62] 깃허브 프로젝트 생성 후 파일 업로드

이렇게 저장소가 만들어졌으면 여기에 자신이 만든 파일을 업로드하고 URL을 배포해야 한다. 그림에서 'uploading an existing file'을 클릭한다.

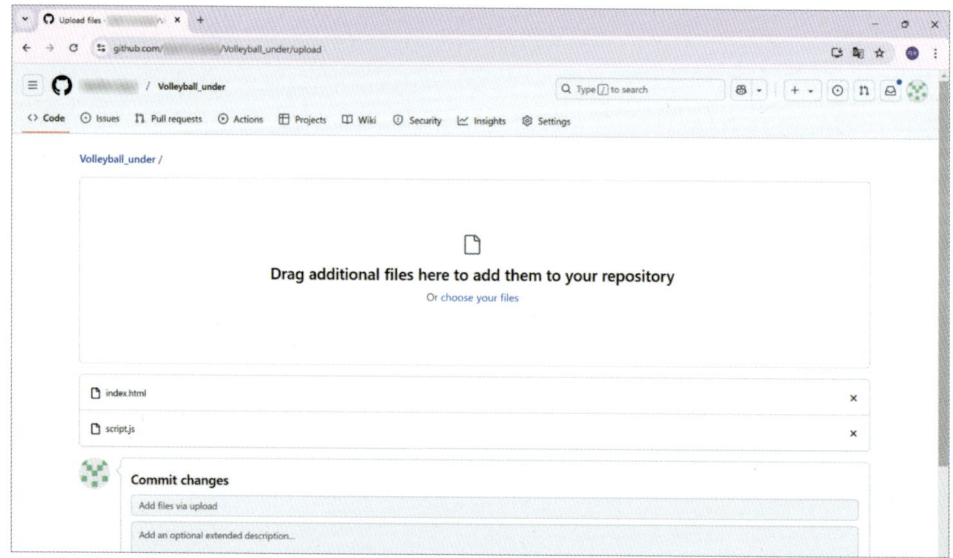

[그림 4-63] 깃허브 프로젝트 파일 업로드 전

자신이 만든 파일을 드래그 혹은 찾아넣기로 업로드하면 그림과 같이 첨부된다. 첨부가 완료되면 스크롤을 내려 'Commit changes'를 클릭한다.

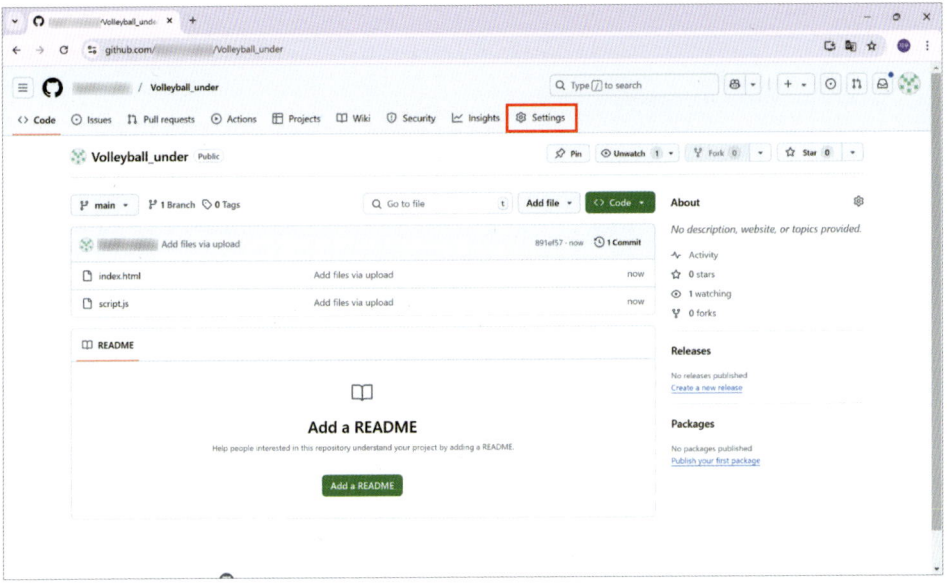

[그림 4-64] 깃허브 프로젝트 파일 업로드 후

본인의 파일이 모두 업로드되면 URL 생성을 위해 'Settings'을 클릭한다.

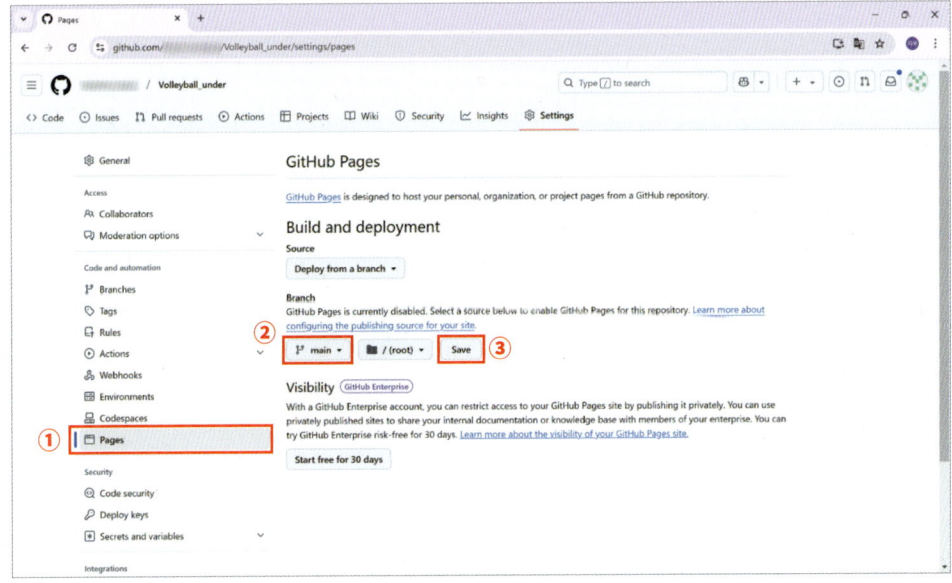

[그림 4-65] 깃허브 프로젝트 URL생성 준비

좌측 메뉴에서 ① Pages를 클릭하면 그림과 같은 화면을 볼 수 있다. 여기에서 ② None을 main으로 변경하여 그림과 같은 상태가 되면 ③ Save를 클릭한다.

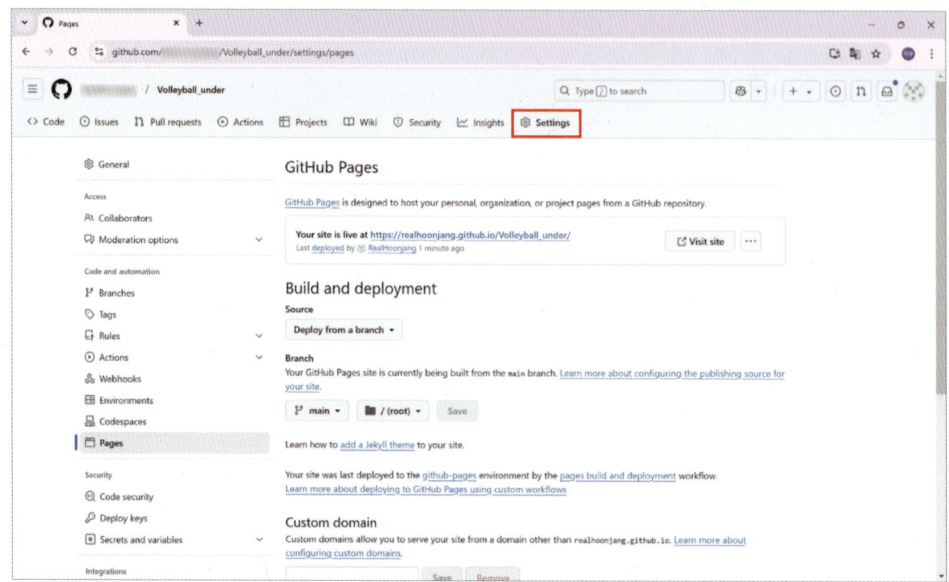

[그림 4-66] 깃허브 프로젝트 URL생성

이제 약 20~30초 정도 기다렸다가 다시 'Settings'를 눌러 보면 그림과 같이 URL 주소가 생성된 것을 볼 수 있다. (주소는 아래 Custom domain 메뉴를 활용해 원하는 것으로 변경할 수 있다.)

[그림 4-67] 실제 태블릿을 활용해 프로그램 실행하기

생성된 URL을 학생들에게 교사가 원하는 방식을 활용하여 배포하면 그림과 같이 학생들이 가지고 있는 디지털 기기로 교사가 수업 내용에 맞게 직접 제작한 프로

그램을 활용할 수 있다.

본 책을 집필하기 위해 Teachable Machine에서 학습된 모델을 활용하여 ChatGPT로 코딩하고 프로그램을 완성한 뒤 깃허브에 배포하는 모든 과정이 1시간이 채 걸리지 않았다.

이 정도의 시간이라면 본 책에서 강조하는 효율적인 시간 활용 측면에서 충분히 투자할 만한 가치가 있다고 생각된다.

책을 읽는 교사들에게 제작부터 배포까지 1시간 미만의 시간으로 어느 정도의 완성도를 가진 프로그램을 만들 수 있는지 직접 확인해 볼 수 있도록 QR코드를 첨부한다.

[그림 4-68] 배구 언더핸드 프로그램 QR

본 프로그램은 배구 언더핸드 토스를 처음 배우는 학생들이 올바른 자세를 연습할 수 있도록 돕는 것에 초점을 맞춰 제작되었다.

따라서 본 책을 읽고 언더 핸드 토스 프로그램을 제작하고자 하는 교사들에게는 진도에 따라 팔의 방향 정교성, 배구공을 사용한 언더 토스 개수 측정, 음성 피드백 기능 등을 추가하는 것을 추천하며 추후 많은 교사가 본 책을 읽고 관심을 갖게 되어 인공지능과 체육에 대한 책을 출간하게 된다면 이러한 기능을 포함하여 다양한 프로그램 제작 방법을 보다 상세히 다뤄 보도록 하겠다.

다. PAPS와 인공지능

마지막으로 본 책을 읽는 모든 교사들이 공감하며 함께 활용할 수 있는 것이 어떤 것이 있을까 고민한 끝에 학생건강체력평가(이하 PAPS)를 떠올렸다. 2025년 현재는 우리나라의 모든 학생들은 초등학교 4학년부터(2028년까지 최종 초등학교 1학년으로 확대될 예정) 고등학교 3학년까지 매년 PAPS를 측정하게 된다.

체육을 지도하는 교사라면 매년 PAPS를 측정하게 된다. 학생들 또한 2025년 기준 초등학교 4학년부터 고등학교 3학년까지 총 9년 동안 매년 PAPS를 측정한다. 이렇게 PAPS를 매년 측정하는 학생들이 가장 궁금해 하는 부분은 "제 기록은 몇 등급

이에요?" 또는 "제 기록은 몇 점이에요?"일 것이다. 그러나 PAPS의 모든 기준을 교사가 암기하는 것은 현실적으로 어렵기 때문에 대부분의 교사는 기준을 간소화하여 한 페이지로 안내하는 방식을 활용할 것이다.

이렇게 방대한 평가 기준과 데이터를 다뤄야 하는 PAPS에서 학생들이 자신의 기록에 대한 정확한 점수와 등급을 알 수 있는 프로그램이 있다면 보다 객관적인 목표를 수립할 수 있게 되고, 이는 곧 학생들의 동기 수준 증가로 이어질 수 있을 것이다.

따라서 본 책을 읽는 교사들의 실제 수업에 도움이 될 수 있도록 그림과 같이 인공지능을 활용한 PAPS 기록 계산기를 제작하였다.

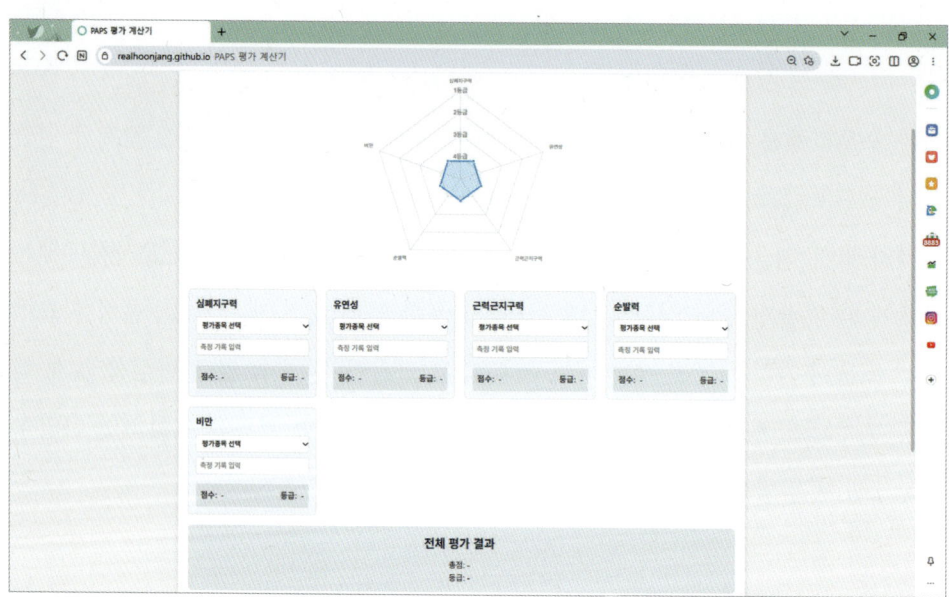

[그림 4-69] PAPS 계산기

마지막으로 이렇게 본 책을 읽은 교사들에게 위에 소개한 PAPS 평가 계산기를 활용할 수 있도록 QR코드를 첨부한다. (스마트폰, 태블릿, 노트북 모든 기기에서 사용 가능하다.)

[그림 4-70] PAPS 계산기 QR

체육 수업에서 적절하게 활용된 인공지능은 단순한 보조 도구를 넘어 학습의 효율성과 학생 개개인의 성장을 극대화할 수 있는 강력한 도구가 될 것이다. 이를 통해 학생들은 자신의 운동 능력을 정확하게 이해하고 성향에 맞는 신체 활동을 찾게 됨으로써 건강한 삶을 영위할 수 있도록 하는 체육 교육의 궁극적인 목적을 달성하는 데 도움이 될 것이며, 이를 위해 우리 체육 교사들에게는 더욱 효과적인 지도 방안을 모색하는 데 도움을 제공할 것이다.

이 책은 체육 수업에 인공지능을 융합한 교육이 가져올 무한한 가능성을 제시하고, 현장의 교사들과 함께 그 새로운 미래를 열어가는 첫걸음이 되고자 한다. 앞으로 더 많은 연구와 창의적인 도전이 이어져, 인공지능과 함께 성장하는 체육 교육의 희망찬 내일을 함께 그려 나가기를 기대한다.

참고 문헌

☐ 1장: 에듀테크와 인공지능이 바꾸는 예체능 수업

정부발행자료 및 연구보고서
- 교육부. (2021). 2022 개정 교육과정 총론 주요사항. 교육부.
- 교육부. (2022). 음악과 교육과정. 교육부 고시 제2022-33호[별책12], 공통 교육과정 음악 교육과정 설계 개요.

단행본
- 서승완. (2023). 『프롬프트 엔지니어링 교과서』. 애드앤미디어.
- 전라북도교육청. (2023). 『생성형AI, 교사와 함께 수업을 디자인하다』. 전라북도교육청.

학위논문
- 손승혁. (2017). 칙센트미하이(Mihaly Csikszentmihalyi)의 몰입이론에 기반한 가상현실(VR) 음악교육 콘텐츠 개발. 박사학위논문, 한국교원대학교.

학술논문
- 심수연. (2024). 생성형 AI를 활용한 이미지 향상 연구 - ChatGPT와 미드저니 사례를 중심으로. 『커뮤니케이션 디자인학 연구』, 86, 109-123.

뉴스기사 및 온라인 자료
- 연합뉴스 TV. (2023). 가상 이미지 뒤에 사람 있다. '버추얼 아이돌' 뜬다. https://www.yonhapnewstv.co.kr (2024년 7월 18일 검색)
- 메타버스 아카데미. (n.d.). 메타버스 아카데미. https://www.metaversea.org (2024년 7월 15일 검색)
- Quick, Donya. (n.d.). Kulitta Project. http://www.donya-quick.com/kulitta (2024년 7월 15일 검색)
- OpenAI. (n.d.). MuseNet. https://openai.com/research/musenet (2024년 7월 15일 검색)
- 임상수. (2023년 2월 23일). 美당국 "AI 생성 이미지, 저작권 없다… 이미지 배치는 인정". 『연합뉴스』. https://www.yna.co.kr
- 조남호. (2022). 인간처럼 사고하는 멀티모달 AI란? 삼성SDS. https://www.samsungsds.com (2024년 7월 20일 검색)
- 정병욱. (2023년 8월 25일). AI가 만드는 패션계의 현재. Heypop. https://www.heypop.kr (2024년 7월 22일 검색)
- 코아. (2024). 인공지능, LLM과 GPT는 어떻게 다를까? superb AI. https://www.superb-ai.com (2024년 7월 20일 검색)
- 보리스 엘다그젠. (2023). 위기억: 전기기술자 - 소니 월드 포토그래피 어워드 수상 거부 관련 보도자료.

이미지 출처
- Bing Image Creator. Microsoft Corporation. https://www.bing.com/images/create
- 냅킨AI. https://www.napkin.ai

☐ 2장: 음악 교과

정부발행자료 및 연구보고서
- 교육부. (2021). 2022 개정 교육과정 총론 주요사항. 교육부.
- 교육부. (2022). 음악과 교육과정. 교육부 고시 제2022-33호[별책12], 공통 교육과정 음악 교육과정 설계 개요.
- 신기호. (2023). 학습자 중심의 학습 환경 제공을 위한 메타버스 활용 교수학습 방안 연구(II): 메타버스 활용 교과별 수업 실행을 중심으로. 한국교육과정평가원 연구보고 RRI 2024-3.

학위논문
- 손승혁. (2017). 칙센트미하이(Mihaly Csikszentmihalyi)의 몰입이론에 기반한 가상현실(VR) 음악교육 콘텐츠 개발. 박사학위논문, 한국교원대학교.
- 김○○. (2020). DAW의 발달이 실용음악 작곡에 미친 영향. 석사학위논문, 중앙대학교 예술대학원 실용음악전공.

학술논문
- 봉한울. (2021). DAW(Digital Audio Workstation)기반의 Garage Band 소프트웨어를 활용한 창작수업 적용 방안 연구. 『한국음악교육공학회 학술논문집』, 33, 1-20.

칼럼 및 기타자료
- 위정현. (2022년 4월 28일). 메타버스와 문화예술. 『예술경영』, 480호, 15-20.

뉴스기사 및 온라인 자료
- 연합뉴스 TV. (2023). 가상 이미지 뒤에 사람 있다. '버추얼 아이돌' 뜬다. https://www.yonhapnewstv.co.kr (2024년 7월 18일 검색)
- 메타버스 아카데미. (n.d.). 메타버스 아카데미. https://www.metaversea.org (2024년 7월 15일 검색)
- Quick, Donya. (n.d.). Kulitta Project. http://www.donya-quick.com/kulitta (2024년 7월 15일 검색)
- OpenAI. (n.d.). MuseNet. https://openai.com/research/musenet (2024년 7월 15일 검색)
- 삼성SDS. (n.d.). 인간처럼 사고하는 멀티모달 AI란? https://www.samsungsds.com (2024년 7월 20일 검색)

이미지 출처
- YouTube. (n.d.). 360° Beethoven – 5th Symphony, Rotterdam Philharmonic Orchestra. https://www.youtube.com

☐ 3장: 미술 교과

단행본
- 김재인. (2023). 『AI 빅뱅』. 도서출판 동아시아.
- 곰브리치, 에른스트 H. (2013). 『서양미술사』(백승길, 이종숭 역). 예경. (원서출간 1950)
- 서승완. (2023). 『프롬프트 엔지니어링 교과서』. 에드앤미디어.
- 전라북도교육청. (2023). 『생성형AI, 교사와 함께 수업을 디자인하다』. 전라북도교육청.

학술논문
- 심수연. (2024). 생성형 AI를 활용한 이미지 향상 연구 - ChatGPT와 미드저니 사례를 중심으로. 『커뮤니케이션 디자인학 연구』, 86, 109-129.

뉴스기사 및 온라인 자료
- 임상수. (2023년 2월 23일). 美당국 "AI 생성 이미지, 저작권 없다… 이미지 배치는 인정". 『연합뉴스』. https://www.yna.co.kr
- 조남호. (2022). 인간처럼 사고하는 멀티모달 AI란? 삼성SDS. https://www.samsungsds.com (2024년 7월 20일 검색)
- 정병욱. (2023년 8월 25일). AI가 만드는 패션계의 현재, 〈AI 패션 위크〉. Heypop. https://www.heypop.kr (2024년 7월 22일 검색)
- 코아. (2024). 인공지능, LLM과 GPT는 어떻게 다를까? superb AI. https://www.superb-ai.com (2024년 7월 20일 검색)

이미지 출처
- Flaticon. (n.d.). https://www.flaticon.com

☐ **4장: 체육교과**

정부발행자료 및 연구보고서
- 교육부. (2023년 10월 30일). 제2차 학생건강증진 기본계획(2024~2028).

이미지 출처
- 구글 딥마인드
- KBO
- KITMAN LABS

| 2025년 8월 6일 | 1판 | 1쇄 | 인 쇄 |
| 2025년 8월 18일 | 1판 | 1쇄 | 발 행 |

지 은 이 : 장지우·강민지·정지훈·조선영 공저

펴 낸 이 : 박　　정　　태

펴 낸 곳 : 주식회사 광문각출판미디어

10881
파주시 파주출판문화도시 광인사길 161
광문각 B/D 3층
등　　록 : 2022. 9. 2 제2022-000102호
전 화(代) : 031-955-8787
팩　　스 : 031-955-3730
E - mail : kwangmk7@hanmail.net
홈페이지 : www.kwangmoonkag.co.kr

ISBN : 979-11-93205-69-3　　03370

값 : 18,000원